für Christoph

Edition Aktuell

Jules Verne

DER KURIER DES ZAREN

EIN KAPITÄN VON 15 JAHREN

Genehmigte Lizenzausgabe

Einbandgestaltung Rolf Bunse
Illustrationen Walter Rieck
Gesamtherstellung Ueberreuter Buchproduktion
ISBN 3-924456-97-6
Printed in Austria

Der Kurier des Zaren

Ein Kapitän von fünfzehn Jahren

Der Kurier des Zaren

Die Verhaftung

Selbst in den bewegtesten und unruhigsten Zeiten war es in Rußland nicht alltäglich, daß ein Eilpostwagen mitten in der Nacht – noch dazu auf freier Strecke – angehalten und ein Passagier von Bewaffneten herausgezerrt wurde.

Daß auch ihm solches widerfahren könnte, daran dachte Michael Strogoff nicht, als er und zwei andere Reisende sich vergeblich bemühten, in den harten Polstern des Postwagens ein wenig zu schlafen.

Wieso sollte er auch an einen Überfall denken? Die Postkutsche brauste mit größter Geschwindigkeit durch die russische Winternacht. Draußen trieb ein mörderischer Schneesturm sein Unwesen. Der nächste planmäßige Aufenthalt lag noch mehr als zwei Stunden entfernt.

Im engen Innenraum des Coupés war es bitter kalt, feucht und stickig. Die kleinen Fenster waren wegen des Windes fest verriegelt.

Der junge Mann rückte, steif geworden, auf seinem Sitzplatz hin und her. Es war schon fast Mitternacht! Hinter dem Vorhang, der ihn von den ihm gegenübersitzenden Reisenden trennte, seufzte er, gähnte dann kräftig und schloß wieder die Augen. Er konnte einfach keinen Schlaf finden.

Unter seinem dicken Pelz, den er jetzt halb geöffnet hatte, trug Michael Strogoff eine elegante Uniform. Sie ähnelte der eines berittenen Jägers: Stiefel, Sporen, pralle Hosen, ein mit Goldschnüren verbrämter Rock. Auf seiner breiten Brust kreuzten sich die beiden silberbeschlagenen Schulterriemen, an denen eine großkalibrige Reiterpistole hing.

Der junge, hochgewachsene Mann war Offizier im Leibkurierkorps des russischen Zaren. Er stammte aus Sibirien, hatte dort seine Mutter besucht und befand sich nun auf der Rückreise nach Moskau.

Schon morgen würde er wieder bei seiner Einheit im Kreml sein; weit entfernt von der geliebten Mutter, ihrem abseits gelegenen kleinen Anwesen, aber auch weit entfernt von Untätigkeit und Langeweile.

Michael Strogoff war eingeschlummert. Er atmete tief und gleichmäßig, und sein Kopf fiel mehrmals auf die Schulter seines Nebenmannes – ein dicker Händler aus Petersburg.

Niemand ahnte auch nur, daß weniger als drei Kilometer entfernt vor der Route des Postwagens, der immer noch durch die stürmische Nacht holperte, vier bewaffnete Männer — tief in Pelz gehüllt und frierend zusammengeduckt – unter dem windschiefen Schindeldach einer kleinen Poststation auf die Expreßpost warteten. Planmäßig sollte die Kutsche erst dicht an den Vororten Moskaus anhalten, doch die vier Männer wollten sie mit gebieterischen Lichtzeichen von Postfackeln, die sie zum Entflammen bereit unterm Arm hielten, schon vorher zum Halten zwingen.

„Ich hoffe, daß er überhaupt in dem Wagen ist", murmelte einer der Wartenden, und bewegte eine durchgeweichte Zigarette zwischen den Lippen.

„Das ist er bestimmt", versicherte der etwa vierzigjährige Anführer der Gruppe seinen drei Begleitern. „Und wir werden ihn herausholen".

„Es könnte heikel werden . . ."

„Das hier garantiert uns, daß es nicht heikel wird!" Der Ältere zog eine schwere Pistole aus seinem Umhang, prüfte die Trommel und schob sie wieder zurück. „Und denkt daran, Leute, es muß echt aussehen, ganz echt!"

Dann entzündeten zwei seiner Begleiter vier Fackeln, die gespenstische Flammenscheine in das Schneetreiben warfen.

Der Postkutscher unterdessen richtete sich unter seiner schweren Lederplane auf: Hatte er nicht eben weit voraus ein Lichtzeichen gesehen? Ja – ganz ohne Zweifel: das Licht wurde größer, wurde zu mehreren Lichtpunkten . . . und dann erkannte der

Lenker der Expreßpostkutsche den Fackelschein. Ein unmißverständliches Zeichen zum sofortigen Anhalten!

„Verflucht, was ist hier los?" kam es über seine kalten Lippen. Er drehte die Bremsen, deren Dornen sich knirschend in den hartgefrorenen Schnee der Fahrbahn stemmten. Unruhig schnaubten die Pferde in die Nacht. Der Postwagen hielt direkt vor der einsamen Station C. bei K.. Nur sehr selten wurde dort gehalten.

Strogoff fuhr aus dem Schlaf hoch, gerade als die Tür aufgerissen und der Vorhang zur Seite gezogen wurde. Ein pelzvermummter Fremder starrte erst auf seinen beleibten Nachbarn, anschließend auf ihn. Dann hörte er eine heisere Stimme: „Er ist's, Kameraden! Los nehmt ihn in Empfang!"

Ehe der junge Offizier irgend etwas tun konnte, starrte er in die ihm vorgehaltene Mündung einer Reiterpistole.

„Tut das Ding weg, Leute", murmelte er immer noch schlaftrunken. „Es könnte losgehen – eure Hände sind naß!" Strogoff registrierte fast automatisch mehrere Eindrücke: den durchnäßten, schneeverklebten Pelzmantel des Mannes, der die Waffe hielt, den Dampf, der aus seinem Munde in die Kälte entwich, die erschrokkenen, verängstigten Gesichter seiner Mitreisenden, und die drei anderen Männer in Pelzumhängen, die mit brennenden Fackeln im Hintergrund warteten.

Der Anführer, der auch die Pistole hielt, befahl jetzt mit einer Stimme, die keinen Widerspruch duldete:

„Los – Steigen Sie bitte aus. Machen Sie keine Dummheiten, sonst . . .!" Er bewegte unmißverständlich die Waffe.

„Wer zum Teufel sind Sie?" wollte Strogoff wissen, schätzte aber sofort seine schlechten Aussichten ein. Erschöpft von der langen Reise, fast steif vor Kälte, eingezwängt zwischen andere Passagiere, hätte auch ein kurzer überraschender Schlag kaum Erfolg versprochen, um dem Bewaffneten die Pistole wegzuschlagen. Auch ein Kniestoß in den Bauch würde wohl nichts nützen. „Wer weiß, ob außer den Vieren nicht noch mehr draußen steh'n", dachte Strogoff und erhob sich langsam.

„Popoff, Kapitän der Geheimpolizei!" stellte sich da der Mann endlich vor. „Und beeilen Sie sich jetzt – die Post kann nicht wegen eines Entsprungenen die halbe Nacht hier warten!"

Einem Entsprungenen? Michael Strogoff glaubte bestätigt zu hören, was er sich schon dachte: eine Verwechslung, nicht mehr! Das ließ sich gewiß klären. Und er langte in seine Innentasche unter dem Pelz.

„Paß auf . . .", warnte Popoff und drückte ihm die Pistole fest auf die Brust.

„Nur keine Furcht!" lächelte Strogoff spöttisch. „Ich suche nur meinen Ausweis!" Vorsichtig, mit gespreizten Fingern, zog er das Papier aus der Uniform und überreichte es Popoff. Der betrachtete den Ausweis einen Moment und zeigte ihn dann höhnisch seinen Kameraden: „Ganz deutlich und plump gefälscht, genau so wie wir es uns dachten!" sagte er dazu laut und vernehmlich.

„Hören Sie . . .!" brauste Michael Strogoff auf. „Ich bin Offizier seiner Majestät des Zaren!"

„Gewesen . . .!" fiel ihm Popoff ins Wort und wich im gleichen Moment unwillkürlich zurück. Michael Strogoff hatte sich erhoben. Er war gut ein Meter neunzig groß, dazu breitschultrig wie ein Ringer.

Die anderen Passagiere erholten sich von ihrem Schreck. „Ich heiße Iwan Iwanowitsch, Händler aus Petersburg", informierte Strogoffs Nachbar ungefragt die Polizisten. „Dieser junge Fant dort, angeblicher Offizier, einer der auch in der Postkutsche Sporen trägt, kam mir gleich komisch vor . . ."

„Er wird gleich aussteigen", unterbrach Popoff und griff nach einer Tasche unter dem Platz von Strogoff. „Ist das Ihr Gepäck?"

„Ja!" fauchte der junge Mann. „Und bitte, behandeln Sie's vorsichtig: ein frischer Maiskuchen meiner Mutter ist drin!" Die Mitreisenden mußten lächeln; fast hätte der nun Verhaftete ihre Sympathie zurück erobert.

,,Und nun zeigen Sie mir Ihre Hände. Alle beide bitte!" kommandierte der Polizeiführer. Ein schwaches Klicken wurde hörbar. Doch Strogoff schlug blitzschnell zu, und die Handschellen fielen zu Boden.

,,Ich komme mit!" rief er ergrimmt. ,,Doch nur ungebunden. Stecken Sie Ihre Handeisen wieder ein und entscheiden Sie sich: Entweder gehe ich frei mit Ihnen, oder Sie müssen mich hier erschießen!"

Als Strogoff die Postkutsche verließ, umringt von den vier Polizisten, fragte der Kutscher von seinem erhöhten Platz aus, wer der Verhaftete denn sei.

,,Ein Deserteur aus Sibirien!" antwortete der Anführer, der sich Popoff nannte, so laut, daß es alle Reisenden verstanden.

Kaum hatte er es gesagt, da schlugen auch schon die Reisenden knallend die Wagentüre hinter Strogoff zu. Der Kutscher ließ seine Peitsche auf die Pferde niederfahren, daß sie mit einem jähen Anzug die Kutsche wieder in Fahrt brachten. Natürlich – mit einem Fahnenflüchtigen wollte man möglichst nichts zu tun haben im Rußland jener Tage.

Dann stolperte der hochgewachsene junge Offizier immer noch von einer Verwechslung, die sich bald aufklären würde, überzeugt, hinter seinen Bewachern in die einsame Poststation. Dort hielt ein überdachter, zweispänniger Schlitten. Man stieß ihn hinein, die Männer folgten, und während man ihm weiter die Pistole in den Rücken hielt, begann eine rasende Fahrt durch die Nacht . . .

Der Geheimauftrag

„Majestät – ein neues Telegramm aus Tomsk!"

„Trifft es zu, daß über Tomsk hinaus die Kabel zerschnitten sind!"

„Soweit ich unterrichtet bin, ist das seit gestern leider der Fall, Majestät!"

„Fordern Sie jede Stunde von Tomsk telegraphische Nachricht an, General. Ich wünsche dringend, auf dem laufenden zu bleiben!"

„Zu Befehl, Majestät!"

Schauplatz dieser Unterredung war eine Ecke im großen Ballsaal des Moskauer Zarenschlosses, in dem sich elegante Tänzer und Tänzerinnen zu den Klängen mehrerer Musikkapellen bewegten, Herren in goldstrotzenden Prunkuniformen und Damen in Seide und mit Edelsteinen und Perlen behängt, saßen.

Der kleinere der beiden Sprecher, mit zahlreichen Orden geschmückt, der Oberbefehlshaber der altrussischen Streitkräfte, General Kissoff, und sein Gesprächspartner der russische Zar Nikolaus I.. Die beiden Herren nahmen kaum Anteil an dem festlichen Galaball. Ihr Blick wanderte unruhig hinaus in die Nacht, wo Moskaus unzählige Glockentürme schemenhaft in den Nachthimmel ragten. Unter dem Fenster sah man die Wachtposten, die mit unaufhörlichem Schritt den Palast ihres Herrschers sicherten.

Der russische Zar trug die Uniform eines Offiziers der Gardejäger. Er hielt nicht viel von Prunk und Pomp. Das bot oft seltsame Gegensätze, wenn sich Nikolaus I. in der Nähe seiner prächtig und farbenfroh gekleideten Leibgarde zeigte. Die Männer trugen die wunderbaren Uniformen des Kaukasus.

General Kissoff wartete vergeblich auf ein Zeichen seines Herrn, das ihn zum Gehen aufforderte. Schweigend stand der Zar am Fenster. Immer wieder überflog er stirnrunzelnd den Wortlaut des Telegramms.

„Seit gestern ist also jede Verbindung mit meinem Bruder, dem Großfürsten, abgerissen?"

„Jawohl, Majestät, und es steht zu befürchten, daß unsere Nachrichten in absehbarer Zeit nicht einmal über die sibirische Grenze hinüberkommen werden!"

„Aber die Truppen, die in Amur und Transbaikalien stationiert sind, haben Befehl erhalten, unverzüglich nach Irkutsk zu marschieren?"

„Jawohl, Majestät. Dieser Befehl wurde in dem letzten Telegramm, das noch über den Baikalsee hinüberging, gegeben."

„Mit den Gouvernements Jenisseisk, Omsk, Semipalatinsk und Tobolsk haben wir seit Beginn des Einfalls dauernd Verbindung?"

„Jawohl, Majestät. Bis jetzt haben die Tataren den Irtysch und den Obi noch nicht überschritten."

„Und über den Verräter Iwan Ogareff ist noch keine Nachricht da?"

Der General verneinte. Bis jetzt könne der Polizeichef nicht angeben, ob der Verräter die Grenze passiert habe.

„Lassen Sie sofort seinen Steckbrief an alle Stationen durchgeben, mit denen wir noch telegraphische Verbindung haben! Und dann: Strengste Geheimhaltung!"

General Kissoff war abgetreten und hatte den Saal unauffällig verlassen. Der Zar wandte sich wieder seinen Gästen zu.

Was waren es für Nachrichten, die den Zaren beunruhigten? Natürlich hatten sie nicht ganz unbemerkt bleiben können. Doch in der Öffentlichkeit wagte niemand davon zu sprechen.

Jenseits des Urals bahnten sich überaus wichtige Ereignisse an. Es ging um eine Schicksalsfrage des Zarenreiches. Den sibirischen Provinzen drohte eine furchtbare Invasion. Gelang es nicht, den Einfall der Tataren aufzuhalten, so mußte man mit dem Verlust der riesigen Gebiete rechnen.

In Sibirien, immerhin ein Land mit zwei Millionen Einwohnern, waren zwei Generalgouverneure als Statthalter des Zaren eingesetzt. Die einzige Verbindung zwischen der West- und Ostgrenze Sibiriens, über eine Entfernung von fast neuntausend Kilometern – eine Eisenbahn gab es ja noch nicht –, bildete die Telegraphenleitung, die jetzt unterbrochen war.

Nur kurze Zeit war verstrichen, seit General Kissoff gegangen war.

Jetzt hatte er den Saal wieder betreten und spähte nach dem Offizier in der Gardejäger-Uniform aus.

Der Zar hatte ihn bereits bemerkt. „Etwas Neues?" fragte er ungeduldig.

„Nein, lediglich die Bestätigung, daß unsere Depeschen nur noch bis Tomsk gehen, Majestät!"

„Sofort einen Kurier!"

Der General eilte davon. Der Zar paßte einen geeigneten Augenblick ab, und verschwand unauffällig in seinem Arbeitszimmer.

Er riß die Fenster auf und atmete die frische Luft der herrlichen Julinacht ein. Im Mondschein sah er vor sich den Festungsteil der Stadt, die Türme der Paläste und das riesige Arsenal. Dahinter die Stadtteile, überragt von hohen Giebeln, den Türmen und den Kuppeln der dreihundert Kirchen. Ein schmales Flüßchen, die Moskawa, schlängelte sich durch die Stadt.

Es war Moskau mit dem gewaltigen Kreml, die alte Stadt der Moskowiter, über die der Blick des Zaren schweifte.

Noch immer stand er am Fenster seines Arbeitskabinetts, als die Wache den Chef der Staatspolizei meldete. Der Zar winkte ihn herbei.

„Ich will hören, was es über Iwan Ogareff zu berichten gibt", befahl er kurz.

„Ein äußerst gefährlicher Mann, Majestät!" versetzte der Polizeichef und gab Bericht von Ogareff, der Oberst in der kaiserlicher Garde gewesen war: „Hoch begabt ist er, aber ganz hemmungslos und von maßlosem Ehrgeiz, der ihn vor nichts zurückschrecken läßt. Er war in häßliche Dinge verwickelt, wurde von seiner Kaiserlichen Hoheit, dem Großfürsten, degradiert und später nach Sibirien verbannt!"

„Ogareff ist nach sechsmonatiger Verbannung begnadigt worden", berichtete der Polizeichef weiter, „nach Rußland zurückgekehrt und hat sich später wieder freiwillig nach Sibirien begeben."

„Hat die Polizei seit dieser Zeit etwa seine Spur verloren?" fragte der Zar aufgebracht.

„Durchaus nicht, Majestät. Ein Verbannter wird erst nach seiner Begnadigung wahrhaft gefährlich."

So kam es zur Sprache, daß Iwan Ogareff sich in Sibirien zu den Kirgisen begeben und nicht ohne Erfolg die Nomadenvölker aufzuwiegeln versucht hatte. Von dort ging er weiter nach Süden, bis in das unabhängige Turkestan. Überall fand er die tatarischen Volksstämme bereit, in Sibirien einzufallen und einen Aufruhr gegen die russische Herrschaft zu entfachen.

„Jetzt bricht der Aufstand also los", schloß der Zar; „die Telegraphenverbindungen sind abgeschnitten. Selbstverständlich will Iwan Ogareff, der Verräter, nun an meinem Bruder, dem Großfürsten, Rache üben."

Aufgebracht schritt der Zar in seinem Arbeitszimmer auf und ab. Endlich wagte der Polizeichef das Schweigen zu brechen: „Majestät haben zweifellos Befehl erlassen, diesen Aufstand mit allen Mitteln zu unterdrücken?"

Der Zar nickte: „Selbstverständlich. Alle verfügbaren Truppen sind durch telegraphische Anweisung in Marsch gesetzt und ziehen in Eilmärschen zur Uralgrenze gegen die Tataren. Aber es werden wohl Wochen vergehen, bis sie ihnen gegenübertreten."

„Und der Bruder Euer Majestät, der Großfürst, hat mit Moskau keine direkte Verbindung mehr?" fragte der Polizeichef weiter.

Der Großfürst, der in Irkutsk eingeschlossen war, wußte wohl von dem Nahen der Truppen, die der Zar in Marsch gesetzt hatte, doch war ihm nicht bekannt, daß Ogareff unter falschem Namen seine Verräterrolle spielte. Er ahnte nicht, daß sich Ogareff in des Großfürsten Vertrauen einschleichen wollte, um die Stadt heimtückisch den Tataren auszuliefern.

„Selbstverständlich geht es ihm dabei auch besonders um meinen Bruder", schloß der Zar. „Er muß sofort von der drohenden Gefahr in Kenntnis gesetzt werden . . ."

„Ein tüchtiger, mutiger Kurier . . ."

„Auf den rechne ich!"

„Höchste Eile ist geboten", wagte der Polizeichef zu bemerken. „Majestät", fügte er dann hinzu: „Erlauben Sie mir die Bemerkung: Ganz Sibirien neigt zur Rebellion!"

„Es wird doch wohl niemand annehmen, daß die Verbannten mit den Verbrechern gemeinsame Sache machen werden?"

Der Polizeichef stammelte etwas Unverständliches.

„Ich traue den Verbannten mehr Vaterlandsliebe zu", fuhr der Zar erregt fort. „Kein Russe wird einem Tataren die Hand reichen, um die moskowitische Macht zu untergraben!"

Einen Augenblick war es still zwischen den beiden Männern. Der Zar und der Polizeichef wußten, daß auch die Vaterlandsliebe aller Verbannten die Lage nicht bessern könnte. Neben den Tataren mußte man auch die Kirgisen fürchten, die sich ohne Zweifel freudig den Anführern anschließen würden, um Moskaus Herrschaft abzuschütteln.

Die Tataren bedrohten das Zarenreich nicht zum ersten Male. Sie bevölkerten Turkestan und hatten immer wieder versucht, ihre Unabhängigkeit zu erkämpfen. Früher in diesen Freiheitskämpfen herrschte der ehrgeizige, gewalttätige Khan von Bukhara, im reichsten und mächtigsten Staat der Tatarei. Er stellte ein Heer von hunderttausend bewaffneten Männern und hatte nun in Iwan Ogareff einen wertvollen Helfer. Der haßerfüllte Verräter Ogareff hatte bald die Leitung an sich gerissen und die Tatarenhorden über die russische Grenze geführt. Raubend und mordend drang das Heer durchs Land. Jeder Widerstand wurde grausam gebrochen; wer sich unterwarf, wurde gezwungen, sich ins Heer einzureihen.

Wie weit waren die Heerhaufen bisher vorgedrungen? Alle Standortmeldungen waren ganz ungewiß. Sicher war nur eins: Des Zaren Bruder, der Großfürst, und mit ihm die Stadt Irkutsk, waren in größter Gefahr und mußten schnellstens Nachricht erhalten. Fünftausendfünfhundert Kilometer liegen zwischen Moskau und Irkutsk. Aber schlimmer als diese riesige Entfernung war der Ring der Aufrührer, den es zu durchbrechen galt. Wer als Kurier Irkutsk erreichen wollte, mußte übermenschlichen Mut und ganz ungewöhnliche Klugheit besitzen.

Gerade hatte der Polizeichef den Raum verlassen, als die Wache abermals General Kissoff meldete.

„Bringen Sie mir den Kurier?" fragte der Zar hastig.

„Steht bereits zur Verfügung, Eurer Majestät!" meldete der General.

„Was ist das für ein Mann?" wollte der Kaiser wissen.

„Der allerbeste, den wir finden konnten!" lobte Kissoff. „Er hat bereits mehrere schwierige Kurieraufträge fürs Vaterland glanzvoll erledigt. Ein Offizier der Feldjäger Eurer Majestät aus Omsk. Er ist also Sibirier, was für unser Vorhaben geradezu ideal ist, dazu mutig bis zur Tollkühnheit, jedoch stets besonnen und überlegen!"

„Wie heißt dieser Wundermann?«

„Michael Strogoff, Majestät", fuhr der General fort. „Und um es in der gegenwärtigen bedrohlichen Lage nicht auffallen zu lassen, daß wir uns seiner bedienen wollen, habe ich ihn durch eine List herbeischaffen lassen.«

„Durch welche List?"

„Durch seine scheinbare Festnahme als entflohener Deserteur! Kein Augenzeuge dieser täuschend echt inszenierten Verhaftung durch unsere Geheimpolizei."

Wenige Augenblicke später betrat Michael Strogoff blaß, aber gefaßt, das kaiserliche Kabinett. Er wußte noch nicht, was ihn hier erwartete.

Schweigend musterte der Zar Strogoff, der ebenso stramm-militärisch wie ehrerbietig grüßte. Der Zar besah dessen hochgewachsene, breitschultrige Erscheinung, der die Offiziersuniform der kaiserlichen Feldjäger wie angegossen stand, die kühne Nase und die kühlen blauen Augen.

Dann fragte er seinen künftigen Kurier, ob es zutreffe, daß er Sibirier sei.

„Jawohl Majestät!" bestätigte Michael Strogoff, und er fügte hinzu, wie genau er sein Heimatland, wo seine Mutter, Maria Strogoff, noch heute lebe, und die vielen Sprachdialekte kenne.

General Kissoff fügte hinzu, daß der von ihm ausgewählte Kurieranwärter dem kaiserlichen Feldjägerkorps seit zehn Jahren angehöre, sich mehrmals durch tollkühne Botenritte ausgezeichnet habe und vorzeitig zum Hauptmann befördert worden sei.

Erst jetzt erfuhr Michael Strogoff, weshalb man ihn erst verhaftet und dann wie einen Gefangenen zu seinem Kaiser transportiert hatte. Des Zaren Augen ruhten wohlgefällig auf Strogoff. Er griff nach einem bereits geschlossenen Brief – ohne Kaiserwappen und Empfängeradresse – und sagte leise, aber nachdrücklich:

„Dieses Schreiben soll meinem Bruder, dem Großfürsten, so schnell wie möglich übergeben werden – nur ihm persönlich und keinem anderen!"

„Wo ist Seine Hoheit der Großfürst?" fragte Michael Strogoff.

Der Zar seufzte. Ohne die politischen und kriegerischen Hindernisse zu erwähnen, welche zwischen ihm und seinem Bruder lagen, erklärte er:

„Mein Bruder ist in Irkutsk, von allen Nachrichten abgeschnitten!"

„Ich werde nach Irkutsk gehen, Majestät!"

Der Kaiser warnte ihn vor den Tataren und den Rebellen. „Es

wird ihnen daran gelegen sein, den Brief abzufangen", fuhr der Herrscher fort.

„Es wird niemandem gelingen", erklärte der Kurier entschlossen.

Der Kaiser warnte Strogoff auch vor dem Verräter Iwan Ogareff, der seinen Weg kreuzen könne.

„Ich werde ihm auszuweichen wissen."

„Führt der Weg über Omsk?"

Strogoff bejahte. Der Blick des Zaren schweifte an seinem neuen Kurier vorbei, und er ergänzte hart: „Du darfst deine Mutter nicht besuchen. Es besteht die Gefahr, daß du dabei erkannt wirst."

Strogoffs Antwort kam diesmal nicht so schnell wie sonst. „Ich werde meine Mutter nicht aufsuchen", erklärte er dann bestimmt.

Der Zar übergab Strogoff den wichtigen Brief. „Die Rettung von Sibirien hängt von ihm ab", sagte er ernst, „und vielleicht auch das Leben meines Bruders, des Großfürsten."

„Seine Kaiserliche Hoheit der Großfürst wird in den Besitz des Briefes gelangen", erklärte der Kurier überzeugt.

„Du wirst auf jeden Fall durchzukommen versuchen?"

„Auf jeden Fall. Bis der Tod mich hindert!"

„Ein lebender Kurier ist mir mehr wert", versetzte der Zar scharf.

„Ich weiß, Majestät, und darum werde ich auch lebend nach Sibirien gelangen."

Der Zar schien an Strogoffs ruhigen, selbstbewußten Antworten Gefallen zu haben. „So mach dich also auf den Weg, Michael Strogoff", sagte er, „geh mit Gott – für Rußland."

Der Kurier grüßte militärisch stramm und verließ das Arbeitskabinett des Zaren.

„Ich glaube, Strogoff ist der richtige Mann für diese Aufgabe", wandte sich der Zar zufrieden an General Kissoff.

„Ich bin der Meinung, Euer Majestät", war die Antwort des Generals.

Das einsame Mädchen

Die Entfernung, die Michael Strogoff zurücklegen mußte, betrug fünftausendzweihundert Werst; das sind etwa dieselbe Anzahl Kilometer. Im allgemeinen brauchte man für diese Reise, quer durch das asiatische Rußland, vier bis fünf Wochen.

Michael Strogoff wäre lieber im Winter gereist, denn er hatte Erfahrung mit Frost und Schnee. Ungehindert hätte er dann mit dem Schlitten die endlosen Schneefelder und die vereisten Flüsse überqueren können. Alle Nachteile, die Gefahr der entsetzlichen Wirbelstürme, die im Winter auftreten können, den lang andauernden Nebel und die Bedrohung durch Wölfe, hätte er gern auf sich genommen, zumal der strenge Winter auch die tatarischen Eindringlinge zwingen würde, die offene Steppe zu meiden. Aber ein Eilkurier kann sich die Jahreszeit nicht auswählen.

Strogoff kannte die Schwierigkeiten genau, mit denen er zu rechnen hatte. Was nützte es, daß ihm als zaristischer Eilkurier alle Beförderungsmöglichkeiten zur Verfügung standen, wenn für ihn erstes Gebot war, unerkannt zu bleiben.

Geld besaß er genug. General Kissoff hatte ihm eine bedeutende Summe ausgehändigt. Aber Michael Strogoff hatte diesmal nicht den sonst üblichen Sonderausweis für die kaiserlichen Kuriere, der ihm überall Tür und Tor öffnet.

Der General hatte ihm nur ein „Podaroschna“, einen allgemeinen Reisepaß auf den Namen Nikolaus Korpanoff, Kaufmann, ansässig in Irkutsk, ausgestellt. Ein besonderer Vermerk im Paß erlaubte ihm in jedem Falle, die russische Grenze zu überschreiten. Auch war Michael Strogoff berechtigt, Postpferde zu requirieren.

„Vergessen Sie nicht“, hatte General Kissoff eindringlich bei der letzten Besprechung gesagt, „Sie reisen nicht als Kurier, sondern als der einfache Kaufmann Nikolaus Korpanoff, der alle Zufälligkeiten einer solchen Reise auf sich zu nehmen hat.“

Am 16. Juli, früh morgens, ging Michael Strogoff, den Reisesack auf dem Rücken, zum Moskauer Bahnhof. Er trug den landesüblichen Anzug, einen mit breitem Gürtel geschlossenen Rock und weite Hosen, die unterhalb des Knies in hohen Stiefeln staken. Unter dem Gürtel trug er eine Pistole, und in der Tasche steckte ein langer Dolch, wie ihn die sibirischen Jäger zum Ausweiden von Bären benutzten.

Michael Strogoff drängelte sich durch die Menschenmassen auf dem Bahnsteig. Er wollte mit dem Zug nach Nischnij-Nowgorod und konnte damit rechnen, die etwa vierhundert Kilometer in zehn Stunden zu schaffen.

Strogoff machte es sich in einer Abteilecke bequem. Er sah wirklich aus wie ein biederer Kaufmann, der mit seinen Geschäften zufrieden war und nun während der langen Reise schlafen wollte.

Sein Schlaf jedoch war nur vorgetäuscht. Ihn interessierten die Gespräche seiner Mitreisenden, die sich im Abteil unterhielten.

Sie sprachen vom Aufstand der Kirgisen und dem Einfall der Tataren. Die meisten Reisenden waren Kaufleute – Juden, Türken, Kosaken, Russen, Georgier und Kalmücken – Kaufleute, auf dem Weg zur großen Messe in Nischnij-Nowgorod. In ihrem grenzenlosen Egoismus sahen sie alles nur vom Standpunkt ihrer bedrohten Handelsinteressen aus. Sie waren der Meinung, die Regierung werde in der Nähe der asiatischen Grenze streng durchgreifen, um die Bedrohung abzuwehren.

Michael Strogoff hütete sich sehr wohl, irgendeinen Einwurf zu machen, der ihn hätte in Verdacht bringen können. Aber er horchte gespannt auf jede Bemerkung.

„Der Karawanentee soll teurer werden", äußerte ein Mann im persischen Faltenrock und einer mit Astrachan besetzten Mütze auf dem Kopf.

„Nein, nein, der Tee bleibt", gab ein alter Jude zurück. „Was in Nischnij-Nowgorod auf den Markt kommt, geht nach Westen.

Aber Gott sei's geklagt, mit Teppichen aus Bukhara steht es nicht so . . .".

So gingen die Gespräche der Handelsleute über Gewinn- und Verlustaussichten hin und her. Alle waren sich darin einig, welcher Schaden entstünde, wenn die Einfuhr aus dem asiatischen Rußland gewaltsam gestoppt würde.

Doch immer waren die Reisenden vorsichtig mit ihren Äußerungen, denn keiner hätte es je gewagt, die Maßnahmen der Moskauer Regierung zu kritisieren.

Im ersten Wagen saß ein französischer Reporter, Monsieur Alcide Jolivet. Für welche Zeitung seines Heimatlandes er diese Fahrt in das vom Aufstand bedrohte Gebiet machte, blieb sein Geheimnis. Auf Fragen der Reisenden erklärte er immer nur, er korrespondiere mit seiner „Base Madeleine".

Monsieur Jolivet interessierte sich natürlich für jede Einzelheit der Gespräche, und so war es nicht verwunderlich, daß sich die Mitreisenden gegenüber dem Fremden zurückhaltend zeigten – hielten sie ihn doch für einen Spion. So war es auch nicht sonderbar, daß der Reporter in seinem Notizbuch vermerkte: „Fahrgäste zeigen keinerlei Interesse für aktuelle politische Ereignisse."

Ein paar Wagen weiter hinten saß Mr. Blount aus England, Berichterstatter des „Daily Telegraph". Die beiden Kollegen kannten sich zwar aus Moskau, ahnten aber nicht, daß sie im selben Zuge saßen.

Mr. Blount war ein typischer Engländer. Seine Zurückhaltung, bei der ihm trotzdem nicht das leiseste Wort entging, brachte ihn zu ganz anderen Schlüssen als den lebhaften Franzosen.

„Allgemeine Beunruhigung. Krieg steht in Aussicht", notierte er in seinen Aufzeichnungen. „Reisende sehr freimütig in ihren Äußerungen."

Es schien nicht verwunderlich, daß die Regierung in Moskau bei dem Ernst der Lage mit energischen Polizeimaßnahmen durchgreifen würde. Zwar war der Aufstand noch nicht über die sibirische Grenze hinaus, aber man konnte damit rechnen, daß er in die Wolgaprovinzen, die ans Krigisenland grenzten, übergreifen würde.

Die Polizei hatte noch keine Spur von Iwan Ogareff gefunden. War er schon bei dem Emir Feofar, um ihn aufzuhetzen, oder hielt er sich im Gebiet um Nischnij-Nowgorod auf, um zum Aufstand aufzurufen? Niemand wußte es. Möglicherweise hatte Ogareff ja auch unter den vielen Messebesuchern, den Persern, Armeniern und Kalmücken, seine Vertrauensleute, die die Empörung im Innern des Landes schüren sollten.

Auf jeden Fall hatte Iwan Ogareff, der Verräter, es bisher verstanden, sich seiner Verfolger geschickt zu entziehen. Auf jeder Bahnstation durchsuchten Polizeibeamte den Zug. Jeder Reisende wurde streng gemustert, und wer irgendwie verdächtig aussah, mußte mit zur Polizeistation und sich dort genau ausweisen. Daß der Zug inzwischen weiterfuhr, kümmerte keinen der Polizisten, und auch die Reisenden hüteten sich, sich etwa über die rücksichtslosen Maßnahmen zu beschweren. Jeder wußte, daß er damit seine Lage nur noch verschlimmerte.

Für Michael Strogoff gab es bei seinen vorzüglichen Ausweisen keine Schwierigkeiten. Hoffentlich geht alles weiterhin so reibungslos, schoß es ihm nach jeder Paßkontrolle durch den Kopf. Aber ein dunkles Gefühl sagte ihm, daß er noch mit allerlei Schwierigkeiten zu rechnen haben werde.

„Wladimir", erklang von draußen die Stimme des Schaffners, als der Zug wieder einmal hielt. Unter den Reisenden, die zustiegen, war auch ein junges Mädchen. Es setzte sich auf den Platz neben Strogoff und stellte ihre rote Ledertasche, offenbar ihr einziges Reisegepäck, neben sich.

Der Kurier Strogoff betrachtete sie unauffällig. Sechzehn oder siebzehn Jahre mochte sie alt sein; sie hatte einen reizenden, typisch slawischen Kopf, wunderbar geformt. Der strahlende und doch sanfte Blick, die schmale Nase und der fein geschnittene

Mund machten sie eher schön als hübsch. Unter ihrer kleinen Kappe quoll die brünette Haarpracht hervor, und trotz des faltigen Pelzes war zu erkennen, wie schlank sie war.

An ihrem Kleid, das unter dem dunklen, ärmellosen Pelz bis fast auf die Knöchel reichte und am Saum einfach bestickt war, glaubte der Kurier zu erkennen, daß sie aus Livland stammte.

Aber wohin fuhr dieses junge Mädchen ganz allein? Ob es nur nach Nischnij-Nowgorod wollte?

Michael Strogoff hatte Gefallen an der selbstsicheren und doch zurückhaltenden Art des Mädchens. Aber er unterließ es, es anzusprechen.

Als der Zug in Nischnij-Nowgorod einlief, erschienen wieder die Polizisten zur Paßkontrolle, ehe jemand sein Abteil verlassen konnte.

Michael Strogoffs Podoroschna mit dem falschen Namen genügte als Legitimation. Auch die anderen Mitreisenden erschienen dem strengen Auge der kontrollierenden Polizisten unverdächtig. Das junge Mädchen zeigte einen mit Stempeln und Siegeln versehenen Ausweis vor. Der Polizist sah ihn aufmerksam durch.

„Sie stammen aus Riga?"

„Ja", versetzte es.

„Und Sie wollen nach Irkutsk?"

„Ja."

„Auf welchem Wege?"

„Über Perm."

Der Beamte schien befriedigt. „Sie müssen den Ausweis noch auf dem Polizeiamt in der Stadt abstempeln lassen." Sie nickte.

Michael Strogoff, der jedes Wort mitangehört hatte, betrachtete das junge Mädchen mit Bewunderung und Mitleid zugleich. Kaum auszudenken, daß dieses Kind inmitten des Aufruhrs und der feindlichen Besetzung die endlose Reise allein machen wollte!

Sein Gefühl trieb ihn, ihr Hilfe anzubieten, aber in dem Gedränge auf dem Bahnsteig verlor er sie rasch aus den Augen.

Der schlaue Trick

Nischnij-Nowgorod war damals eine Stadt mit etwa 30000 Einwohnern, aber zur Zeit der großen dreiwöchigen Messe beherbergte sie mehr als das Zehnfache an Besuchern.

So herrschte auch trotz der späten Stunde, zu der der Kurier den Bahnhof verließ, in den beiden Stadtteilen rechts und links der Wolga noch reger Betrieb. Strogoff begab sich sogleich zum Büro der Schiffahrtsgesellschaft, um sich nach den Abfahrtszeiten der Dampfer zu erkundigen.

Leider fuhr das nächste Schiff nach Perm erst am folgenden Tage gegen Mittag.

Der Kurier mußte sich nach einer Unterkunft für die Nacht umsehen. In dem einfachen Gasthof „Zur Stadt Konstantinopel", wo er zu Abend aß, fand er wider Erwarten auch ein Zimmer; zwar nur recht dürftig, aber er war zufrieden.

Zum Schlafen hatte Strogoff noch keine Neigung. Innere Unruhe trieb ihn wieder auf die Straßen. Ihm war bewußt, wem seine Unruhe und Sorge galt: jener jungen Livländerin, die er in der unruhigen, von so vielen Besuchern aufgewühlten Stadt allein wußte.

Sollte er aber denn darauf hoffen, sie inmitten dieses allgemeinen Trubels zu treffen?

Ob sich das junge Mädchen darüber im klaren war, welche Gefahren sie auf dem endlosen Weg nach Irkutsk zu bestehen hatte? Was mochte sie überhaupt für einen Grund haben, der sie trieb, ein solches Wagnis auf sich zu nehmen? Ob auch sie etwa in geheimem Auftrag reiste – oder gar eine Spionin war? Michael Strogoff, der Kurier, schüttelte unwillig den Kopf. Wie konnte er von diesem reizenden Wesen, das zudem noch ein Kind war, nur so etwas annehmen! – Noch lange schlenderte er durch die Straßen der Stadt, bis er seinen Gasthof aufsuchte und sich zur Ruhe legte.

Als er erwachte, war es bereits taghell. Bis zur Abfahrt des Dampfers – er brauchte nur seinen Reisesack zuzuschnüren und den Paß abstempeln zu lassen – waren es noch fünf Stunden. Strogoff frühstückte schnell, bezahlte seine Rechnung und nahm sein Gepäck gleich mit. Auf dem Büro der Wolga-Schiffahrtsgesellschaft orientierte er sich noch einmal über die Abfahrt der ,,Kaukasus" und hinterlegte sein Gepäck. Wahrscheinlich wird auch die junge Livländerin das Schiff benutzen, um nach Perm zu kommen, fuhr es ihm plötzlich durch den Kopf. Dieser Gedanke machte ihn froh.

Bis zur Abfahrt des Dampfers streifte Michael Strogoff durch die Straßen von Nischnij-Nowgorod. Der obere Stadtteil, um den Kreml herum, lag wie verödet. Alles Leben schien sich in der unteren Stadt jenseits der Wolga zusammenzudrängen.

Nischnij-Nowgorods Messe war damals weltberühmt. Alles, was das Zarenreich an Waren aufzuweisen hatte, wurde hier verkauft: Eisenwaren, Wolle, Gewebe aller Art, Seidenstoffe, Pelzwerk, kostbare Steine, kaukasische Waffen, Holzgeräte, Teppiche, Tee und Nahrungsmittel, dazu alles, was die europäischen und amerikanischen Importeure anboten. Unübersehbar war das Völkergemisch, das sich schreiend und gestikulierend, lachend und feilschend vor den Buden drängte: Russen und Sibirer, Kosaken und Perser, Turkomanen und Georgier, Griechen und Hindus, Ottomanen und Chinesen.

Natürlich fehlte im Gefolge der Kaufleute nicht das Jahrmarktvolk: Seiltänzer und Akrobaten, wahrsagende Zigeuner und Schmierenschauspieler, Bärenführer und singende Wolgaschiffer.

Unter den vielerlei Besuchern drängten sich auch zwei Europäer, die weder kaufen noch verkaufen wollten. Es waren die beiden Reporter, die hier auf dem Messegelände Eindrücke sammelten. Auch sie wollten mit der ,,Kaukasus" nach Perm.

Monsieur Jolivet sah alles von der optimistischen Seite. Er hatte eine angenehme Unterkunft gefunden, gut gegessen und schrieb im Reporterbuch Notizen, die eine Empfehlung für Nischnij-

Nowgorod und seine phantastische Messe bedeuteten. Mister Harry Blount dagegen wertete die Dinge durchaus nicht so günstig. Alle Gaststätten waren besetzt, und er hatte schließlich unter freiem Himmel übernachten müssen. Seine Aufzeichungen waren erheblich unfreundlicher.

Michael Strogoff beobachtete das bewegte Treiben. Es entging ihm nicht, daß unter den Kaufleuten aus den asiatischen Gebieten Unruhe herrschte. Die Geschäftsabschlüsse schienen äußerst unbefriedigend zu sein. Sicherlich hatte das seinen Grund in der gespannten politischen Lage. Es wunderte sich auch niemand darüber, daß nirgends Soldaten zu sehen waren, die doch sonst immer auf der Messe für Ordnung sorgten. Sicherlich standen alle Truppen einsatzbereit in den Kasernen. Schon zweimal wurde Nischnij-Nowgorod in vergangenen Jahrhunderten von den Vorfahren jener Tataren im Sturme genommen, die unter Feofar-Khans Befehl jetzt in bedrohlicher Nähe standen.

Als Michael Strogoff sich auf dem Marktplatz durch die Menschenmassen drängte, hörte er, der Polizeipräfekt sei auf dem Wege zum Generalgouverneur. Ein wichtiges Telegramm sei soeben aus Moskau eingetroffen.

Die Gerüchte überstürzten sich. Auf jeden Fall aber lag etwas Ungewöhnliches in der Luft.

„Man will die Messe schließen!" hörte Strogoff es aus einer erregten Gruppe herüberklingen.

„Die Truppen haben soeben Befehl zum Ausrücken erhalten!" klang es von der anderen Seite.

„Die Tataren stehen unmittelbar vor Tomsk!" Die Meinungen schwirrten wild durcheinander.

Bald verlautete auch, daß der Polizeipräfekt den Gouverneurspalast wieder verlassen habe.

Ein Kommando Kosaken schob die Menge rücksichtslos auseinander, um Platz für einige Polizeiwachtmeister zu schaffen. Mitten auf dem Marktplatz stellten sie sich auf, geboten Ruhe, und einer der Beamten verlas ein Schreiben.

„Erlaß des Gouverneurs von Nischnij-Nowgorod:

Punkt 1: Jedem russischen Untertan ist es untersagt, die Provinz zu verlassen.

Punkt 2: Alle Nichtrussen asiatischer Herkunft haben innerhalb von vierundzwanzig Stunden das Gebiet der Provinz zu räumen."

Diese amtliche Verordnung mochte für viele der Betroffenen äußerst hart sein. Sicherlich aber war sie durch die bedrohliche Lage gerechtfertigt.

Für Iwan Ogareff – sofern er sich überhaupt noch in der Provinz befand – bedeutete Punkt 1 der Verordnung, daß er sich Feofar-Khan nicht wieder anschließen konnte. Und mit der Ausweisung der Fremden asiatischer Herkunft wollte man alle jene vertreiben, die den Tataren als Spione und Helfershelfer Vorschub leisteten.

Wie ein Blitz schlugen die beiden amtlichen Maßnahmen ein. Den Nationalrussen, die geschäftlich nach Sibirien wollten, brachte der Erlaß eine ganz beträchtliche Schädigung. Aber alle persönlichen Interessen mußten hier den staatlichen weichen.

Ebenso hart traf Punkt 2 der Verordnung die asiatischen Bevölkerungsteile, die auf diese Weise rücksichtslos abgeschoben wurden; das fahrende Volk der Messe, mußte mehr als tausend Werst bis zur Heimatgrenze zurücklegen.

Wo sich aber Entrüstung oder Empörung gegen die Maßregel regte, waren Kosaken und Polizisten schnell zur Stelle, um Ruhe und Ordnung wieder herzustellen.

Wenige Augenblicke später hatte sich das Bild auf dem Messegelände dann auch schon schlagartig geändert. Alles begann überstürzt mit dem Aufbruch, und wo es den kontrollierenden Polizisten nicht schnell genug ging, fuhr die Knute rücksichtslos dazwischen.

Michael Strogoff beobachtete aufmerksam das Durcheinander

der aufgescheuchten Menge. Er konnte beruhigt sein, denn er hatte ja sein Podaroschna, den Ausweis, in der Tasche, der ihm die Weiterfahrt sicherte.

Dann dachte er plötzlich an das junge Mädchen, dem nun, da Livland zu Rußland gehörte, der Grenzübertritt verwehrt war. Sicherlich hatte ihr Ausweis jetzt keine Gültigkeit mehr für eine Reise durch Sibirien.

Wenn ich dem armen Kind nur helfen könnte, durchfuhr es ihn. Natürlich durfte er seinen Geheimauftrag nicht gefährden, aber da sie doch dasselbe Ziel und dieselbe Eile hatte wie er, würde er sich bestimmt ohne Zeitverlust um sie kümmern können.

Ihm kam eine Idee. Nicht nur eine. Könnte die junge Livländerin ihm nicht sogar vom Nutzen sein. Bei einem Mann, der allein durch die endlose Steppe zieht, wird der Verdacht naheliegen, daß er Kurier ist. Wer aber in Begleitung einer jungen Dame reist, wird sich nicht so leicht verdächtig machen.

Dieser Gedanke machte ihn froh – doch schon im gleichen Augenblick zweifelte Strogoff: Wenn das junge Mädchen nun aber wirklich mit hochverräterischen Absichten reiste? Eine Spionin im Schutze eines zaristischen Kuriers – Michael Strogoff lächelte vor sich hin. Nein, er täuschte sich unmöglich: Das junge Mädchen konnte niemals schändliche Absichten verfolgen!

Vielleicht gelingt es mir noch, sie vor der Dampferfahrt zu treffen, dachte er, überschritt die Wolgabrücke und ging durch die Straßen der oberen Stadt.

Ob sie überhaupt etwas von dem neuen Erlaß erfahren hat? Wenn sie von dem Ausreiseverbot nichts wußte, würde man sie am Dampfer selber zurückweisen – und möglicherweise war es für Michael Strogoff dann zu spät, ihr zu helfen.

Inzwischen wurde es Zeit, den Ausweis abstempeln zu lassen. Der Kurier Strogoff ging über die Wolgabrücke zurück, begab sich zur Präfektur und drängte sich durch die wartende Menge. All die Menschen, die durch die neue Verordnung so rücksichtslos abgeschoben wurden, mußten trotzdem einen Berechtigungsnachweis haben, denn sonst hätte ja andererseits jeder Russe die Gelegenheit benutzen können, in Verkleidung das Land zu verlassen.

Wo Michael Strogoff sich mit seinen Ellbogen nicht Durchgang verschaffen konnte, genügte es, einen der Beamten beiseite zu nehmen und ihm ein paar Rubel in die Hand zu drücken. Solche Methode wirkte Wunder.

Bald stand er in dem Wartezimmer. Auf einer Bank entdeckte er die junge Livländerin. Sie schien verzweifelt. Offenbar hatte man ihr den Ausreisestempel verweigert.

Glücklich, sie endlich wiedergefunden zu haben, trat er auf sie zu. Einen Augenblick lang blickte sie ihn verwirrt an, dann aber zog sich ein frohes Lächeln über ihre Lippen. Sie hatte ihn erkannt und streckte ihm die Hand entgegen. Es war wie eine Bitte um Hilfe.

In diesem Augenblick berührte der Beamte, der Michael Strogoff angemeldet hatte, seine Schulter: „Sie können eintreten", sagte er.

Ohne das junge Mädchen weiter zu beachten, ließ der Kurier sich zum Präfekten führen. Die Livländerin begriff nicht, daß er es nur tat, um jeglichen Verdacht zu vermeiden, und sank hilflos auf die Bank zurück.

Doch schon nach wenigen Minuten stand Michael, den Paß in der Hand, wieder vor ihr. „Schwester!" sagte er, und ergriff ihre Hand.

Sie blickte ihn verständnislos an.

„Schwester", wiederholte er, „du kannst beruhigt sein. Ich habe das Visum bekommen. Wir können unsere Reise nach Irkutsk fortsetzen."

Das junge Mädchen verstand. Aller Kummer war im Nu verflogen. Strahlend blickte sie ihn an: „Wie bin ich froh, lieber Bruder." Hand in Hand verließen die beiden das Amtsgebäude.

Durch das Tor Asiens

Die Fahrt bis Perm dauerte etwa sechzig Stunden. Wolgaabwärts bis Kasan ging es zwar ziemlich schnell, aber die Kama stromaufwärts schaffte die Kaukasus, trotz ihrer mächtigen Maschine, nur etwa zwanzig Kilometer in der Stunde.

Der Dampfer war mit drei Klassen recht gut eingerichtet. Michael Strogoff hatte zwei Einzelkabinen erster Klasse belegt, um seiner Begleiterin Belästigungen zu ersparen.

Auf dem Deck, das für die erste Klasse reserviert war, drängten sich die Reisenden: asiatische Kaufleute, die Eile hatten, Nischnij-Nowgorod zu verlassen, Armenier in langen Gewändern, Juden mit hohen Mützen, reiche Chinesen in ihren weiten Umhängen aus Seide, Türken, Inder, Tataren in buntbestickten, reichverzierten Kleidern und Stiefeln.

Der Kurier und die Livländerin, die jetzt auf seinen Paß ordnungsgemäß als Schwester des Kaufmanns Nicolaus Korpanoff reiste, standen an Deck, während die Kaukasus mit voller Kraft stromabwärts fuhr.

„Du fährst nach Irkutsk, Bruder?" begann die junge Livländerin nach einer Weile.

„Ja, Schwester. Ich habe denselben Reiseweg wie du."

„Morgen, Bruder, werde ich dir sagen, warum ich auf dieser Reise von der Ostsee über das Uralgebirge bin."

„Ich dränge dich nicht, Schwester!"

„Du sollst alles wissen. Eine Schwester darf vor ihrem Bruder keine Geheimnisse haben. Aber laß mich heute. Die Aufregung vom Vormittag war doch etwas zuviel für mich."

„Möchtest du lieber in deine Kabine, um dich auszuruhen?"

„Ja, wenn es dir recht ist. Und morgen . . ."

„So komm . . ." Er unterbrach seinen Satz, als fehlte ihm ein Wort.

„Nadja", sagte sie und gab ihm die Hand.

„Komm, Nadja. Ich bin dein Bruder Nikolaus Korpanoff und werde versuchen, dir jeden Wunsch zu erfüllen.“ Damit führte er sie zu ihrer Kabine.

Michael Strogoff kehrte anschließend auf das Deck zurück und mischte sich unter die Passagiere. Es war immer gut, ihren Gesprächen zuzuhören. Möglicherweise konnte er etwas erfahren, was für ihn wertvoll war.

Aber es gab keine Neuigkeiten. Die Reisenden sprachen über den überraschenden Ausweisungsbefehl, stöhnten über die Anstrengungen der Reise und klagten über den Verlust ihrer Erträge. Jedoch waren alle mit ihren Äußerungen sehr vorsichtig, denn es war ja nicht unmöglich, daß sich Polizeispitzel an Bord befanden, um die Reisenden zu überwachen.

Auf dem Vorderdeck hörte Strogoff die recht ungenierte Unterhaltung von zwei Herren, die russisch mit auffälligem Akzent sprachen. Es waren die beiden Reporter, Monsieur Jolivet und Mister Blount, die sich hier wieder einmal getroffen hatten. Beide wollten nach Sibirien, um den Aufstand und seine Entwicklung an Ort und Stelle zu erleben.

„Ich habe es fertiggebracht“, hörte Strogoff den Franzosen gerade sagen, „den Wortlaut der einschneidenden Verordnung heute vormittag um 10.17 Uhr an meine Base Madeleine zu telegraphieren.“

„Und ich dem Daily Telegraph um 10.13 Uhr“, versetzte der Engländer trocken.

Lachend schüttelten die beiden Kollegen sich die Hand.

„Solche neugierigen Herren muß ich mir nachdrücklich vom Halse halten“, murmelte der Kurier grimmig. Er war sich darüber klar, daß er ihnen noch häufiger begegnen werde.

Nadja erschien nicht zum Essen. Michael freute sich, daß sie sich ausruhen konnte, und wollte sie nicht stören.

Die frische Brise am Abend war wohltuend nach der drückenden Hitze an Deck.

Michael Strogoff fühlte sich seltsam unruhig. Immer wieder schritt er auf dem Achterdeck hin und her, ging schließlich über den Maschinenraum hinaus und kam aufs Mitteldeck, wo die Dritter-Klasse-Passagiere untergebracht waren. Hier drängte sich alles eng zusammen auf Bänken und auf dem Gepäck, auf mitgebrachten Decken und auf dem nackten Fußboden der Schiffsplanken. Michael mußte sich sehr vorsehen, um keinen der Schläfer zu treten.

Er ging weiter und wollte übers Vorderdeck zurückkehren, als er neben sich eine Stimme vernahm, die ihn aufhorchen ließ.

Strogoff lauschte gespannt. „Von Moskau soll ein Kurier nach Irkutsk unterwegs sein", hörte er die Stimme einer Frau. Es durchfuhr ihn heiß und kalt.

„Hab's auch schon gehört", gab ein Mann zurück, „aber ob er sein Ziel erreicht, scheint mit doch eine zweite Sache. Auf jeden Fall wird er nicht mehr rechtzeitig eintreffen!"

Der Kurier suchte mehr zu erfahren, aber vergeblich: Das Paar sprach nun so leise, daß nichts mehr zu vernehmen war. Schließlich verrieten die ruhigen Atemzüge, daß sie eingeschlafen waren.

Mit aller Vorsicht ging Michael Strogoff zurück. In tiefem Sinnen hockte er vor seiner Kabine, den Kopf in die Hände gestützt: Wer weiß etwas von meiner Abreise – und mag Interesse haben, etwas darüber zu wissen? Die Frage quälte ihn, denn die Antwort darauf war nicht allzuschwer.

In der Frühe des nächsten Tages hatte die „Kaukasus" den Hafen von Kasan erreicht. Die Stadt, Residenz des Gouverneurs und des Erzbischofs, lag etwa zehn Werst entfernt. Trotzdem drängte sich eine riesige Menschenmenge, begierig auf neue Nachrichten, am Pier. Natürlich galt der Ausweisungserlaß auch in Kasan. Polizisten und Militär, Kosaken mit langen Lanzen, sorgten für Ordnung und Kontrolle.

Michael Strogoff stand an der Reling und schaute in das Gedränge. Er wäre ganz gerne an Land gegangen, um sich die Füße ein wenig zu vertreten, aber Nadja hatte sich noch nicht an Deck gezeigt, und er wollte sie auf keinen Fall allein lassen.

Die beiden Reporter jedoch ließen sich die Gelegenheit nicht entgehen, sich auf dem Landeplatz umzusehen. Michael Strogoff beobachtete mit leichtem Lächeln, wie sie sich an die Leute heranmachten, um sie auszufragen. Was er selber aus Gesprächen der zusteigenden Reisenden erfahren konnte, klang beunruhigend. Die Tataren seien bereits weit vorgedrungen, und immer schwieriger seien die Verbindungen zwischen Sibirien und dem Reich.

Der Kurier brannte vor Ungeduld. Ich muß möglichst schnell zur Stelle sein, dachte er drängend, um mir selber ein Bild der Lage machen zu können.

Plötzlich wurde er aufmerksam. War das nicht wieder das Paar, dem er schon gestern begegnet war? Ein bejahrter Mann mit einer noch jüngeren Frau, beide Zigeuner, die sich über den Laufsteg drängten: hinter ihnen folgten etwa zwanzig Tänzerinnen, deren ärmliche Mäntel nur notdürftig den Flitterkram ihrer Tanzkleidchen bedeckten.

Seltsam, daß die Tanzgruppe sich während der ganzen Schiffsreise nicht hat sehen lassen, durchfuhr es den Kurier. Solche Leute pflegen doch sonst jede Gelegenheit zu nutzen, ihre Kunst gegen klingende Münze zu zeigen.

Michael behielt die Zigeuner scharf im Auge. Der Alte stand abseits, den Hut tief in die Stirn gezogen, als wollte er nicht erkannt werden. Da spürte der Kurier, wie die Blicke der Frau – er entsann sich, daß der Alte sie mit Zangarra angeredet hatte – auf ihm ruhten. Ihm war, als wollte sie sich seine Gesichtszüge für alle Zeit einprägen. Als er unwillig auf sie zuschritt, wandte die Frau sich ab und folgte der Gruppe der jungen Tänzerinnen.

Was mochte das alles zu bedeuten haben? Michael Strogoff war unschlüssig, ob er das verdächtige Paar verhaften lassen sollte. Aber er zwang sich zur Ruhe. Entscheidend war, daß er sein Inkognito auf keinen Fall preisgab, um seinen Auftrag nicht zu gefährden. Ehe sie mit ihrem dürftigen Zigeunerkarren an der Grenze sind, sagte er sich, habe ich ja längst den Ural hinter mir.

Kasan, Zielpunkt zweier Straßen, die über die Pässe des Ural gehen, trug mit Recht den Namen „Das Tor Asiens". Der Kurier hatte sich für die Poststraße entschieden, die über Perm, Jekaterinburg, Tjumen ging. Auf den Poststationen würde er ohne Schwierigkeiten die Pferde wechseln können.

Die Glocke der „Kaukasus" tönte über das Schiff und den Landeplatz hin, um die Reisenden zusammenzurufen. „Leinen los!" kam das Kommando. Die Maschinen arbeiteten auf halben Touren, langsam löste sich der Dampfer vom Pier.

„Halt! Halt!" erklang in diesem Augenblick eine Stimme. Mit langen Sätzen kam ein Reisender angerast: Es war Monsieur Jolivet. Schon war der Dampfer ein, zwei Meter von der Kaimauer entfernt. Sollte der Reporter etwa in dem russischen Nest zurückbleiben?

Mit einem mächtigen Satz, der jedem Meisterspringer Ehre gemacht hätte, schnellte der Franzose zum Schiff hinüber, klammerte sich an die Reling und wurde von Mister Blount, seinem Kollegen vom Daily Telegraph, an Deck gezogen.

„Ich hatte schon geglaubt, die Kaukasus sollte ohne Sie weiterfahren", knurrte der Engländer.

„Das könnte Ihnen so passen", lachte der Reporter unbekümmert zurück. „Ich konnte ja nicht ahnen, daß es bis zum Postamt so schrecklich weit ist."

„So haben Sie etwa ein Telegramm aufgegeben?" Der Engländer blickte den Konkurrenten mit schmalen Lippen an.

„Ich habe mir's erlaubt", gab dieser mit dem freundlichsten Lächeln zurück.

Der Engländer verbiß sich seinen Ärger, daß der Kollege ihm mit seinem Telegramm an die „Base Madeleine" zuvorgekommen war. Er erfuhr von Monsieur Jolivet, daß die tatarischen Truppen unter Führung von Feofar-Khan bereits über Semipalatinsk hinaus vorgestoßen seien und an den Ufern des Irtysch vordrängten.

Es war schon gegen zehn Uhr, als Nadja an Deck erschien. Michael begrüßte sie herzlich.

Die beiden traten an die Reling und ließen wortlos ihre Blicke über die Ufer gleiten. Die Kaukasus passierte gerade den Zusammenfluß der Wolga mit der Kama. Das bewaldete Ufer bot einen herrlichen Anblick.

Aber es war, als schaue Nadja durch diese Naturschönheiten hindurch – ihre Augen leuchteten seltsam, wenn sie nach Osten blickte. Endlich brach sie das Schweigen: „Wie weit von Moskau sind wir jetzt?"

„900 Werst", versetzte Michael.

„900 von 7000", murmelte sie vor sich hin.

Als zum Frühstück geläutet wurde, ließ Nadja sich von Strogoff in den Eßsaal führen. Sie beachtete nicht die vielen Speisen, die dort auf einem Seitentisch zur Auswahl angerichtet standen, und bestellte sich – wohl auch um zu sparen – nur ein einfaches Reisgericht mit Fleisch und Rotkohl.

Sie gingen wieder an Deck und nahmen abseits auf einer Bank Platz. Nun endlich begann Nadja zu sprechen.

„Bruder", sagte sie mit gedämpfter Stimme: „Du sollst alles wissen. Ich heiße Nadja Fedor und bin die Tochter eines Verbannten aus Riga. Meine Mutter ist vor einigen Monaten gestorben, und nun bin ich auf dem Weg zu meinem Vater. Ich will mit ihm dort in Irkutsk in der Verbannung leben."

„Du weißt, ich reise ebenfalls nach Irkutsk", versetzte der Kurier, „und ich will dem Himmel dankbar sein, wenn ich Nadja Fedor wohlbehalten in die Arme ihres Vaters führen darf."

Mit innigem Dank drückte sie seine Hand.

Strogoff erwähnte noch, daß er einen Sonderausweis für Sibirien habe, der in jedem Falle gelte. Nadja stellte keine Fragen. Sie war glücklich, daß das Schicksal ihr einen so anständigen Menschen zugeführt hatte, und wollte nur zur ihrem Vater.

„Mein Ausweis für Irkutsk wurde ja leider in Nischnij-Nowgorod ungültig", sagte sie. „Was hätte ich nur ohne dich tun sollen?"

„Und du wolltest die endlose Reise ganz allein wagen, Nadja?"

„War es nicht meine Pflicht?"

„Trotz des Aufstandes und des Tatareneinfalles?"

„Bei meiner Abreise aus Riga wußte ich davon noch nichts. Das erfuhr ich erst in Moskau."

„Und dennoch reistest du weiter?"

„Das ist doch meine Pflicht!"

Michael Strogoff betrachtete das entschlossene, prächtige Mädchen mit unverhohlenem Gefallen. „Es ist doch meine Pflicht!" hatte sie gesagt.

„Mein Vater heißt Wassili Fedor und war Arzt in Riga", fuhr Nadja fort. Sie berichtete von der ausgezeichneten Praxis und von dem glücklichen Familienleben, das sie geführt hätten. Aber der Vater war Mitglied irgendeiner der politischen Geheimgesellschaften, und als das bekannt wurde, kam sogleich der Ausweisungsbefehl. Die Polizei schob ihn sofort über die Grenze ab.

Das lag nun schon zwei Jahre zurück.

So überstürzt war alles geschehen, daß Wassili Fedor kaum Zeit gehabt hatte, sich von der kränkelnden Frau und dem unversorgt zurückbleibenden Kind zu verabschieden. In Irkutsk hatte er eine neue Praxis eröffnen können und wäre vielleicht sogar mit seinem Dasein zufrieden gewesen, hätte er Frau und Kind bei sich gehabt. Aber Nadjas Mutter war viel zu schwach für eine so beschwerliche Reise, und nun war sie vor wenigen Monaten in den Armen ihrer Tochter entschlafen. „Ich erhielt die behördliche Genehmigung, nach Irkutsk zu meinem Vater übersiedeln zu dürfen", schloß Nadja ihren Bericht, „und kündigte meinem Vater das an, obwohl ich kaum über die Mittel für eine so endlose Reise verfüge."

Mittlerweile war die Kaukasus in den Fluß eingebogen. Mit einbrechender Nacht hatte es sich wohltuend abgekühlt. Eine wundersam romantische Stimmung lag über der Flußlandschaft: Funken stoben aus dem Schornstein in die laue Abendluft, und in das monotone Geräusch, mit dem die Schaufelräder unter dem Vordersteven ins Wasser schlugen, mischte sich schaurig das Geheul hungriger Wölfe.

Eine rasende Fahrt

Am nächsten Tage war Perm, die Endstation des Dampfers erreicht. Perm, Hauptstadt des riesigen Gouvernements, das sich weit über das Uralgebirge hinaus bis nach Sibirien hinein erstreckte und seinen Reichtum besonders aus Marmorbrüchen, Platinlagern und Goldgruben, Kohlenbergwerken und Salinen herleitete, war unfreundlich und ungepflegt, obwohl es sich als Grenzstadt nach Asien wohl seiner europäischen Repräsentationspflichten bewußt sein mußte.

Hier gab es einen regen Fahrzeugmarkt: die aus Asien kommenden Reisenden veräußerten ihre Gefährte, während die nach Sibirien ziehenden sich das nötige Fahrzeug beschafften; im Sommer die Telega oder den Zarantaß, im Winter den Schlitten.

Der Postkutschenverkehr, der sonst recht prompt funktionierte, war wegen der politischen Lage eingestellt. Aber Michael Strogoff wollte ohnehin nicht mit der Kutsche fahren, um von niemandem abhängig zu sein.

Beim Kauf eines Wagens allerdings hatte er Schwierigkeiten. Infolge des Ausweisungserlasses für alle Nichtrussen gab es nur noch wenige Fahrzeuge zu kaufen, und Michael Strogoff mußte sich mit der Auswahl begnügen, die seine Vorgänger ihm belassen hatte. Mit Pferden würde er weit weniger Schwierigkeiten haben, dafür sorgte sein Sonderausweis. Michael Strogoff entschied sich für einen Tarantaß und hatte nach vielen Mühen Glück, ein einigermaßen gut erhaltenes Exemplar aufzutreiben. Es war ungefedert, mit weit auseinanderliegenden Radachsen, die sich bei den furchtbaren Wegen als recht vorteilhaft erwiesen. Ein großes Lederverdeck schützte gegen Straßenschmutz und gegen Unwetter.

Der Kurier mußte froh sein, denn offenbar war sein Tarantaß der einzige, den es in der Stadt überhaupt noch zu kaufen gab. Strogoff vergaß nicht, daß er als Kaufmann Nikolaus Korpanoff reiste, und feilschte mit dem Verkäufer des Fahrzeugs wie ein gerissener Markthändler.

Nadja stand dabei. „Ich muß dich um Entschuldigung bitten", sagte er, „daß ich kein besseres Fahrzeug besorgen kann".

„Aber ich bitte dich, Nikolaus. Wenn es sein muß, würde ich die Reise zu meinem Vater auch zu Fuß machen. Das weißt du doch genau."

„Du bist ein tapferes Mädchen, Nadja", lächelte er.

„Aber für jeden Menschen gibt es Grenzen seiner Kraft."

Sie blickte ihn entschlossen an: „Ich will alles ertragen. Wenn es aber einmal zuviel werden sollte, so darfst du dich durch mich nicht aufhalten oder behindern lassen."

Bald darauf stand der Tarantaß mit drei Postpferden abfahrtbereit. Michaels Paß hätte genügt, tadellose, kräftige Sibirier zu besorgen. Das größte Tier stand in der Gabeldeichsel, die beiden anderen waren mit Seilen angebunden. Kandare oder Trense schien man dortzulande nicht zu benötigen. Als Zügel diente eine einfache Hanfschnur.

Das Fahrzeug war nur klein und bot gerade Platz für zwei Personen und den Fahrer den „Jemschik", der auf jeder Station wechselte.

Der erste Jemschik war ein Sibirier und hatte fast ebenso starken Haarwuchs wie seine Gäule. Auf seiner quadratisch geschnittenen Frisur trug er einen Hut mit breiter Krempe und über seinem groben Kapuzenmantel mit Wappenknöpfen einen roten Ledergürtel.

Mißtrauisch musterte er die beiden Reisenden, die mit ihrem wenigen Gepäck an den Tarantaß traten. Die Aussichten auf Trinkgeld schienen mager.

„Raben", murmelte er mürrisch und unbekümmert darum, ob seine Fahrgäste es hörten. „Raben zu sechs Kopeken die Werst."

Michael kannte sich aus in dem Kauderwelsch der Jemschiks. „Nein, nein, Freund", versetzte er lächelnd: „Adler – neun Kopeken die Werst und Trinkgeld extra!"

Der Jemschik antwortete mit munterem Peitschenknallen. „Rabe" bezeichnete in seiner Sprache den knickerigen Reisenden, „Adler" dagegen waren die großzügigen, die nicht um den Fahrpreis feilschten und es außerdem auch nicht an spendablem Trinkgeld fehlen ließen.

Nadja Fedor und Michael Strogoff stiegen ein, verstauten den Proviant und zogen wegen der fast unerträglichen Hitze das Lederverdeck über. Es war Mittag, als sie losfuhren. Sehr schnell lag Perm hinter ihnen.

„Los, ihr Täubchen", rief der Jemschik. „Vorwärts, meine Schwälbchen! Beeil dich, du Teufelsschnecke!" So feuerte er seine Tiere an. Aber weder zärtliche Liebkosung noch grollender Fluch waren nötig. Das Gespann trabte unverdrossen in schnellem Trab dahin. Mindestens fünfzehn Werst in der Stunde schaffte es; allerdings blindlings über Steine und Schlaglöcher und auch über Knüppel, die im Wege lagen.

Michael, der diese Beförderungsart kannte, blickte besorgt auf seine Begleiterin. Nadja ließ sich nichts anmerken. Sie wußte ja, jede Radbewegung brachte sie ihrem Vater näher.

Sie meinte, bis Jekaterinburg seien es etwas mehr als dreihundert Werst, und Nikolaus stimmte zu: „Du hast recht. Dort haben wir dann das Gebirge hinter uns."

„Wie lange werden wir für die Fahrt durch den Ural benötigen?"

„Wenn alles gutgeht, zwei Tage. Wir fahren ja ohne Unterbrechung durch."

Nadja nickte: „An mir soll es nicht liegen."

„Hoffentlich machen uns die Tataren keinen Strich durch die Rechnung", fuhr der Kurier nachdenklich fort. „Wenn es glückt, können wir in einer Woche in Irkutsk sein."

„Machst du diese Fahrt zum ersten Male?"

„O nein, ich bin die Strecke schon mehrmals gereist", versetzte er.

„Zur Winterzeit würde es schneller und sicherer gehen, nicht wahr?"

„Schneller schon, aber Frost und Schnee würden dir schwer zu schaffen machen, Nadja."

„Was hat das zu sagen – der Winter ist doch der Freund der Russen!"

„Du magst recht haben, liebe Schwester, aber was für ein Temperament gehört dazu, solche Freundschaft zu ertragen! In der sibirischen Steppe kann man eine Kälte von vierzig Grad erleben. Ich habe sie kennengelernt – minus vierzig Grad! Meine Glieder haben sich unter dem Rentiermantel vor Kälte gekrümmt, und mir war, als wäre mein Herz zu einem Eisklumpen gefroren. Da kann man kaum noch atmen, und der Wodka in meiner Feldflasche war gefroren.

Michael schüttelte sich. „Nein, Nadja, der Preis ist zu hoch! Davon können höchstens die berichten, die nicht zurückgekehrt sind, weil der Schneesturm ihre Leichen unter dem weißen Tuch begraben hat."

„Gut, daß du zurückgekehrt bist, Nikolaus", meinte Nadja mit zärtlichem Lächeln.

„Nun ja, ich bin ja Sibirier und habe mich schon als Kind auf den Jagdzügen meines Vaters abgehärtet."

„Wie oft bist du denn schon im Winter durch die Steppe gekommen?" fragte sie.

„Dreimal, Nadja, auf dem Wege nach Omsk. Ich war dort zu Besuch bei meiner Mutter."

„Ja, siehst du, Nikolaus: Und ich fahre nach Irkutsk, um meinem Vater die letzten Grüße meiner lieben Mutter zu überbringen. Kannst du nun verstehen, daß mich keine Macht der Erde zurückhalten kann?"

Michael nickte dem tapferen Mädchen zu. Wie kurz war die Zeit, seit er sie kannte – und wie verbunden fühlte er sich mit ihr!

Mit den Entfernungen, die sie zurücklegten, war Strogoff sehr zufrieden. Jeder der Jemschiks schien seinem Stande Ehre machen zu wollen. Reichliche Trinkgelder taten ein übriges. Die Postmeister mochten es wohl auffällig finden, daß trotz des amtlichen Erlasses ein Geschwisterpaar – offenbar doch Russen – durch Sibirien reisen durften. Aber die Papiere waren ja in Ordnung.

Michael Strogoff und Nadja Fedor waren nicht die einzigen Reisenden hier auf der Straße von Perm nach Jekaterinburg. Schon beim ersten Pferdewechsel hatte Michael bemerkt, daß unmittelbar vor ihnen ein Wagen fuhr. Da es an Austauschpferden nicht fehlte, hatte er sich durch diese Feststellung nicht stören lassen.

Station machten die beiden Reisenden nur zur Einnahme der Mahlzeiten. Die Posthäuser waren für jede Art Bewirtung bestens eingerichtet, und wo sie zu weit auseinanderlagen, konnte man unbedingt mit der bekannten Gastfreundschaft der Muschiks in den Dörfern rechnen. Jeder Fremde wurde wie ein „Geschenk des Himmels" aufgenommen.

„Vor wieviel Stunden ist der Wagen, der vor uns fährt, hier durchgekommen?" fragte Michael Strogoff den Postmeister, als sie wieder einmal zum Pferdewechsel haltmachten.

„Vor etwa zwei Stunden", versetzte der Mann.

„Eine Kutsche?"

„Nein, eine Telega."

„Und wieviel Reisende?"

„Zwei. Im Adlertempo! Sie scheinen es eilig zu haben." Michael ließ sofort anspannen, um keine Zeit zu verlieren. „Wir müssen wieder die Nacht hindurch fahren", sagte er zu Nadja.

Noch war das Wetter gut, aber irgend etwas schien in der Luft zu liegen, so drückend war es.

„Wenn es ein Gewitter gibt, müssen wir uns auf etwas gefaßt machen", wandte Strogoff sich an seine Begleiterin. Er war recht besorgt um seinen Auftrag und um seine Begleiterin.

Doch der Wettergott meinte es gut mit ihnen und ließ sie unbehelligt. Nadja konnte sogar trotz des furchtbaren Rüttelns und Schaukelns ein paar Stunden schlafen.

Michael Strogoff hatte das Lederverdeck etwas zurückgeschlagen. Nun hatten sie wunderbar frische Luft. Er selber blieb die ganze Nacht wach, denn er hatte kein rechtes Vertrauen zur Ausdauer seines Jemschiks. Wenn der Mann auf seinem Bock einnickte, könnte leicht ein Unglück geschehen.

Rastlos ging es weiter. Keine Stunde verloren sie auf den Poststationen und keine auf der Fahrt.

Als der nächste Tag – es war der 20. Juli – zu dämmern begann, hob sich im Osten die Gebirgskette des Ural vom Himmel ab. „Es ist weiter, als es scheint", sagte der Kurier zu Nadja, während er froh mit der Hand hinüberzeigte, „aber ich denke, noch vor Abend haben wir die Höhe erreicht!"

Glücklicherweise hatten sie an diesem Tage nicht so sehr unter der Hitze zu leiden, denn der Himmel blieb bedeckt. Nicht ohne Besorgnis bemerkte Strogoff, wie der Wind auffrischte. Er wußte, das solche Anzeichen für ein aufkommendes Unwetter sprachen, und hätte er es nicht so eilig gehabt, würde er vorsichtshalber bestimmt eine Pause eingelegt haben.

„Hört nur, wie es dort drüben donnert", knurrte der Jemschik, „drinnen in den Bergen scheint der Teufel los zu sein."

Der Kurier gab keine Antwort. „Wir haben keine Minute zu verlieren", sagte er dann kurz zu Nadja. Und zum Postmeister: „Ist eine Telega vor uns?"

„Ja, Väterchen. Vor etwa einer Stunde ist sie hier abgefahren."

„Es hilft nichts", rief Michael dem Jemschik zu. „Weiter geht's! Und dreifaches Trinkgeld, wenn wir morgen früh in Jekaterinburg eintreffen!"

Haarscharf am Tod vorbei

Durch die gewaltige Grenzmauer des Uralgebirges, das sich von der Arktis bis zum Kaspischen Meer erstreckte, führte der uralte Handelsweg, den Michael Strogoff als Übergang nach Sibirien gewählt hatte. Verglichen mit den steilen Gebirgspässen, galt er als bequem und verhältnismäßig sicher.

„Wenn alles klappt, schaffen wir es noch in der Nacht", sagte Strogoff, um seiner Begleiterin Mut zu machen. Wenn nur das Gewitter sie verschonen wollte!

Ehe Nadja Platz nahm, ließ Michael den Reisewagen noch einmal gründlich überprüfen und gegen alles Unvorhergesehene sichern: Über das Verdeck wurden kreuzweise Stricke gespannt, damit der Sturm es nicht wegreißen konnte, die Stränge wurden verstärkt und die Stoßeisen der Radnaben mit Stroh gepolstert, um das Stoßen wenigstens etwas zu mildern. Über den Vorder- und Hinterteil des Wagens, der mit seinen Achsen recht primitiv an den Sitzkasten des Tarantaß angepflockt war, legte der Jemschik nach Michaels Anweisung einen Balken und sicherte ihn mit Bolzen. Dann kletterten sie beide auf das Fahrzeug und spannten das Lederverdeck und die Spritzdecken hoch.

„Ich glaube, wir haben jetzt alles getan, was uns vor unvorhergesehenen Zwischenfällen schützen kann", sagte Strogoff zu seiner Begleiterin und gab dem Jemschik das Zeichen zur Abfahrt. Polternd und schwankend ratterte der Tarantaß in die hereinbrechende Nacht – die Vorberge des Urals hinauf. Zwei Wagenlaternen neben dem Sitz des Fahrers sollten den Weg erleuchten, aber ihr dürftiger Schein reichte kaum in die allernächste Umgebung. Immerhin konnte er entgegenkommenden Fahrzeugen ein Zeichen geben, daß sie rechtzeitig auswichen.

Der Kurier sah auf seine Uhr. „Gerade acht", sagte er und blickte zum Horizont, wo die Sonne unterging. Jetzt wurde es sehr schnell dunkel und dabei immer diesiger. Vom Kamm der Berge war kaum noch etwas zu sehen. Der Dunst senkte sich immer tiefer. Bald verschwand der Weg um sie herum im dichten Nebel.

„Hoffentlich wird er zu Regen", murmelte der Kurier vor sich hin. Er sprach das Weitere nicht aus, aber in solchem Dunst weiterzufahren, wäre allzu gefährlich. Wie leicht könnten sie bei der schlechten Sicht abstürzen!

Der Ural ist an dieser Stelle, wo die Straße Perm-Jekaterinburg das Gebirge schneidet, nicht allzu hoch: Die bedeutendste Erhebung beträgt etwa 1650 Meter. Dieser Teil war schon damals ziemlich stark besiedelt, denn bei den reichen Bodenschätzen an Eisen und Kupfer gab es nicht wenig Bergwerke, auch Schurfstellen für kostbare Steine. Die Poststraße, die an den vielen Dörfern vorbeiführte, war in dieser Gegend in recht gutem Zustand.

Das würde aber die Schwierigkeiten nicht beseitigen, wenn nun ein Gewitter käme. Michael kannte die Gewitter in den Bergen und verschwieg seiner Gefährtin, daß sie ihm nicht weniger gefährlich erschienen als die furchtbaren Schneestürme, die zur Winterzeit hier tobten.

Bei ihrer Abfahrt war es noch trocken gewesen. Michael beobachtete durch einen Spalt im Lederverdeck den Weg, auf den das flackernde Laternenlicht grelle Schattenbilder warf. Sein Blick glitt voll Besorgnis zum Himmel und dann wieder zu den Pferden, die unverdrossen dahintrabten.

Die Räder arbeiteten sich knirschend durch den Schotter der Straße, die Achsen knarrten, sonst hörte man nichts als das Keuchen der Pferde und den Schlag ihrer Hufe. Ringsumher war alles wundersam still.

Die Straße war leer. Kein Fußgänger, kein Reiter, kein Wagen kam ihnen entgegen. Es gehörte ja auch einiger Mut dazu, sich in dieser Nacht, die sich so unheildrohend ankündigte, in das Bergmassiv hineinzuwagen.

Wer aber mochten die beiden Reisenden sein, die unentwegt vor ihnen in der Telega dahinjagten? Der Kurier ertappte sich dabei, daß er jetzt häufiger mit seinen Gedanken bei ihnen war. Was mochte die beiden bewegen, eine so gefährliche Nachtfahrt durch die Bergschluchten zu riskieren?

Es war inzwischen etwa eine Stunde vor Mitternacht. Urplötzlich standen grell ein paar Blitze am Himmel und ließen die gewaltigen Kiefern zu ihrer Linken wie gespenstische Schattenrisse aus dem Dunkel hervortreten. Auf der anderen Seite aber, erst jetzt im grellen Aufblitzen erkennbar, fiel die Bergwand steil ab. Blitz auf Blitz flammte auf. Aus der Tiefe begann es zu grollen. Der Wagen rollte schwankend über einen Knüppeldamm, der eine unheimliche Schlucht überbrückte. Immer erschreckender tobte das Unwetter, und je näher sie dem Bergkamm kamen, desto ungehinderter konnte der Sturm sie packen.

„Los, meine Täubchen“, brüllte der Jemschik, „vorwärts, ihr Schwalben!“ Aber seine aufmunternden Rufe fruchteten nicht mehr viel, denn der beschwerliche Weg, mehr aber noch die drükkende Schwüle, die immer noch über der Höhe lastete, machte auch den Tieren zu schaffen. Da nutzten die Fluchworte des Fahrers nichts.

„Wann sind wir endlich auf dem Kamm?“ fragte der Kurier.

„Vielleicht eine Stunde nach Mitternacht – wenn wir ihn überhaupt erreichen“, versetzte der Mann knurrend.

„Mach's nicht schlimmer, als es ist, mein Lieber,“ rief Strogoff, „tu doch nicht so, als sei es das erste Gewitter, das du hier im Gebirge erlebst!“

„Sie haben recht, Herr, aber darum möchte ich bei Gott ja auch nicht, daß es mein letztes wird!“

„Hast du etwa Angst?“

„Angst? Nein. Aber trotzdem will es mir nicht richtig scheinen, daß wir überhaupt abgefahren sind!“

„Noch falscher hätten wir daran getan, in der Postmeisterei zu bleiben!“

Der Jemschik gab keine Antwort. „Vorwärts, ihr Turteltäubchen!“ rief er wieder den Pferden zu. Was sollte er sich mit dem Paar, das es so seltsam eilig hatte, in lange Debatten einlassen? Er hatte ja keine andere Aufgabe, als die Anweisungen der Fahrgäste auszuführen. Nitschewo!

Da schnitt ein gellendes Pfeifen durch die Luft. Das war der Sturm. Blitze flammten auf, der Donner folgte mit dumpfem Grollen, und im grellen Widerschein schwankten mit angsterregendem Krachen die mächtigen Kiefern, die auf dem kahlen Felsgipfel vor ihnen gegen den Himmel ragten, und schon hatte der Sturm ihre Spitzen gekappt und warf sie in die Tiefe. Kaum hundert Meter vor dem Tarantaß schossen sie in den Abgrund.

Die Pferde bäumten sich wild auf und wollten nicht weiter. „Nur vorwärts, ihr Turteltäubchen“, rief der Jemschik unentwegt und ließ die Peitsche knallen.

Michael Strogoff griff nach der Hand seiner Begleiterin:

„Du darfst jetzt keine Angst haben, meine Liebe.“

„Ich bin auf alles gefaßt“, antwortete das Mädchen und lächelte tapfer.

Michael Strogoff riß eilig das Lederverdeck zu.

Der Jemschik war vom Bock herabgesprungen, um die Pferde am Halfter weiterzuführen. Es bestand bei dem furchtbaren Unwetter die Gefahr, daß der ganze Wagen mitsamt den Insassen in den Abgrund geschleudert würde.

Mit entfesselter Wut tobte der Sturm um die Felsecke, an der das Fahrzeug hielt. Ehe sie gegen den Wind wenden konnten,

packte er den Wagen von der Seite und hätte ihn beinahe umgeworfen. Vergeblich mühte sich der Fahrer, die erregten Pferde zu beruhigen. Weder seine Schmeichelworte noch seine Flüche konnten hier helfen. Sie zerrten wild an den Strängen.

Michael Strogoff sprang vom Wagen. Wenn nur die Stricke halten, dachte er. Wenn die Pferde sich losrissen und durchgingen, war das Unglück nicht mehr aufzuhalten.

Er fiel ihnen in die Zügel und riß sie zurück. Gemeinsam mit dem Jemschik, der in dieser furchtbaren Lage zum ersten Male seinen Gleichmut verloren zu haben schien und wie wild fluchte, konnte er die tobenden Tiere einigermaßen bändigen.

Der Sturm hatte sich zum Orkan gesteigert. In der schmalen Paßstraße fing er sich wie in einem Windschacht, so daß sie seiner ganzen entfesselten Gewalt ausgesetzt waren. Gleichzeitig begann eine Lawine von Geröll und Steinen, von Knüppeln und Stämmen auf die Straße herunter zu poltern.

„Hier können wir nicht bleiben!" schrie Strogoff dem Jemschick zu.

Der stemmte sich mit aller Kraft gegen den furchtbaren Orkan. „Wird sowieso nicht mehr lange dauern!" gab er mit gleicher Lautstärke zurück. „Der Sturm schmeißt uns 'runter ins Tal – und das auf kürzestem Wege!"

„Nimm das Handpferd, du Feigling!" brüllte der Kurier. „Ich nehme das linke!" Die beiden Männer mußten sich tief niederdukken, sonst hätte der Sturm sie umgeworfen. Aber trotz aller übermenschlichen Anstrengungen konnten sie den Wagen nicht halten. Er rutschte ein paar Längen zurück, bis ein Baumstamm, der quer auf der Straße lag, ihn aufhielt. Um ein Haar wären sie alle abgestürzt.

„Brauchst keine Angst zu haben, Nadja!" rief Michael.

Das tapfere Mädchen schien keine Aufregung zu kennen. „Ich fürchte mich nicht", versetzte es ruhig.

Einen Augenblick lang ließ der Donner nach. Auch der Sturm schien an Gewalt verloren zu haben.

„Weiter zurück?" fragte der Jemschik keuchend.

„Im Gegenteil, vorwärts! Wir müssen dort oben hinter die Felsecke, um in den Schutz der Bergwände zu kommen!"

„Aber die Gäule wollen ja nicht mehr!" wandte der Jemschik ein.

„Los!" befahl Michael Strogoff und packte sein Pferd am Halfter. „Mach's genauso und hilf, das Gespann dort hinaufzuführen!"

„Gleich ist der Sturm wieder da", begann der Jemschik abermals, aber Strogoff brüllte: „Laß deine Widerworte und tu, was ich dir befehle!"

„Dann also vorwärts, meine Schwälbchen!" rief der Mann und packte das Handpferd, während Strogoff auf der anderen Seite sein Tier am Zügel führte. Mühsam kamen sie voran. Aber sie hatten Schutz nach der Seite hin, so daß das Zugpferd in der Mitte Schritt halten konnte.

„Drei Schritte vor, zwei zurück", murmelte der Kurier vor sich hin, während er immer wieder besorgt zum Wagen zurückblickte, der jeden Augenblick umstürzen oder auseinanderbrechen konnte. Jetzt zeigte es sich, wie gut es war, daß er das Verdeck so sorgsam verschnürt hatte.

Mehr als zwei Stunden unendlich mühseliger Arbeit kostete die beiden Männer dieser Abstieg von kaum fünfhundert Metern.

Plötzlich schrie der Jemschik voller Entsetzen. Im grellen Aufblitzen sah man einen riesigen Baumstamm, der auf den Tarantaß zu rollte.

Strogoff knallte mit der Peitsche, aber die Tiere ließen sich nicht vorwärts treiben.

Es ging jetzt um Bruchteile von Sekunden. Mit einem mächtigen Satz sprang Strogoff hinter das Fahrzeug und stemmte mit seiner ganzen Kraft den schweren Wagen ein paar Schritte vorwärts! Haarscharf hinter ihm, fast seine Brust streifend, stürzte der riesige Baumkoloß in die Tiefe.

Nadja hatte im Widerschein der Blitze alles mit angesehen. „Nikolaus!" schrie sie entsetzt und zugleich voller Bewunderung auf.

„Brauchst dich nicht zu sorgen, Nadja", sagte Strogoff ruhig.

„Es ist ja nicht um mich", versetzte sie leise.

„Laß nur", fuhr er ruhig fort" „wir haben einen guten Stern, wir beide."

„Ich sicherlich", lächelte Nadja gerührt, „und zwar weil ich einen so treuen Reisebegleiter habe!"

Zweikampf mit Bären

Schnaufend hielten die Pferde in einem engen Paß, der in Nord-Südrichtung verlief und die Reisegruppe vor dem brausenden Wind schützte. Unwillkürlich jedoch zuckten die Reisenden zusammen, als über ihnen ein paar riesige Tannen, die die Berghöhe überragten, in Sekundenschnelle ihre Wipfel verloren. Es war, als ob eine Riesensense sie geköpft habe.

Der Orkan schien jetzt auf seinem Höhepunkt. Unablässig fuhren die Blitze herab, unablässig rollte der Donner. Das mächtige Bergmassiv schien unter den wütenden Schlägen zu erzittern.

„Wir können dankbar sein, daß wir hier geschützt sind", sagte Nadja und sprang aus dem Wagen. Es war besser so, denn gelegentlich fuhr der aufgestaute Wind scharf um die Felsecke und stieß den Tarantaß, daß er in allen Fugen zitterte.

„Hier kannst du dich niederlegen", sagte Michael Strogoff fürsorglich zu Nadja und zeigte auf eine kleine Erdmulde, die er in der Nähe entdeckt hatte. So war sie vor dem Unwetter und besonders vor dem Steinmassen, die von Zeit zu Zeit niedergingen, gut geschützt.

Jetzt begann es auch noch zu regnen. Der Sturmwind hielt unvermindert an, die Blitze fuhren grell dazwischen – es war, als wäre die ganze Urnatur des Gebirges in wildem Aufruhr.

An das Weiterfahren war überhaupt nicht zu denken.

„Wir müssen uns gedulden", stieß der Kurier hervor. Aber man sah Strogoff an, wie sehr es ihn drängte, weiterzukommen.

„Ich hoffe, daß der Sturm bald nachläßt: In etwa zwei Stunden beginnt es zu dämmern, und wenn dann die Sonne aufgeht, sieht alles schon ganz anders aus."

Nadja nickte. „Sicher hast du recht, Nikolaus. Nimm aber bitte in keinem Fall Rücksicht auf mich!"

„Ich bin froh, daß ich mich auf dich verlassen kann, Nadja. Doch es geht hier ja nicht allein um uns, sondern um Höheres – um die Pflicht!"

„Um die Pflicht . . .", versetzte das Mädchen betroffen.

In diesem Augenblick zerriß ein furchtbarer Blitz die nächtliche Finsternis. Es war, als zerstiebe der herabprasselnde Regen in seinem grellen Feuer. Die Luft war voll von erstickendem Schwefeldunst, und kaum zwanzig Schritt von ihnen entfernt stand eine Gruppe mächtiger Fichten in hellen Flammen. Sie brannten wie eine gigantische Riesenfackel. In der Tiefe rollte der Donner.

Der Blitzschlag hatte den Jemschik zu Boden geschlagen, aber glücklicherweise konnte er sich unverletzt wieder aufrichten. Stöhnend rieb er sich die Glieder.

Plötzlich griff Nadja erregt nach Michaels Arm.

„Horch!" stieß sie hervor und preßte seine Hand. „Horch, Nikolaus! Dort ruft einer! Er ruft um Hilfe!"

Wieder vernahmen sie die Hilferufe von der Straße. So riefen nur Menschen, die sich in Todesnot befanden.

Michael Strogoff lauschte angestrengt. Auch der Jemschik war aufmerksam geworden. Wer sollte in dieser Lage wohl anderen Menschen helfen können?

„Sie rufen um Hilfe!" stieß Nadja wieder hervor.

„Hoffentlich rechnen sie nicht auf uns", meinte der Jemschik verdrossen.

„Ist das etwa dein Ernst?" Strogoff fuhr den Mann wütend an. „Wäre dir etwas zugestoßen, hätten sie doch mit derselben Selbstverständlichkeit dir geholfen!"

„Und wenn Pferde und Wagen draufgehen?"

„Laß nur, ich gehe zu Fuß", versetzte der Kurier.

„Natürlich begleite ich dich, Nikolaus", rief Nadja.

Aber er bat sie, beim Wagen zu bleiben.

„Was auch geschieht, Nadja, du verläßt diesen Platz hier nicht, hörst du?"

„Du findest mich an dieser Stelle bestimmt wieder, Nikolaus."

Mit einem festen Händedruck eilte der Kurier davon. Sogleich war er in der Dunkelheit verschwunden.

„Es ist nicht richtig, was Ihr Bruder tut", begann der Jemschik.

„Was er tut, ist immer richtig", gab sie prompt zur Antwort.

Michael Strogoff stieg rasch bergab. Er wollte auch endlich erfahren, wer diese Reisenden wohl sein mochten, die sich trotz des drohenden Unwetters nicht hatten abhalten lassen, die gefährliche Fahrt ins Gebirge zu wagen.

Es regnete jetzt nicht mehr so stark, doch der Sturm tobte unvermindert. Immer deutlicher hörte Michael die Hilferufe. Die grell aufflammenden Blitze wiesen ihm den Weg um die vielen Biegungen der felsgesäumten Straße.

Offenbar befand er sich schon ganz in der Nähe der Gesuchten, denn wenn Michael Strogoff auch nichts sah, so vernahm er doch deutlich ihre Worte. Erstaunt hörte er, daß es gar keine Hilferufe waren, sondern Schimpfen und grimmiges Fluchen: „Verteufelter Kerl, willst du wohl zurückkommen! – Auf der nächsten Poststation bekommst du die Knute zu spüren! – Hörst du denn nicht, zurückkommen sollst du! – So etwas nennt man hierzulande Postverkehr! – Fährt dieser erbärmliche Bursche doch einfach weiter und läßt uns rücksichtslos im Dreck sitzen."

So überstürzten sich die Schelt- und Fluchworte, die durch die Urallandschaft klangen. Der Mann, der sie ausstieß, schien vor Wut nicht mehr ein noch aus zu wissen. Sein Begleiter dagegen hatte seinen Zorn offenbar schon abreagiert, denn er lachte plötzlich hell auf: „Ich muß sagen, die ganze Geschichte ist doch eigentlich recht komisch!"

„Was, hier können Sie noch lachen?" brauste der andere wütend auf.

„Aber klar, teuerster Kollege! Das ist doch das Gescheiteste, was man in solcher Lage überhaupt tun kann! Finden Sie nicht selber, daß man so etwas Komisches kaum jemals erleben kann?"

Unheimliches Donnern unterbrach das seltsame Zwiegespräch. Aber der offenbar äußerst belustigte Herr fuhr gleich weiter:

„Wirklich komisch, muß ich sagen. Mon Dieu, auf französischem Boden hätte ich mir so etwas niemals vorstellen können."

„Meinen Sie vielleicht, bei uns in Old-England?"

Michael Strogoff konnte sich nicht entsinnen, jemals eine so eigenartige Unterhaltung in solcher Umgebung gehört zu haben. Er war inzwischen herangekommen und sah im Widerschein der Blitze, zwanzig Schritte vor sich, zwei Reisende auf einem sonderbaren Fahrzeug hocken. Es war der Rücksitz einer Telega, der sich in dem unwegsamen Schlamm der Straße unrettbar festgefahren hatte.

Michael trat näher und stand vor den beiden Reportern, denen er bereits auf dem Schiff begegnet war.

„Ah, guten Tag, werter Herr!" rief der Franzose. „Ich bin entzückt, Sie unter so ungewöhnlichen Umständen begrüßen zu können. Erlauben Sie, daß ich Ihnen meinen Freund und Kollegen Mister Blount vorstelle!"

Der Engländer grüßte gemessen und wollte ebenfalls die Vorstellungszeremonie weiterführen, aber Michael Strogoff winkte ab: „Nicht nötig, meine Herren, denn wenn ich mich nicht täusche, kennen wir uns bereits. Wir sind ja zusammen auf der Kaukasus gefahren!"

„Ach ja, ganz recht, Herr –"

„Nikolaus Korpanoff, Kaufmann aus Irkutsk", vollendete Michael Strogoff den Satz des andern. „Aber wollen Sie mir nicht sagen, was hier eigentlich los ist?"

„Natürlich, Herr Korpanoff", versetzte der Franzose. „Urteilen Sie selbst: Da ist doch tatsächlich dieser Schuft von einem Jemschik mit dem Vorderteil seiner prächtigen Telega einfach davongefahren und hat uns mit dem jämmerlichen Rest hier sitzenlassen. Finden Sie das nicht äußerst komisch?"

„Was soll es dabei wohl Lächerliches geben!" knurrte der Engländer grimmig.

„Aber selbstverständlich, Herr Kollege", wandte sich Monsieur Jolivet Strogoff zu. „Vergessen Sie doch nicht, diese einmalige Situationskomik . . .!"

„Und wie sollen wir wohl weiterkommen?" fragte Blount gereizt.

„Nichts einfacher als das: Sie spannen sich vor dieses großartige Fahrzeug, ich nehme die Zügel und werde Ihnen wie ein echter Jemschik alle Kosenamen von Täubchen bis zum Schwälbchen geben."

Der Engländer wollte unwillig auffahren, aber Monsieur Jolivet behielt seinen Humor und versuchte ihn zu beruhigen:

„Natürlich löse ich Sie ab, wenn Sie genug haben, und dann dürfen Sie mich Schnecke oder Schildkröte nennen, wie wir es von den verschiedenen Jemschiks gelernt haben."

Geduldig lächelnd hörte der Kurier sich den Wortstreit an. „Ich weiß einen besseren Rat, meine Herren", sagte er dann. „Wir sind ja jetzt auf dem Kamm und müssen in Richtung Jekaterinburg immer bergab. Kaum fünfhundert Schritt von hier steht mein Wagen. Ich bin gern bereit, Ihnen eines meiner Pferde abzutreten. Wenn Sie das vor Ihren jämmerlichen Telegarest spannen, sind wir morgen gemeinsam in Jekaterinburg. Das heißt natürlich, wenn nichts Unvorhergesehenes dazwischenkommt."

„Ein prächtiger Vorschlag, Herr Korpanoff!" rief Monsieur Jolivet froh.

„Sie sind ein Gentleman", setzte Mister Blount hinzu.

„In meinem Tarantaß ist leider kein Platz mehr", fuhr der Kurier fort, „denn er hat ja nur zwei Sitze, und ich reise mit meiner Schwester."

„Aber ich bitte Sie", versetzte Alcide Jolivet eifrig, „mit Ihrem

Pferd würden mein Kollege und ich auf dem Hinterteil unserer Telega ohne Schwierigkeiten bis ans Ende der Welt fahren!"

„Wir nehmen also Ihr Angebot mit Freuden an", sagte Mister Blount, der Engländer. „Aber dieser Schuft von einem Jemschik –! Glauben Sie etwa, daß ihm das zum ersten Male passiert ist?"

„Aber warum kommt er denn nicht zurück? Er weiß doch, daß er uns schändlich im Stich gelassen hat!"

„Ich möchte annehmen, das hat er gar nicht gemerkt", versetzte Michael trocken.

„Aber das kann doch nicht Ihr Ernst sein! Meinen Sie wirklich, der Kerl hat nicht gemerkt, daß er nur mit der halben Telega davonfuhr?"

„Das meine ich wirklich. Der Mann fährt mit dem besten Gewissen der Welt nach Jekaterinburg."

Alcide Jolivet, der französische Reporter, lachte. „Ich hab's Ihnen ja schon gesagt, so etwas Komisches erlebt man nur selten!"

Michael Strogoff hatte keine Lust, sich noch länger aufzuhalten.

„Also, meine Herren, wenn Sie einverstanden sind, so kommen Sie nun mit zu meinem Wagen!"

„Und unsere Telega?" fragte Mister Blount.

„Fürchten Sie etwa, daß sie wegfliegt, teurer Kollege?" meinte Monsieur Jolivet lächelnd. „Sehen Sie doch nur, wie fest sie sich in den Boden gebohrt hat. Man möchte annehmen, sie schlägt Wurzeln und treibt Knospen, wenn wir sie hier stehenlassen."

„Kommen Sie unbesorgt, meine Herren", sagte der Kurier wieder. „Wir holen mein Fahrzeug hierher."

Die beiden stiegen von ihrem Sitz und ließen sich von Michael führen.

„Wirklich, Herr Korpanoff", sagte der Franzose, „Sie ziehen uns hier aus einer argen Patsche."

„So etwas ist doch selbstverständlich", versetzte Michael. „Wenn die Reisenden sich nicht untereinander helfen wollten, dann sollte sich lieber kein Mensch mehr auf die Landstraße wagen."

„Vielleicht können wir Ihnen Ihre Freundlichkeit einmal entgelten", fuhr der Franzose fort. „Wenn Sie noch weiter durch die Steppe reisen, kreuzen sich unsere Wege vielleicht noch mal und ..."

Michael wollte auf keinen Fall den Eindruck erwecken, als habe er irgend etwas zu verheimlichen. Deswegen antwortete er sofort: „Ich bin auf dem Wege nach Omsk, meine Herren."

„Mister Blount und ich reisen eigentlich immer der Nase nach – um Neuigkeiten zu ergattern. Aber vielleicht wird auch eine Kugel daraus, die uns erwischt!"

„So wollen Sie also in die vom Feind besetzten Provinzen?" Das war natürlich eine Frage, die den Kurier brennend interessierte.

„Ganz recht, Herr Korpanoff, aber dort werden wir uns ja wohl nicht wieder begegnen."

„Nein, nein! Ich habe keinerlei Verlangen nach einem Gewehrschuß oder einem Lanzenstich. Wissen Sie, ich bin ein friedliebender Mensch und meide jede Umgebung, wo man sich schlägt!"

„Schade, Herr Korpanoff, wirklich schade, daß wir uns so bald wieder trennen müssen. Ob wir nicht die erste Strecke von Jekaterinburg aus noch zusammen reisen können?"

„Wie wär's, wenn Sie über Omsk führen?" fragte Michael.

„Ehrlich gesagt, wir sind uns selbst noch nicht recht schlüssig. Auf jeden Fall wollen wir nach Ischim. Von dort aus sehen wir dann weiter."

„Also schön, meine Herren, dann sind wir jedenfalls bis Ischim zusammen."

Natürlich wäre der Kurier lieber allein gereist, aber er konnte die Gesellschaft der beiden Reporter unmöglich zurückweisen, wollte er nicht Argwohn erwecken. Da die beiden nur bis Ischim fuhren, war die gemeinsame Reise ohnehin wohl nicht weiter bedenklich.

„Haben Sie irgend etwas Neues über den Tatareneinfall gehört?“ Michael Strogoff tat möglichst gleichgültig, als er die Frge stellte.

„Leider nicht mehr als das, was man in Perm erfahren konnte. Daß nämlich Feofar-Khans Tataren die ganze Provinz Semipalatinsk besetzt haben und jetzt den Irtysch hinabdrängen. Wenn Sie also vor den Tataren in Omsk sein wollen, Herr Korpanoff, werden Sie sich sehr beeilen müssen.“

„Da mögen Sie wohl recht haben“, versetzte er düster.

„Soviel mir zu Ohren gekommen ist, hat Oberst Ogareff es fertiggebracht, verkleidet über die Grenze zu kommen. Sicherlich hat er sogleich mit dem Tatarenführer Verbindung aufgenommen.“

„Aber woher will man das denn wissen?“ gab Michael zurück.

„Nun, wie solche Nachrichten sich zu verbreiten pflegen“, antwortete Jolivet. „So etwas liegt doch in der Luft.“

„So glauben Sie ernstlich, daß Oberst Ogareff in Sibirien ist?“

„Ich habe jedenfalls sagen hören, daß er von Kasan nach Jekaterinburg unterwegs sei – als Zigeuner verkleidet.“

„Wie? Als Zigeuner!“ entfuhr es dem Kurier. Er zeigte mehr Verwunderung und Betroffenheit, als ihm selber lieb war. Vor seinem Auge stand der alte Zigeuner, dem er in Nischnij-Nowgorod, während der Dampferfahrt und bei der Landung in Kasan begegnet war. Das war doch dieser seltsame Kerl mit dem tief ins Gesicht gezogenen Hut, und neben ihm die prächtig gewachsene Frau, die ihn so eigenartig angestarrt hatte. Das Lied der jungen Tänzerinnen klang ihm wieder im Ohr.

Ein seltsames Gefühl hielt den Kurier gefangen, wenn er an jene Zigeunergruppe zurückdachte. Er spürte, daß sie irgendwie mit seinem Schicksal zu tun hatte.

Plötzlich schrak er auf, denn ganz in ihrer Nähe krachte ein Schuß.

„Vorwärts, ihr Herren!“ schrie der Kurier und stürzte davon.

„Sieh da, unser friedfertiger Kaufmann“, meinte der Franzose.

„Von Gewehrkugeln und Lanzenstichen will er nichts wissen, aber nun hat er es sonderbar eilig, an die Stelle zu kommen, wo es knallt."

Aber auch die Reporter hielten sich nicht zurück. Wenige Augenblicke später standen die drei Männer am Felsvorsprung, hinter dem der Tarantaß Schutz gefunden hatte. Die Fichtengruppe brannte noch immer lichterloh. Weder Nadja noch der Jemschik waren zu sehen. Ich kann mich doch nicht getäuscht haben, schoß es Michael durch den Kopf. Ganz deutlich hatte er einen Schuß gehört. Plötzlich vernahm er ein schreckliches Brummen. Wieder fiel ein Schuß.

„Ein Bär!" rief Michael. „Nadja! Nadja!"

Er riß sein Dolchmesser heraus und stürzte um die Felsecke. Ringsum lag alles im grellen Lichterschein der brennenden Bäume.

Vor ihm stand ein riesiger Bär. Der furchtbare Sturm mochte ihn wohl aus den Wäldern gejagt haben, und offenbar suchte er gerade die Höhle auf, in der Michael für Nadja Unterschlupf gefunden hatte.

Am Wagen stand, über und über zitternd, das Deichselpferd. Die beiden anderen hatten, zu Tode entsetzt beim Anblick des ungefügen Tieres, ihre Zügel zerrissen und waren davongerast. Der Jemschik hatte nur an seine Tiere gedacht und sich nicht um das junge Mädchen gekümmert, das nun dem Raubtier ganz allein gegenüberstand.

Nadja aber behielt die Nerven. Als der Bär auf das mittlere Pferd losging, war sie aus ihrer Felshöhle zum Wagen gestürzt, hatte eine von Michaels Pistolen aus dem Gepäck gerissen und kaltblütig auf das Untier angelegt. Sie hatte es zwar nur an der Schulter getroffen, aber das hatte genügt, den Angreifer vorerst von ihrem Zugpferd abzulenken. Würde es dem Bären zum Opfer fallen oder sich in seiner Todesangst losreißen, so wäre es mit der Weiterfahrt aus.

Nun ging der Bär auf Nadja los, und als er eben die Tatzen zum Schlage hob, gab sie zum zweiten Male Feuer.

Das war der Schuß, den Michael Strogoff gehört hatte. Mit einem Satz stand er neben ihr, und was nun geschah, war das Werk von Sekunden: Sein Dolchmesser fuhr von oben nach unten, und wie vom Blitz getroffen, sackte das mächtige Tier leblos zusammen.

„Du bist doch unverletzt, Nadja?“ stieß er voller Besorgnis hervor.

„Nichts ist passiert“, antwortete sie und versuchte zu lächeln. Man sah ihr aber doch den überstandenen Schreck noch an.

Die beiden Journalisten standen sprachlos dabei. Monsieur Jolivet eilte sodann auf das Pferd zu, um es zu beruhigen, und es gelang ihm überraschend schnell – übrigens mit mehr Geschicklichkeit und mehr Kraft, als man ihm nach seinem ganzen Verhalten zugetraut hätte.

„Meine Hochachtung!“ wandte er sich nun mit einer Verbeugung an den Kurier. „Für einen einfachen Kaufmann wissen Sie mit dem Jagdmesser ganz beachtlich umzugehen.“

„Muß ich auch sagen“, knurrte der Engländer.

„Ist nicht viel dabei, meine Herren“, versetzte Strogoff gleichmütig.

„Es ist der Schnitt der sibirischen Pelzjäger, denn es kommt ihnen ja darauf an, das Bärenfell möglichst unbeschädigt zu lassen. Und wer wie ich in Sibirien geboren ist, für den ist solch ein Schnitt nichts Besonderes.“

Ein Mordskerl, dachte Jolivet, während er seine Blicke auf Strogoff ruhen ließ. Ein Teufelskerl, dachte auch der zurückhaltende Engländer.

Monsieur Jolivet zog höflich den Hut und begrüßte die junge Dame. Sie gab ihm die Hand und nickte ihm freundlich zu.

„Die Schwester ist des Bruders wert“, sagte der Reporter. „Wenn ich ein Bär wäre, würde ich mich sehr hüten, mich mit diesem reizenden Geschwisterpaar einzulassen!“

Mister Blount stand stocksteif daneben. Er hatte nicht das unbekümmerte Benehmen seines französischen Kollegen und wirkte dadurch, obwohl weit gereist, ziemlich unbeholfen.

Jetzt kam auch der Jemschik zum Vorschein. Es war ihm gelungen, die beiden Pferde wieder einzufangen. Mit Bedauern blickte er auf den mächtigen Bären, den man hier nun würde zurücklassen müssen. Dann ging er daran, das Gespann in Ordnung zu bringen.

„Wir geben den beiden Reisenden eines unserer Pferde", wandte sich Michael kurz an ihn.

„Ganz, wie Sie befehlen. Aber – dann sind es ja zwei Wagen anstatt einem . . ."

„Natürlich, lieber Freund", versetzte Jolivet, der die Anspielung sofort verstand, „natürlich bekommst du den doppelten Fahrpreis."

Da schmunzelte der biedere Jemschik über sein ganzes breites Gesicht. „Nun aber los, ihr Turteltäubchen!" rief er seinen Tieren fröhlich zu.

Nadja hatte wieder im Tarantaß Platz genommen, während Michael mit den beiden Reportern zu Fuß zur Telega hinüberging.

Der Sturm hatte inzwischen etwas nachgelassen, so daß sie ziemlich schnell vorankamen.

Die Uhr zeigte auf drei. Man spürte, daß es Tag wurde.

Was von der Telega der beiden Journalisten noch übrig war, stak bis zur Achse im Straßenschlamm. Die beiden Teile des Wagens waren durch das Anrucken der Pferde einfach auseinandergerissen.

Mit vereinten Kräften spannten sie das eine Seitenpferd des Tarantaß an das Gestell der Telega. Die beiden Reporter kletterten hinauf, und tatsächlich – das Fahrzeug ließ sich auf diese Weise recht gut in Bewegung bringen. Bergab machte die Fahrt keine Schwierigkeiten.

Keine sechs Stunden später standen beide Wagen vor dem Postamt in Jekaterinburg. Dieser letzte Teil gemeinsamer Fahrt war ohne Zwischenfall verlaufen.

Der erste, den die Journalisten dort erblickten, war ihr Jemschik.

Dieser Gemütsmensch erwartete sie offenbar, denn ohne alle

Verlegenheit kam er mit ausgestreckter Hand auf sie zu. Es schien für ihn ganz selbstverständlich, daß er nun das übliche Trinkgeld erhalte.

Mister Blount, sonst sehr zurückhaltend, geriet jetzt in Rage, wie man es bei ihm noch nie erlebt hatte. Eine Flut von Flüchen ging auf den ganz verdutzten Jemschik nieder, und hätte er nicht klugerweise schleunigst den Rückzug angetreten, so hätte er sein Trinkgeld wahrscheinlich in Form eines wohlgezielten Kinnhakens bekommen.

Alcide Jolivet mußte beim Anblick des verschüchterten Jemschik lachen. „Was hat der arme Teufel denn nur verbrochen?" rief er. „Kann er denn etwas dafür, daß wir zu ungeschickt waren, ihm zu folgen?"

Er warf dem Fahrer ein paar Kopeken hin: „Da steck sie ein. Verdient hast du sie zwar nicht, aber daran bist du ja nicht schuld."

Mister Blount wurde jetzt noch zorniger. „So großzügig wollen Sie sein, Herr Kollege?" rief er wütend. „Postmeister! Postmeister!"

„Was schreien Sie denn so?" fragte der Franzose erstaunt.

„Anzeigen will ich diese ganze elende Sippschaft hier! Diesen üblen Jemschik, meine ich!"

„Was, einen Prozeß führen? Hier in Rußland? Da werden Sie aber lange warten können, bis Sie das Ende erleben. Ich will Ihnen mal ein Beispiel nennen: Kennen Sie die Geschichte von der russischen Amme, die bei einer Familie das Stillgeld einklagte?"

„Nein, kenne ich nicht", knurrte der Engländer.

„Da können Sie auch nicht wissen, was aus jenem Säugling geworden war, um den es ging. Als endlich das Urteil – und zwar zu seinen Gunsten – gefällt wurde, war er – was meinen Sie wohl?"

„Keine Ahnung!" knurrte der andere wieder.

„Oberst im Garderegiment, lieber Kollege!"

Wohl oder übel stimmte Mister Blount in das Gelächter der anderen mit ein. Monsieur Jolivet aber zog sein Reporterbuch und vermerkte: Telega – landesübliches Beförderungsmittel in Rußland, bei der Abfahrt vierrädrig, bei der Ankunft zweirädrig.

Wettrennen nach Sibirien

Jekaterinburg lag zwar jenseits des Urals, auf asiatischem Boden, gehörte jedoch zum Gouvernement Perm und damit verwaltungstechnisch zum europäischen Rußland. Die Stadt hatte in jener Zeit beachtliche Bedeutung, denn außer der wichtigsten Münzstätte des Zarenreiches beherbergte sie die Generaldirektion und war so Industriezentrum des Landes.

Zu der Zeit, da Michael Strogoff mit den beiden Journalisten in die Stadt einfuhr, war sie übervoll von Menschen. Russen und Sibirier waren vor Feofar-Khans Tatarenhorden, die bereits weit in die Provinzen vorgedrungen waren und im kirgisischen Gebiet offene Rebellion hervorgerufen hatten, hierher geflüchtet.

Für die Reisenden hatte das den Vorteil, daß auf dem Fahrzeugmarkt Hochkonjunktur war. Bei der politischen Lage drängte es natürlich keinen der anwesenden Fremden, nach Sibirien zurückzureisen.

Für die beiden Reporter war es leicht, sich einen zuverlässigen Wagen zu besorgen. Michael Strogoff war mit seinem Tarantaß, der sich auf der Fahrt durch den Ural so trefflich bewährt hatte, zufrieden und benötigte für die Weiterfahrt nach Irkutsk nur neue Pferde.

Die Straße über das östliche Vorland des Gebirges bot keine Schwierigkeiten. Bis Tjumen und noch weiter bis Nowo-Saimskoje ging es abwärts – aber dann begann die Steppe, und das waren über 1700 Werst!

Das erste Drittel des Weges würden der Kurier und Nadja zusammen mit den beiden Reportern zurücklegen, die bis Ischim wollten.

Strogoff hielt es jetzt für richtig, die Reporter über seine Absichten zu informieren, denn immerhin hatte er ja einen erheblich anderen Reisezweck als die beiden, die auf der Jagd nach journalistischen Schnappschüssen waren.

„Meine Herren", sagte Strogoff, „natürlich ist es mir lieb, mit Ihnen gemeinsam zu reisen, aber ich muß doch darauf hinweisen, daß ich äußerste Eile habe, Omsk zu erreichen. Meine Schwester und ich wollen dort unsere Mutter besuchen. Uns ist darum natürlich daran gelegen, noch vor den Tataren einzutreffen."

Die beiden Journalisten nickten.

„So werden Sie es verstehen", fuhr der Kurier fort, „daß wir uns nur eben Zeit zum Pferdewechsel nehmen und dann ohne Unterbrechung Tag und Nacht weiterfahren."

„Wir haben – zumindest vorläufig – durchaus dieselben Absichten", sagte Mister Blount.

„Also schön! Dann wollen wir aber auch wirklich keinen Augenblick verlieren: Besorgen Sie sich möglichst einen Wagen, der . . ."

Michael Strogoff konnte seinen Satz nicht vollenden, denn Monsieur Jolivet unterbrach ihn lächelnd und führte den Satz in seinem Sinne zu Ende: „ – die Liebenswürdigkeit hat, mit Hinterteil und Vorderteil zugleich in Ischim einzutreffen!"

Eine halbe Stunde später hatte der eifrige Franzose einen Tarantaß aufgetrieben. Schnell war die Reisegruppe startbereit, und gerade zur Mittagszeit verließen die beiden Fahrzeuge die Stadt.

Nadja saß tief in Gedanken versunken und blickte über den Weg hin, der sie durch dieses eintönige Land der Verbannten ihrem Vater entgegenführen sollte. Ohne Interesse sah sie, was rechts und links der Straße lag. Das Land schien wenig fruchtbar und nur stellenweise bebaut. Dem kargen Boden sah man nicht an, daß er tief unter seiner Oberfläche Reichtümer an Bodenschätzen – Eisen,

Kupfer, Platin und Gold – barg. So war es auch verständlich, daß die Reisenden nur auf wenige bäuerliche Anwesen stießen. Für die Bevölkerung war es einträglicher, in der Stadt zu arbeiten, als dem ärmlichen Boden dürftige Erträge abzuzwingen.

Nadja sah in Gedanken ihren Begleiter vor sich stehen, diesen verständigen Mann, den das Schicksal ihr zugeführt hatte. Unvergeßlich für sie die erste Begegnung während der Bahnfahrt nach Nischnij-Nowgorod, sein unerwartetes Erscheinen im Polizeigebäude, die selbstverständliche, brüderliche Vertrautheit, mit der er sich ihrer angenommen hatte, die warmherzige Fürsorge, während der Dampferfahrt und dann seine männliche Kraft und Entschlossenheit beim Kampf mit dem Bären – was war das für ein wunderbarer Mensch, den Sie Bruder nennen durfte! Sie öffnete die Augen. Ihre Blicke schweiften behutsam zur Seite und streiften wirklich sein herbes, kühnes Gesicht. Ein wundersames Gefühl der Geborgenheit durchströmte sie. Kein Hindernis konnte sie mehr schrecken. Nadja war sich völlig sicher, daß sie das Ziel ihrer Reise erreichen werde.

Auch Michael Strogoff war dem Schicksal dankbar, daß es ihm eine solche „Schwester“ zugeführt hatte. Bisher hatte er keinen Augenblick zu bereuen brauchen, daß er sich ihrer angenommen hatte – ganz abgesehen davon, daß ihre Begleitung ihn erheblich unverdächtiger machte.

Als sein Blick zur Seite und über ihr zartes Profil glitt, wandte sie sich ihm zu, und beide lächelten sich mit einer selbstverständlichen Vertrautheit an, die sie in dem Bewußtsein bestärkte, daß sie sich aufeinander verlassen konnten wie zwei Geschwister.

Im übrigen mußten Michael Strogoff und Nadja sich darüber klar sein, daß jetzt auf sibirischem Boden die eigentlichen Schwierigkeiten erst beginnen würden. War Iwan Ogareff, wie die beiden Reporter behaupteten, tatsächlich schon über die Grenze, dann hieß es vorsichtig sein. Und sicherlich mußte man hier jenseits des

Urals damit rechnen, auf Schritt und Tritt Spionen und Spitzeln zu begegnen.

Für Strogoff, den Kurier, gab es keinen Zweifel: Erhob sich auch nur der geringste Verdacht gegen seine Person, so war es um seinen Auftrag geschehen. Wahrscheinlich sogar um sein Leben, an dem ja auch das von Nadja hing.

Weit weniger bewegt waren die Gedanken der beiden Insassen des zweiten Wagens. Um so lebhafter waren ihre Gespräche, die natürlich zum wesentlichen Teile Monsieur Jolivet bestritt. Mister Blount begnügte sich mit einsilbigen Antworten. Im übrigen hielten sie als Reporter natürlich die Augen offen und machten ihre Notizen, soweit die eintönige Fahrt Stoff bot.

Bei jedem Pferdewechsel stiegen sie aus und traten zu Strogoffs Wagen. Nadja blieb meist in ihrem Tarantaß sitzen. Nur wenn man den Aufenthalt zum Essen benutzte, stieg auch sie aus. Monsieur Jolivet bemühte sich dann aufmerksam und sehr höflich um ihr Wohlergehen; er fand sie überaus reizend und sah mit Bewunderung, wie energisch sie die Strapazen der Reise ertrug. Nadja hatte dann immer ein dankbares Lächeln für ihn, aber im übrigen verhielt sie sich in der Gesellschaft der drei Männer äußerst zurückhaltend.

Ganz im Gegenteil zu seinem Kollegen schenkte der Engländer dem jungen Mädchen kaum Beachtung.

„Für wie alt halten Sie die junge Livländerin?" fragte ihn Monsieur Jolivet einmal. Da blinzelte Mister Blount ihn ganz erstaunt an und fragte ernsthaft:

„Welche junge Livländerin?"

„Aber ich bitte Sie. Herrn Korpanoffs Schwester!"

„Ist sie denn seine Schwester?"

Solche Gleichgültigkeit konnte selbst den unbekümmerten Franzosen ärgern. „Nein, seine Großmutter natürlich!" versetzte er unwillig.

„Für wie alt halten Sie das Mädchen?" fragte er noch einmal.

„Leider war ich bei ihrer Geburt nicht dabei, sonst könnte ich es Ihnen ganz genau sagen." Mister Blount besaß eben so seine ganz besondere Art zu zeigen, wenn er für irgend etwas keinerlei Interesse hatte.

Immer weiter ging es durch das einsame, öde Land nach Osten. Die Witterung war günstig, der Himmel nur wenig bewölkt und die Wärme erträglich. Hätten die Wagen eine Federung gehabt, wäre überhaupt alles in bester Ordnung gewesen. Mit dem Tempo, das sie schafften, war Strogoff zufrieden.

Nur selten sahen die Reisenden einige Bauern. Für sie war dies ein deutliches Zeichen der bedrohlichen Lage, denn die Bevölkerung war vor den vorrückenden Horden der Tataren gewichen. Ganze Dörfer waren geräumt. Mit ihrer gesamten beweglichen Habe, den Schafherden, Kamelen und Pferden waren die Bauern nach Norden gezogen. Auch einige der Kirgisenstämme, die Rußland treu geblieben waren, hatten ihre Zelte abgebrochen und sich, um den Gewalttaten der Tataren zu entgehen, hinter den Irtysch und den Obi-Fluß in Sicherheit gebracht.

Seltsamerweise wurde der Dienst in den Posthaltereien und der Telegraphendienst immer noch aufrechterhalten. Bisher hatte es auf keiner der vielen Poststationen Schwierigkeiten gegeben, Pferde zu den üblichen Bedingungen zu erhalten. Auf jeder Poststation auch konnte man Telegramme aufgeben, und sie gingen prompt durch, soweit nicht gerade amtliche Diensttelegramme als vordringlich abzufertigen waren.

Natürlich machten die beiden Reporter von dieser Möglichkeit, mit der großen Welt in Verbindung zu sein, ausgiebig Gebrauch.

Bis jetzt war der Kurier mit dem Verlauf der Reise zufrieden. Nirgends hatte es einen unvorhergesehenen Aufenthalt gegeben.

„Feofar-Khan hat seine Vorhut inzwischen wohl erheblich über Krasnojarsk hinausgeschoben", sagte Strogoff zu seiner Begleiterin. „Gelingt es uns, sie noch zu umgehen, so haben wir es geschafft. Dann sind wir vor ihr in Irkutsk, und das in einer Zeit, die alle bisherigen Rekorde übertrifft!"

Die 220 Werst bis zum Städtchen Tuluguisk schafften sie am ersten Tag, hielten sich kaum eine halbe Stunde zum Frühstücken auf und jagten weiter. Ihr Versprechen, erhöhten Fahrpreis zu zahlen, sorgte für das nötige Tempo.

Schon ein paar Stunden später hielten beide Tarantasse vor dem Posthaus des Städtchens Tjumen, das noch fast 60 Werst von Tuluguisk entfernt lag. In den Straßen herrschte reger Betrieb, wie man ihn hier noch nie erlebt hatte.

Die beiden Reporter suchten sich sogleich über den ersten Stand der Dinge zu unterrichten. Was sie jedoch von den sibirischen Flüchtlingen erfahren konnten, klang wenig beruhigend: Der Tatarenfürst stehe mit seinen Heerhaufen bereits unmittelbar am Ischim. Noch in diesen Tagen werde Iwan Ogareff zu ihm stoßen, wenn er nicht gar bereits in Feofar-Khans Hauptquartier eingetroffen sei.

„So wird es ja nicht mehr lange dauern, bis es in Ostsibirien losgeht", meinte Monsieur Jolivet. Strogoff hörte diesen naheliegenden Schluß verbissen an, aber weder durch ein Wort noch durch seine Miene ließ er sich irgend etwas anmerken.

Was würde der Zar wohl in dieser bedrohlichen Lage unternehmen? Mit einem Einsatz russischer Truppen war vorerst nicht zu rechnen, denn sie mußten ja erst von weit her aus ihren Standorten auf europäischem Boden in Marsch gesetzt werden. Jedoch waren Kosaken aus dem Gouvernement Tobolsk nach Tomsk unterwegs.

Hoffentlich sind sie in der Lage, die Horden der Tataren abzuschneiden, dachte Michael Strogoff voller Besorgnis.

Durch Jalutorowsk ging es ohne weiteren Aufenthalt in Eile über die Fähre und gegen Mitternacht durch Nowo-Saims. Dann hatten sie das Vorland des Urals hinter sich. Die endlose sibirische Steppe, die sich ohne Baum und ohne Strauch bis nach Krasnojarsk hinzieht, begann. Nur die Telegraphenpfähle rechts und links des staubigen Weges unterbrachen die schreckliche Eintönigkeit.

Schneller als bisher jagten die beiden Reisewagen in der Ebene dahin. „Los, ihr Turteltäubchen! – Wollt ihr etwa stehenbleiben, ihr Schildkröten?" So trieb der Jemschik die Gäule unermüdlich mit Lob und Tadel an.

Die Tarantasse mochten etwa 30 Werst vor der Stadt Ischim sein, als Strogoff eine Staubwolke bemerkte, die ein vor ihnen jagender Reisewagen aufwirbelte. Sie hatten erst vor kurzem den letzten Pferdewechsel hinter sich und fuhren deshalb ein frisches Tempo. Schnell holten sie auf und erkannten vor sich eine Postkutsche, über und über mit Staub bedeckt; sie hatte offenbar schon eine lange Fahrt hinter sich.

Den Jemschik trieb der Ehrgeiz an, das Letzte aus seinen Gäulen herauszuholen. Es hatte den Anschein, daß der Postwagen vor ihnen nicht durch Nowo-Saimsk gekommen, sondern von irgendeinem Seitenweg aus auf diese nach Irkutsk führende Hauptstraße gelangt war.

Michael Strogoff, wie auch den beiden Journalisten war natürlich daran gelegen, noch vor der Kutsche die Poststation zu erreichen, um sich die besten Pferde für die Weiterfahrt zu sichern.

„Los, fahr zu!" knurrte der Kurier. „Fünf Kopeken Zulage!" Da ließ der Jemschik die Peitsche knallen und war sogleich Seite an Seite mit der Postkutsche; offenbar waren deren Pferde allzu ausgepumpt.

Strogoffs Tarantaß lag vor dem der beiden Journalisten. Als er auf gleicher Höhe mit dem fremden Fahrzeug war, zeigte sich dort am Fenster ein Gesicht. Der Kurier konnte es kaum erkennen, so schnell jagte sein Wagen dahin.

„Anhalten!" schrie eine Stimme wütend, aber natürlich dachte keiner der beiden Jemschiks daran, sich um solchen Befehl zu kümmern. Im Gegenteil, sie hatten Spaß daran, die Gäule noch mehr anzutreiben.

Es gab ein wildes Wettrennen. Das Gespann der Postkutsche ließ sich durch das Tempo der beiden vorausfahrenden Tarantasse anspornen und hatte nun plötzlich wieder Kraft, das mörderische Tempo mitzuhalten. Alle drei Fahrzeuge verschwanden in einer einzigen Staubwolke, aus der ununterbrochen Peitschenknallen, anspornendes Geschrei der Jemschiks und zornige Verwünschungen auf die dahinpreschenden Gäule niedergingen.

Die beiden Tarantasse ließen sich ihren Vorsprung nicht nehmen. Strogoff wußte, daß dieser Abstand viel bedeuten konnte, denn möglicherweise war der Postmeister nicht in der Lage, für alle drei eintreffenden Fahrzeuge frische Pferde zu stellen.

Eine halbe Stunde später lag die Postkutsche bereits weit hinter ihnen. Die Uhr schlug acht, als die beiden Tarantasse in Ischim eintrafen. Dicht am Stadteingang lag die Postmeisterei.

„Eilig ein Gespann!" befahl der Kurier. Schon aus wenigen Andeutungen entnahm er, daß die Vorhut der Tataren in bedrohlicher Nähe stehe. Schon vor zwei Tagen hatten alle Behörden ihre Dienststellen geräumt und waren bis Tobolsk zurückgegangen. In ganz Ischim sah man keinen Regierungsbeamten und keinen Soldaten mehr.

„Gut daß wir das Rennen so klar gewonnen haben", lächelte Strogoff seiner Begleiterin zu, während er das Anschirren der Pferde überwachte. „Wer zuerst kommt, mahlt zuerst."

Dann trat er zu den beiden Journalisten, die ja vorerst in Ischim bleiben wollten. „Wir müssen uns jetzt also trennen", sagte er und streckte ihnen die Hand hin.

„Haben Sie es wirklich so eilig, weiterzufahren, Herr Korpanoff?" fragte Monsieur Jolivet. „Wir würden uns freuen, wenn Sie sich noch ein Stündchen zu uns setzten."

Mister Blount schloß sich dieser Bitte an, aber der Kurier schüttelte den Kopf. „Ganz ausgeschlossen, meine Herren. Vor allem ist es mir auch darum zu tun, das Postamt hinter mir zu haben, bevor die Postkutsche eintrifft, die wir überholt haben."

„Fürchten Sie denn etwa, man könnte Ihnen das Gespann streitig machen?“

Michael gab keine Antwort auf diese Frage. „Ich gehe gern jeder Reiberei aus dem Wege“, sagte er kurz.

Da ergriffen die beiden Reporter seine Hand und dankten ihm überschwänglich für seine Hilfsbereitschaft. „Es war uns ein ausgesprochenes Vergnügen, mit Ihnen zusammen zu reisen“, sagte der Franzose, und sein Kollege stimmte ihm wieder bei.

„Es ist ja nicht ausgeschlossen, Herr Korpanoff“, fügte er hinzu, „daß wir uns in einigen Tagen in Omsk wiedersehen.“

„Möglich“, versetzte Strogoff. „Ich würde mich freuen.“

„Also dann nochmals: Gute Reise, Herr Korpanoff, Ihnen und Ihrer Schwester“, sagte Monsieur Jolivet. „Hoffentlich brauchen Sie niemals mit einer Telega zu fahren, wie sie uns beschert war!“

Gerade wollte Michael dem Jemschik das Zeichen zur Abfahrt geben, als ein Wagen in den Hof rollte. Es war die bewußte Postkutsche.

Schon war der Fahrgast – eben jener Mann, der sich am Fenster gezeigt hatte – herausgesprungen. Er war unverkennbar Soldat, hochgewachsen und breitschultrig und mochte etwa vierzig Jahre alt sein. Er trug Uniform, doch ohne Dienstgradabzeichen, und am Koppel einen Kavalleriesäbel. In der Hand hatte er eine kurzstielige Peitsche.

„Pferde!“ herrschte er den Postmeister an. Offensichtlich war er gewohnt zu befehlen.

„Bedaure außerordentlich, Euer Gnaden, aber ich habe im Augenblick keine Pferde verfügbar. Mein zweites Gespann ist soeben erst von langer Fahrt zurück und liegt zu Tode erschöpft im Stall“, stotterte der Postmeister untertänigst.

„Was sind denn das für Pferde hier vor dem Tarantaß?“

„Die hat jener Herr dort belegt“, sagte der Postmeister und deutete auf Michael Strogoff.

,,Sofort ausspannen!" befahl der Fremde in einem Ton, der keinen Widerspruch zu erlauben schien.

Strogoff ging auf ihn zu. ,,Die Pferde sind von mir bestellt und bezahlt", sagte er fest.

,,Interessiert mich nicht. Ich brauche sie. Vorwärts – ich habe keine Zeit zu verlieren!" Die letzten Worte waren an den Jemschik gerichtet.

,,Mir geht es genau wie Ihnen", sagte der Kurier, und er zwang sich dabei ruhig zu bleiben.

Nadja trat neben ihn. Auch ihr war nichts anzumerken, aber sie machte sich Sorgen. Was würde geschehen, wenn die beiden Männer zu streiten anfingen?

,,Nun ist's genug!" rief der Fremde zornig und wandte sich an den Postmeister: ,,Sofort lassen Sie die Pferde von dem Tarantaß abschirren und vor meinen Wagen spannen!" In seiner Stimme lag wilde Drohung, sein Schnauzbart zitterte.

Was sollte der Postmeister tun? Verlegen blickte er auf Strogoff. An ihm lag es doch wohl, den Fremden abzuweisen.

Der Kurier fühlte sich in einer verteufelten Lage.

Berief er sich auf seinen Podaroschna, den Passierschein, so lief er Gefahr, sich zu verraten. Fügte er sich dem anmaßenden Fremden, so gab es eine bedenkliche Verzögerung. Ließ er sich gar in Handgreiflichkeiten ein, so konnte das seinem Auftrag ganz entscheidend schaden.

Die beiden Jounalisten blickten ihn gespannt an. Hätte er nur ein Wort gesagt, wären sie ihm unweigerlich zu Hilfe gekommen.

,,Meine Pferde bleiben vor meinem Tarantaß", sagte Strogoff ruhig, so ruhig, wie ein bescheidener sibirischer Kaufmann spricht.

,,So, so", rief der Fremde, trat auf den Kurier zu und legte ihm hart die Hand auf die Schulter: ,,Willst du mir jetzt dein Pferd überlassen – ja oder nein?"

,,Nein", versetzte Strogoff wieder.

„Na, schön", kam es mit bedrohlichem Unterton aus dem Munde des andern. „Da werden die Gäule eben dem gehören, der noch in der Lage ist, weiterzureisen!" Dabei hatte er seinen Säbel gezogen und hob ihn zum Schlage.

„Nikolaus!" schrie Nadja entsetzt und warf sich zwischen die beiden Männer. Auch die beiden Reporter traten an Strogoffs Seite.

Der aber machte keinerlei Bewegung, die Herausforderung anzunehmen. ,,Ich werde mich nicht schlagen", sagte er ruhig und kreuzte die Arme vor der Brust.

,,Du wirst dich nicht schlagen?"

,,Ich sagte es bereits!"

,,Auch jetzt nicht?" schrie der Fremde und schlug dem reglos dastehenden Strogoff mit seiner Peitsche übers Gesicht.

Michael Strogoff, der Kurier des Zaren, stand ihm totenbleich gegenüber. Mit äußerster Selbstbeherrschung hielt er an sich, den Kerl nicht zu erwürgen, der ihm solches angetan hatte.

Der Auftrag, durchfuhr es ihn heiß, der Auftrag!

Ließ er es auf einen Zweikampf ankommen, so war dieser Auftrag in Frage gestellt. Besser ein paar Stunden geopfert, besser solch unerhörten Schimpf hingenommen, besser als Feigling verachtet, als den Auftrag seines kaiserlichen Herrn in Gefahr gebracht!

Der Kurier blickte starr zur gegenüberliegenden Wand, wo in der Gaststube das Bild des Zaren hing. Vor Michaels Auge stand die Stunde, da der Zar ihn eidlich auf den hochwichtigen Auftrag verpflichtet hatte. Er hatte geschworen. Alles andere gehörte nicht zur Sache.

,,Nein!" sagte Michael fest und blickte den Fremden voll an.

,,Also gut!" befahl jener höhnisch. ,,Spannt die Pferde vor meinen Wagen! Und beeilt euch!"

Der Postmeister gab seinem Jemschik einen entsprechenen Wink, blickte kopfschüttelnd auf Strogoff und wandte sich ab.

Auch die beiden Journalisten waren von Michael Strogoffs Verhalten äußerst betroffen. Da ließ sich dieser junge Mann, auf den sie so große Stücke gesetzt hatten, von solch einem rabiaten Kerl ins Gesicht schlagen und forderte nicht einmal Genugtuung!

Etwas kühl grüßten sie zu Strogoff hinüber und zogen sich dann zurück. „Ist mir vollkommen unverständlich“, sagte der Franzose zu seinem Kollegen. „Schlitzt dieser Bursche einem kapitalen Bären den Bauch auf, als sei es die selbstverständlichste Sache von der Welt, und dann läßt er sich so etwas widerspruchslos gefallen.

Nadja und Strogoff waren in den Warteraum der Posthalterei gegangen. Noch immer sagte der Kurier kein Wort. An seinem bleichen Gesicht sah man, daß er innerlich noch wie erstarrt war über solche unerträgliche Schmach.

Nadja empfand tiefstes Mitgefühl für ihren Reisegefährten und war fest davon überzeugt, daß nur äußerst wichtige Gründe vorliegen konnten, wenn ein Mann wie Strogoff solche Schmach ungerächt auf sich nahm. Aber was mochten das wohl für Gründe sein?

„Komm, Nikolaus“, sagte sie und ergriff seine Hand. Zärtlich und fast wie eine Mutter, die für alles Verständnis hat, streichelte sie diese Hand, der sie so viel verdankte. Michael spürte mit Erleichterung, wie seine innere Ruhe zurückkehrte.

Ich kann wieder atmen, dachte er beglückt.

„Neue Pferde sind erst morgen früh verfügbar“, sagte der Postmeister brummig.

„Na schön, so bleiben wir über Nacht“, antwortete Strogoff. Er tat gleichmütig, so sehr ihn die erzwungene Verzögerung auch schmerzte. Auch Nadja war anfangs über den Aufschub betrübt, nun nahm sie ihn aber doch zufrieden hin; wie gut tat es, nach den pausenlosen Anstrengungen der letzten Tage etwas ausspannen zu können.

„Schlaf recht schön, lieber Bruder“, sagte sie, ehe sie in ihr Zimmer ging. Allzu deutlich spürte sie, wie sehr ihn jene furchtbare Begegnung bewegte.

Michael Strogoff wollte noch nicht zu Bett gehen. Er glaubte, nicht schlafen zu können. Langsam fuhr er sich mit der einen Hand über die Wange. Der Striemen, den die Knute ihm gezogen hatte, brannte wie Feuer. So sehr er sich zu zwingen versuchte – er kam von dem quälenden Gedanken der Schmach nicht los; es war, als wollte es ihm das Herz abschnüren.

Mit Gewalt richtete er sich auf. Ist es nicht das Vaterland, das von mir verlangt, solche Schmach zu ertragen? Vor seinem geistigen Auge stand wieder der Zar, der ihm als Kurier diesen staatswichtigen Auftrag anvertraut hatte. Und vor ihm stand der gewalttätige Fremde, dieser Kerl mit dem kolossalen Kopf, den breiten Schultern und dem mächtigen Schnurrbart. Michael Strogoff wußte, daß er dieses Bild nie in seinem Leben vergessen würde.

Er ließ den Postmeister kommen. Der erschien wortlos, und unschwer war ihm anzusehen, wie wenig er von seinem Gast hielt.

„Sie stammen hier aus der Gegend?" fragte Strogoff.

„So ist es, Euer Gnaden."

„Kennen Sie den Fremden, der sich meine Pferde angeeignet hat?"

„Nein."

„Haben Sie ihn schon einmal gesehen?"

„Auch das nicht."

„Könnten Sie sich denken, wer der Mann gewesen sein mag?"

„Offenbar ein Mann jedenfalls, der sich durchzusetzen weiß!"

Der Postmeister wich Strogoffs scharfem Blick nicht aus und tat gleichmütig, als der Kurier aufbrauste: „Sie wollen es wagen, mein Verhalten zu kritisieren?"

„Allerdings, Euer Gnaden. Es gibt Dinge, die läßt sich niemand, auch ein kleiner Kaufmann, nicht widerspruchslos gefallen!"

„Sie meinen den Schlag mit der Knute?"

„Genau das, junger Mann. Ich glaube, ich bin alt genug, Ihnen meine Meinung in diesem Punkte sagen zu dürfen."

Strogoff trat auf den Postmeister zu und drückte ihm seine Fäuste auf die Schultern. „Es ist besser, Sie gehen jetzt hinaus", sagte er schwer. „Mir ist nämlich bange, Ihnen könnte sonst etwas passieren . . ."

Der Postmeister verstand plötzlich sehr schnell.

So gefällt er mir schon erheblich besser, dachte er und beeilte sich, den Raum zu verlassen.

In der Frühe des nächsten Tages ging die Reise weiter. Bald lag die Stadt Ischim hinter ihnen. Auf jeder Poststation, durch die sie kamen, konnte Strogoff erfahren, daß die Postkutsche vor ihnen dahinjagte.

„Der Mann hat es offenbar genauso eilig wie wir", sagte er ruhig zu Nadja.

Der Ischim, einer der bedeutendsten Zuflüsse des Irtysch, war bei Abatskaja, wo sie ihn überquerten, jetzt im Sommer ein reißender Strom. Dadurch verzögerte sich ihre Weiterfahrt um zwei Stunden. Michael Strogoff war darüber äußerst ungehalten, denn die Nachrichten, die er von dem Fährmann über Feofar-Khan und seine Tataren erhielt, beruhigten ihn nicht. Die Spitze der Truppen sollte bereits im Süden des Gouvernements Tobolsk an beiden Ufern des unteren Ischim stehen. Für die Stadt Omsk bedeutete dies eine schwere Bedrohung. Angeblich hatten sich an der Grenze des Kirgisenlandes sibirische und tatarische Truppen gegenübergestanden, und wenn die Nachrichten, die durchkamen, zutrafen, so hatten die zahlenmäßig unterlegenen Sibirier dabei recht schlecht abgeschnitten. Sie seien zurückgedrängt worden und hätten dabei die in jener Gegend ansässigen Bauern mitgerissen. Schreckliches wurde von den Tataren berichtet, die man hier kennenlernte: Plündern und Rauben, Brandstiftung und Mord gehörten offenbar zur Methode ihrer Kriegsführung.

Der Kurier Strogoff aber mußte an seinen Auftrag denken: Nun, da die Ortschaften verlassen waren, mußte er fürchten, daß es mit dem Pferdewechsel nicht mehr klappen werde. Woher sollte er jetzt wohl Vorspannpferde bekommen?

„Wir müssen jede Möglichkeit auszunutzen suchen, um noch schneller nach Omsk zu kommen", sagte er zu Nadja. „Hinter der Stadt können wir sicherlich die Spitze der Tataren, die flußaufwärts kommt, noch umgehen, und haben wir das erst geschafft, so liegt die Straße nach Irkutsk frei vor uns.

Hier am Übergang über den Fluß lag die sogenannte Ischimsperre. Das war eine Befestigungslinie, die sich vierhundert Kilometer lang von der Südgrenze Sibiriens nach Norden hin erstreckte: Blockhäuser und Holztürme, die einst von Kosakenabteilungen besetzt gehalten wurden und die Grenze gegen das Vordringen der Kirgisen und Tataren schützen sollten. Seit diese Gefahr gebannt schien, war die Sicherungslinie eingezogen worden und die Befestigung verfallen; jetzt hätte man sie gut brauchen können, um die vordringenden Horden aufzuhalten.

„Seht nur, Herr", sagte der Fuhrmann zu Michael und wies nach rechts: Rauchfahnen standen am Himmel und zeugten von der Annäherung des gefährlichen Feindes.

Endlich war der Tarantaß auf dem anderen Ischimufer. „Fahr, so schnell du kannst!" gebot Michael dem Jemschik und versprach eine weitere Draufgabe an Kopeken. In fliegender Eile preschte das Fahrzeug durch die endlose Steppe.

Seit sie in Ischim die Pferde gewechselt hatten, war Michael sehr schweigsam geworden, aber bei jeder Gelegenheit bemühte er sich, seiner Begleiterin die Anstrengungen dieser pausenlosen Eilfahrt möglichst zu erleichtern.

Nadja klagte nicht. Sie wußte jetzt, daß es ihr Begleiter eiliger hatte, nach Irkutsk zu gelangen, als sie selbst. Und welche Entfernung trennte sie noch von ihrem Ziel!

Nadja konnte ihrem Strogoff auch nachfühlen, daß er sehr um seine Mutter besorgt war. Denn hatten die Tataren erst Omsk überschwemmt, dann hatte auch die Mutter viel zu befürchten.

„Hast du eigentlich seit dem Tatareneinfall Nachricht von deiner Mutter?" fragte sie.

Er schüttelte den Kopf. „Nein, Nadja. Ihr letzter Brief kam vor acht Wochen. Damals klang alles noch ganz beruhigend. Meine Mutter ist eine energische Frau, eine echte Sibirierin. Trotz ihres

Alters ist sie rüstig und sehr beweglich. Sie läßt sich nicht unterkriegen.“

„Ich muß sie sehen! rief Nadja lebhaft. Und dann schelmisch schmunzelnd: Wo du mich deine Schwester nennst, bin ich doch eigentlich ihr Kind wie du, nicht wahr?“

Michael Strogoff lächelte.

„Möglicherweise hat deine Mutter Omsk verlassen können?“ fuhr Nadja fort.

Der Kurier nickte: „Möglich.“ Und nach einer Weile: „Ich hoffe es sogar sehr, daß es ihr gelungen ist, nach Tobolsk zu kommen. Sie hat einen Haß gegen die Tataren. Außerdem kennt sie die Steppe wie sonst kaum jemand. Wie oft ist sie mit meinem Vater kreuz und quer durchs Land gezogen, ebenso wie ich auf den Jagdzügen. Ja, Nadja, ich hoffe, sie ist nicht mehr in Omsk.“

„Und denkst du sie wiederzusehen?“

„Wohl erst auf der Rückreise.“

„Sollte sie aber noch in Omsk sein, so wirst du doch auch trotz der Eile, die du hast, einen Augenblick aufbringen können, sie kurz zu begrüßen – oder nicht?“

„Nein, auf der Hinreise, läßt es sich nicht einrichten“, versetzte er hart.

„Aber Nikolaus! Wenn deine Mutter wirklich noch in Omsk ist, dann mußt du sie doch kurz besuchen. Wie soll ich das verstehen?!“

Der Kurier atmete tief. „Du fragst nach den Gründen, Nadja? Es sind dieselben Gründe, die mich zwangen, langmütig bis zu offenbarer Feigheit gegen jenen Schuft zu sein, der . . .“

Erschrocken blickte Nadja ihn an. In solcher Erregung hatte sie den Freund noch niemals reden hören. Behutsam nahm sie seine Hand. „Natürlich verstehe ich nicht ganz, was du sagst, aber ich verstehe, daß du einer Pflicht gehorchst, die wohl höher ist als Sohnespflicht.“ Nie wieder kam sie auf diesen Punkt zu sprechen. Sie wußte, Michael Strogoff hatte ein Geheimnis. Sie achtete es.

Der Feind greift an

Die 120 Werst bis nach Tjukalinsk legten sie in mörderischem Tempo zurück. Als sie aber in aller Eile dort die Pferde gewechselt hatten, weigerte sich der Jemschik weiterzufahren.

„Tatarische Spähtrupps durchstoßen die Steppe", sagte er, „und gerade auf Reisende und ihre Wagen haben sie es abgesehen."

Wieder mußte Michael die Schwierigkeit durch blanke Rubel beheben. Auf seinen Sonderausweis wollte er sich nicht berufen – er mußte sich ohnehin darüber im klaren sein, daß er auffiel. Jeder Postmeister mußte sich doch fragen, was das für ein seltsamer Reisender sei, der entgegen den Bestimmungen jetzt durch das bedrohte Sibirien fuhr.

Wieder kamen Michael und Nadja gut voran und erreichten abends noch Irtysch.

„Bis Omsk nur noch 20 Werst", sagte Michael Strogoff. Unwillig aber blickte er auf die reißende Strömung vor sich. Es war Hochwasser. „Es wird verteufelt schwierig sein, hinüberzukommen."

„Laß mich zuerst das Fahrzeug mit den Pferden hinüberschaffen, die Ladung wird bei diesem Wasserstand sonst zu schwer", sagte Strogoff zu seiner Begleiterin. „Ich komme dann zurück und hole dich."

Nadja schüttelte abwehrend den Kopf. „Nein, Nikolaus, auf mich solltest du nicht so viel Rücksicht nehmen. Das würde uns ja mindestens eine volle Stunde Aufenthalt kosten."

Der Kurier ließ sie gewähren. Es machte ihnen enorme Schwierigkeiten, das Gespann auf die Fähre zu schaffen. Das Wasser stand nämlich schon hoch am Ufer, so daß die Fähre nicht so nahe anlegen konnte.

Nach halbstündiger Arbeit war endlich die Verladung geglückt.

Zusammen mit dem Jemschik kletterten Strogoff und Nadja ebenfalls auf die Fähre.

Anfangs ging alles gut, auch weiter oben, wo sich infolge der weit vorspringenden Landzunge Strudel bildeten.

Die beiden Schiffer verstanden ihr Handwerk und lenkten die Fähre sicher mit den langen Stangen.

In der Mitte des Stromes aber wurde das Wasser so tief, daß die Stoßstangen kaum noch den Grund erreichten.

„Keine leichte Arbeit", murmelte Strogoff. Nicht ohne Unruhe sah er den beiden Männern zu, die sich redlich abmühen mußten.

„Aufpassen!" schrie plötzlich der eine.

Die Strömung hatte die Fähre gepackt und begann, sie flußabwärts zu treiben. Mit aller Gewalt stemmten sie die Stangen ein, um sie beizudrehen. Das schwierige Manöver gelang, und langsam kam die Fähre trotz der mächtigen Strömung dem anderen Ufer näher.

Die beiden Fährleute arbeiteten mit aller Kraft. „Wir schaffen es", nickten sie Michael zu; natürlich hatte das Trinkgeld, das er ihnen versprochen hatte, erheblichen Anteil an ihrem Eifer.

Alles schien jetzt ordnungsgemäß zu verlaufen. Die Fähre hielt sich in der Mitte des Stromes, als Michael Strogoff sich erhob und stromaufwärts blickte. Irgend etwas hatte seine Aufmerksamkeit erregt. Er sah mehrere Kähne, die mit der Strömung in enormer Geschwindigkeit näher trieben.

„Was gibt's?" fragte Nadja erregt.

Und ehe er ihr noch antworten konnte, schrie einer der Fährleute bleich vor Entsetzen: „Tataren! Tataren!"

Tatsächlich – die Boote waren mit Soldaten besetzt. Sie schossen den Irtysch hinab und mußten bald die Übersetzenden erreicht haben. Bei ihrer starken Belastung lag die Fähre viel zu tief im Wasser, als daß sie ihnen hätte entkommen können.

Entsetzt ließen die Fährleute ihre Bootshaken fahren. Michael

fuhr auf. „Kopf hoch, ihr Freunde?“ rief er. „Mut gefaßt! Fünfzig Rubel, wenn wir das Ufer vor diesen Kerlen erreichen!“

Solches Versprechen gab den beiden Schiffern neuen Auftrieb. „Kräftig!“ rief der Kurier und stemmte sich selber mit dagegen.

„Wir schaffen es nicht!“ keuchte der eine Fährmann.

„Los!“ schrie Strogoff und schob, so fest er konnte, die schwere Stoßstange.

Aber alle Mühe war vergeblich.

Ob die Tataren wohl vorbeifahren würden, ohne sich um die Fähre zu kümmern? Damit war kaum zu rechnen. Michael Strogoff wußte, daß sie auf das Schlimmste gefaßt sein müßten.

„Hab keine Angst, Nadja“, sagte der dumpf. „Aber es geht jetzt ums Ganze.“

„Ich bin auf alles vorbereitet“, versetzte sie fest.

„Hast du auch den Mut, dich ins Wasser zu stürzen, wenn ich's sage?“

„Auch das, Nikolaus!“

Kaum fünfzig Meter waren die Kähne jetzt noch von ihnen entfernt. An Bord war eine Abteilung bocharischer Truppen, die offenbar den Weg nach Omsk erkunden wollte.

Nur noch zwei Schiffslängen war die Fähre vom Ufer entfernt.

Die Fährleute legten sich wie besessen in die Stangen, und Michael selber arbeitete mit übermenschlicher Kraft. Brachte er den Tarantaß noch vor dem Landen der Kähne an Land, so konnten sie hoffen, den Tataren zu entkommen.

„Syryn na kutschu!" klang es wild von der ersten Barke herüber.

Michael Strogoff kannte diesen Schlachtruf der Tataren genau. Da krachte auch schon eine Salve. Zwei Pferde brachen unter den Schüssen zusammen.

Im selben Augenblick gab es einen Stoß: Die Kähne hatten die Fähre geentert.

„Los, Nadja!" rief Michael und riß die Begleiterin mit sich. Aber ehe er sich mit ihr über Bord werfen konnte, traf ihn ein Lanzenstoß, und er taumelte ins Wasser. Die Strömung riß ihn fort – noch einen Augenblick sah man seine Arme über dem Wasser, dann verschlangen ihn die reißenden Wellen.

Nadja hatte vor Entsetzen aufgeschrien. Ehe sie ihrem Begleiter nachstürzen konnte, fühlte sie sich von derben Fäusten gepackt und in einen der Kähne gezerrt.

Die Fährleute lagen, von Lanzenstichen durchbohrt, tot auf dem Boden.

Führerlos trieb die Fähre im Strom. Die Tataren setzten ihre Fahrt fort.

Beinahe verraten

Omsk war verwaltungsmäßig die Hauptstadt von Westsibirien. Mit seinen zwölf- bis dreizehntausend Einwohnern war es zwar nicht so groß wie Tomsk, aber doch erheblich bedeutungsvoller. In Omsk residierte der Generalgouverneur dieser ersten Hälfte des asiatischen Rußland mit etwa zweitausend Mann Besatzung. Sie hatten den Tataren trotz der unzureichenden Befestigungen, die fast nur aus Erdbunkern bestanden, tapfer Widerstand geleistet. Als die Feinde aber zum Sturm ansetzten, mußten sie sich in den oberen Stadtteil zurückziehen. Hier hatten sie Häuser und Kirchen mit Schießscharten versehen und hielten sich kampfbereit. Mit Unterstützung rechneten sie nicht mehr.

Die Tataren dagegen erhielten laufend neue Verstärkung. Sie wurden von einem Mann geführt, der mit Recht ein Vaterlandsverräter genannt wurde, aber auf militärischem Gebiet ein Könner und zugleich ein verbissener Draufgänger war.

Es war Iwan Ogareff, der den Befehl vor Omsk führte.

Er stand dem Tatarenhäuptling, den er zu diesem Unternehmen gegen die Stadt Omsk veranlaßt hatte, an Grausamkeit in keiner Weise nach und überragte alle an strategischen Fähigkeiten.

Er hatte Mongolenblut in seinen Adern, und so war es kein Wunder, daß er sich in der hinterhältigen Kriegsführung auskannte, die für die Tataren selbstverständlich war. In allen möglichen Verkleidungen war er schon aufgetreten, wenn es galt, seine Ziele zu erreichen.

Als Michael Strogoff am Irtysch stand, setzte Iwan Ogareff bereits zum Sturm auf die Oberstadt von Omsk an. Ogareff wollte auch diesen letzten Stadtteil möglichst schnell in seine Gewalt bringen, denn er wurde in Tomsk, das inzwischen von Feofar-Khan erobert worden war, benötigt. Dort hatte sich die Hauptmacht der Tataren zum Marsch auf Irkutsk zusammengezogen.

Iwan Ogareff schreckte in seiner Verschlagenheit vor keinem

Mittel zurück: unter falschem Namen wollte er das Vertrauen des Großfürsten gewinnen. Er hoffte, in einem günstigen Moment dann ganz Irkutsk den Tataren ausliefern zu können.

Das war ein Plan, der aufs Ganze ging: War Irkutsk erst in der Gewalt der Tataren und der Großfürst als Geisel in ihrer Hand, so gab es im ganzen asiatischen Sibirien keinen ernsthaften Wider stand mehr für sie.

Strogoffs Auftrag war es, dem schändlichen Übergriff Ogareffs zuvorzukommen und ihn zu vereiteln.

War jetzt alles unmöglich gemacht? Konnte der Großfürst nicht mehr gewarnt werden?

Der Lanzenstich, der den Kurier getroffen hatte, war nicht tödlich gewesen. Strogoff war es gelungen, das Flußufer zu erreichen. Doch dann war er bewußtlos zusammengebrochen.

Als er wieder zu sich kam, fand er sich in der Pflege eines Muschiks. Der menschenfreundliche Bauer hatte ihn vom Ufer in seine Hütte geschleppt und ihn versorgt.

Wie lange mochte er hier schon liegen?

Als Strogoff die Augen öffnete, blickte er in ein gutmütiges, bärtiges Gesicht, das sich mitfühlend über ihn beugte.

Der hilfreiche Mann erlaubte Strogoff keinerlei Anstrengung. „Nicht sprechen, Väterchen, nicht fragen! Seid noch viel zu erschöpft. Ich werde alles erzählen, was sich inzwischen ereignet hat."

Strogoff erfuhr, daß sein Reisewagen ausgeplündert und beide Fährleute tot seien.

Erschrocken faßte der Kurier nach seiner Brust – aufatmend stellte er fest, daß er den Kurierbrief des Kaisers noch bei sich trug.

„Ich hatte eine junge Dame bei mir", sagte Strogoff zögernd.

„Sie lebt", versetzte der Muschik. „Die Tataren haben sie in ihrem Boot stromabwärts mitgenommen. Sie wird wohl mit ins Lager nach Tomsk kommen."

Strogoff war für einen Augenblick nicht fähig zu sprechen. Er preßte seine Hand gegen sein wild pochendes Herz. Trotzdem – über allem stand sein Auftrag. Jede Minute war kostbar.

„Wo bin ich?“ fragte er dann.

„ Fünf Werst von Omsk entfernt, auf dem rechten Ufer der Irtysch.“

„Wie kommt es, daß ich so lange bewußtlos lag? War es ein Gewehrschuß?“

„Nein, Väterchen, ein Lanzenstoß am Kopf. Aber die Wunde beginnt schon zu heilen. Nur noch ein paar Tage Ruhe, Väterchen, dann kann die Reise weitergehen. Gut nur, daß die Tataren Euch nicht ausgeplündert haben. Ihr seid ja in den Fluß gestürzt. Selbst Eure Geldtasche ist nicht verlorengegangen.“

Michael Strogoff gab dem biederen Mann die Hand. Mühsam richtete er sich auf: „Wie lange liege ich hier schon bei dir, Freund?“

„Seit drei Tagen.“

Michael stöhnte. So hatte er drei Tage eingebüßt!

„Hast du ein Pferd, das du mir verkaufen könntest?“

„So wollt Ihr fort?“

„Auf der Stelle.“

„Ich besitze weder Pferd noch Wagen, Väterchen. Wo die Tataren durchgezogen sind, bleibt nichts mehr übrig.“

„Gut, so gehe ich zu Fuß nach Omsk. Ich denke, dort kann ich ein Pferd kaufen.“

„Gönnt Euch noch ein paar Stunden Ruhe, Väterchen, Ihr werdet dann mehr Kraft haben für die Reise.“

„Nicht eine Stunde bleibe ich länger!“

„Also gut“, sagte der Muschik. „Ich begleite Euch nach Omsk. Es sind ja noch viele Russen dort. So ist es nicht ausgeschlossen, daß Ihr unbemerkt in die Stadt gelangt.“

Strogoff trat vor die Hütte. Bei den ersten Schritten fühlte er sich so schwindlig, daß er taumelte. Der treue Muschik stützte ihn hilfreich.

„In der frischen Luft wird es schon besser werden", sagte der Kurier tapfer. Die Wunde schmerzte ihn sehr. Wie gut, daß die dicke Pelzmütze den Stoß etwas abgeschwächt hatte!

Für solche Nebensächlichkeiten aber hatte er jetzt keine Zeit. Er hatte nur ein Ziel, und das war Irkutsk, wo er seinen Auftrag zu erledigen hatte. Auch in Omsk durfte er sich nicht aufhalten.

„Gott schütze meine gute Mutter und Nadja!" murmelte er vor sich hin. Er hatte nicht einmal das Recht, an sie zu denken.

Zusammen mit dem Muschik gelangte Michael bald in die Stadt. Ungehindert ließ man die beiden Männer passieren.

Auf den Straßen und Plätzen wimmelte es von Soldaten. Auf diszipliniertes Verhalten wurde augenscheinlich äußerst streng geachtet, denn man bemerkte keinerlei Ausschreitungen. Es schien – offenbar aus Sicherheitsgründen – der Befehl zu bestehen, daß niemand allein gehe, jedenfalls zeigten sich die Eindringlinge überall nur in Gruppen.

Auf dem Marktplatz lagerten, gesichert durch Posten und Wachen, etwa zweitausend Mann. An Pfählen, die behelfsmäßig in die Erde getrieben waren, standen die Pferde, alle marschbereit gesattelt und gezäumt.

Über den Stadtteil hinaus ragte die Oberstadt, die die Bewohner in eine Burg verwandelt hatten. Bisher hatten sie alle Angriffe, die Iwan Ogareff immer wieder mit Gewalt vortrieb, zurückschlagen können. Herausfordernd wehten über der Oberstadt die Fahnen des Zarenreiches.

Michael Strogoff, der sich in Omsk gut auskannte, vermied die belebteren Straßen. Trotzdem brauchte er wohl kaum zu fürchten, hier erkannt zu werden.

Und seine Mutter? Er war fest entschlossen, seinen Schwur zu halten: Er wollte sie nicht sehen. Dabei wünschte er, daß sie längst nicht mehr in Omsk wäre, sondern in irgendeinem ruhigeren Gebiet Unterschlupf gefunden hätte.

„Hoffentlich klappt es auf der Poststation", sagte der treuherzige Muschik, der unverdrossen an Strogoffs Seite die Stadt durchschritt. Er kannte den Postmeister und hoffte, dem Fremden Wagen und Pferde besorgen zu können.

„Aus der Stadt werde ich schon herauskommen", raunte der Kurier seinem Begleiter zu und blickte dabei auf die zahlreichen Breschen in der Stadtbefestigung. Es würde ihm nicht allzuviel Schwierigkeiten bereiten, sich hier ungesehen davonzumachen.

Kurz vor der Postmeisterei fühlte der Muschik sich plötzlich hart am Arme gepackt. Strogoff war stehengeblieben und drückte sich hinter eine Hausecke.

„Was ist denn los, Väterchen?" fragte der alte Mann erstaunt.

„Kein Wort!" stieß der Kurier hervor.

In diesem Augenblick kam eine Reiterabteilung die Gasse entlang; voraus ein Offizier in unauffälliger Uniform.

Wie gut, daß er mich nicht gesehen hat, dachte der Kurier. Strogoff blickte dem kleinen Trupp nach. Er war leichenblaß geworden.

„Wer war das?" stieß er hervor.

Der Muschik blickte dem Reiterzug voller Haß nach. „Iwan Ogareff", sagte er ingrimmig.

Michael Strogoff hatte Mühe, sich zu beherrschen. Iwan Ogareff war das also – derselbe Mann, der ihm vor einigen Tagen auf der Posthalterei von Ischim mit der Peitsche ins Gesicht geschlagen hatte! Dieser Mann, der ihm solche unerhörte Schmach angetan hatte, war niemand anders als jener alte Zigeuner, der seinen Weg nun schon mehrfach gekreuzt hatte: in der Nacht auf dem Wolgadampfer und unvergeßlich bei der Landung. Nicht verwunderlich, daß ihm die Verordnung des Zaren schon vor der Veröffentlichung bekannt gewesen war.

Michael Strogoff, der Kurier, hatte richtig gesehen. Der verschlagene Ogareff, Meister der Verstellung und Verkleidung, verfügte über so viele Helfershelfer, daß es ihm nicht schwergefallen war, mit Zangarras Tanzgruppe europäischen Boden zu verlassen. Offenbar hatte er das Uralgebirge auf einem anderen Wege überquert.

Strogoff hätte einen weiteren Vorsprung gehabt, wenn er nicht jenen schändlichen Zusammenstoß mit dem brutalen Mann gehabt hätte und wenn er nicht auf dem Irtysch den Tataren begegnet wäre.

Es kommt der Augenblick, wo ich diesem Kerl gegenüberstehe, durchfuhr es den Kurier wild. Dann verlange ich Genugtuung – und sollte er sich inzwischen zum Herrn von ganz Sibirien gemacht haben!

Vorerst aber galt es, vorsichtig zu sein und jede Begegnung mit Ogareff zu vermeiden. Strogoff ließ sich von seinem treuen Helfer auf Umwegen zur Poststation führen.

Der Postmeister schüttelte ablehnend den Kopf, als der hilfsbereite Muschik ihn um einen Tarantaß bat. „Unmöglich", sagte er. „Eins, zwei Pferde habe ich noch, aber . . ."

„Ein Pferd genügt mir", rief der Kurier dazwischen, und wenn er sich's recht überlegte, so war es wohl sogar ratsamer, nur ein Reittier zu nehmen.

Man wurde schnell einig. Strogoff kaufte ein Pferd, das einen guten Eindruck machte und sicherlich die erforderliche Ausdauer hatte.

„Reiten Sie lieber erst in der Dunkelheit", riet ihm der treue Muschik. Der Kurier nickte und beschloß, bis dahin auf der Poststation zu bleiben.

In dem Warteraum war viel Betrieb. Auch Einheimische drängten sich zwischen die Reisenden, um Neues zu hören.

Am Nebentisch raunten sich ein paar Leute ihre Kenntnisse zu: „Ein russisches Armeekorps ist im Anmarsch gegen Tomsk, es wird die Tataren schnell hinauswerfen . . ."

Strogoff lauschte aufmerksam. Er hütete sich aber, sich irgendwie auffällig zu machen.

Plötzlich zuckte er zusammen. Durch den Warteraum der Poststation klang ein Schrei: „Mein Sohn!"

Vor ihm stand Marfa Strogoff, seine Mutter. Sie zitterte am ganzen Leibe, ihre Augen strahlten, als sie ihm die Hände entgegenstreckte.

Den Kurier durchfuhr es wild. Welche Gefahr drohte ihm hier – der Mutter – dem Auftrag!

Mit aller Selbstbeherrschung, deren er fähig war, zwang er sich. Kein Muskel in seinem Gesicht zuckte.

Unbeweglich blickte er die Frau an, die immer noch mit ausgestreckten Händen vor ihm stand.

„Michael!" rief sie.

Er zwang sich zu einer Entgegnung. „Wer sind Sie, liebe Frau?"

Es mochten an die zwanzig Personen in dem Warteraum sein, die jetzt voller Neugier auf die seltsame Begegnung blickten. Ob wohl Spitzel unter ihnen waren? In der Stadt war es natürlich nicht unbekannt, daß der Sohn der Marfa Strogoff dem Kurier des Zaren angehörte.

„Wer ich bin?" klang ganz verstört die Stimme der Frau. „Michael, mein Kind, kennst du denn deine Mutter nicht mehr?"

Strogoff nahm alle seine Seelenkraft zusammen. „Sie müssen sich irren", sagte er unbewegt. „Vielleicht liegt irgendeine Ähnlichkeit vor."

Marfa Strogoff ließ die Arme sinken. „So seid Ihr nicht der Sohn von Piotr und Marfa Strogoff?" fragte sie tonlos.

Was hätte Michael darum gegeben, jetzt seine geliebte Mutter in die Arme schließen zu können. „Ich verstehe Sie wirklich nicht, liebe Frau", sagte er so ruhig er konnte.

„Michael!" rief die Frau wieder. Ihre Stimme wollte brechen in ihrem Mutterschmerz.

„Ich heiße nicht Michael. Sie müssen sich irren. Ich bin nicht

Ihr Sohn. Ich heiße Nikolaus Korpanoff und bin ein Kaufmann aus Irkutsk."

Strogoff fühlte sich am Ende seiner Kraft und verließ den Warteraum, so schnell er es konnte.

„Mein Sohn! Mein Sohn!" hörte er die Stimme der Mutter hinter sich. Er sah nicht, wie sie halb von Sinnen auf eine Bank zurücktaumelte.

Der Postmeister wollte ihr behilflich sein, aber da erhob sie sich plötzlich. Sie spürte, wie eine wunderbare Kraft sie durchdrang. Deutlich erkannte sie, wie alles sich verhielt: daß ihr Michael vor ihr gestanden hatte, daran zweifelte sie nicht. Und wenn er sie verleugnet hatte, so mußte das Gründe haben, triftige Gründe. Aller quälende Schmerz wich urplötzlich mütterlicher Sorge um den Sohn. Ob sie ihm durch ihr Verhalten geschadet hatte?

Sie fuhr sich über die Augen. „Ich glaube fast, ich fange an, seltsam zu werden", sagte sie vor sich hin. Die Umstehenden, die sie voller Neugier und Mitleid betrachteten, sollten jetzt ihre Worte hören. „Meine Augen wollen wohl nicht mehr so recht. Wie konnte ich nur einen fremden Mann für mein Kind halten!"

Nur wenige Minuten später erschien ein Offizier auf der Poststation.

„Marfa Strogoff!" brüllte er in den Warteraum.

„Das bin ich", sagte die Frau mit einer Ruhe, daß sie kaum wiederzuerkennen war.

„Mitkommen!" befahl der Tatare.

Widerspruchslos ließ sie sich abführen. Wenige Augenblicke später stand sie vor Iwan Ogareff, dem der Vorfall sofort gemeldet worden war und der es für richtig hielt, die Vernehmung selbst durchzuführen.

Er fragte nach ihrem Namen und nach ihrem Sohn. „Er gehört dem Kurierkorps an?"

Die Mutter bejahte.

„Wo ist er jetzt?"

„In Moskau."

„Habt Ihr Nachrichten von ihm?"

„Nein."

„Wie lange schon?"

„Seit etwa zwei Monaten."

„Und wer ist der junge Mann, den Ihr soeben als Euren Sohn anspracht?"

„Wer mag es gewesen sein? Ein Sibirier, in dem ich fälschlich meinen Sohn sah. Es ist nun schon der zehnte im Laufe der letzten Zeit."

„Also handelte es sich nicht um Michael Strogoff?"

„Leider nein."

„Wißt Ihr, daß ich Euch foltern lassen kann, bis Ihr die Wahrheit sprecht?"

„Aber die Folter wird nichts an meinen Worten ändern."

„So war jener Sibirier wirklich nicht Michael Strogoff?" fragte Ogareff noch einmal.

„Es ist so, wie ich sage. Sollte ich wohl meinen Sohn verleugnen?"

Iwan Ogareff blitzte die standhafte Mutter böse an. Für ihn bestand kein Zweifel, daß sie ihrem Sohn begegnet war. Wenn er aber seine Mutter so hartnäckig verleugnet hatte, mußten gewichtige Gründe vorliegen, dessen war er sicher.

Er befahl ein paar Tataren, Nikolaus Korpanoff, Kaufmann aus Irkutsk, aufzustöbern.

„Diese Frau wird nach Tomsk geschafft", ordnete der Oberst an und wies auf Marfa Strogoff. Die Soldaten salutierten und packten sie. „Zu gegebener Zeit werde ich ihr schon die Zunge lösen", knurrte Ogareff, während die Tataren die unglückliche Frau wegschleppten.

Den Verfolgern entkommen

Strogoff hatte bereits durch eine der Breschen die Stadt verlassen, als die Stadtausgänge gesichert und sein Steckbrief an alle Postmeister von Omsk verteilt wurde. Es war acht Uhr abends. Man schrieb den 29. Juli.

Strogoff wußte, daß er in Omsk etwa die Hälfte seiner langen Reise hinter sich hatte. Wenn er vor den Tataren in Irkutsk sein wollte, mußte er innerhalb von zehn Tagen dort eintreffen.

Wie sollte er diese weite Strecke schaffen?

Der Kurier mußte jetzt fürchten, daß man ihm auf der Spur war. Sicherlich hatte Ogareff von dem Zusammentreffen mit seiner Mutter erfahren.

Strogoff ahnte nicht, wie seine tapfere Mutter bereits für ihre Standhaftigkeit büßen mußte. Hätte auch er diese übermenschliche Prüfung bestanden?

Der Kurier trieb sein Pferd zu rasendem Tempo an. An der nächsten Station hoffte er, beim Pferdewechsel ein noch schnelleres Tier zu erwerben.

Als er um Mitternacht an der Station Kulikowo anlangte, hatte er siebzig Werst zurückgelegt. Von einem neuen Pferd konnte jedoch nicht die Rede sein. Erst vor kurzer Zeit hatten Tatarentrupps die Station durchzogen und mitgenommen, was ihnen brauchbar erschien. Strogoff mußte froh sein, daß er Essen bekam und Futter für sein Tier.

Er ritt sofort weiter, da er Ogareffs Verfolger auf seinen Fersen wußte.

„Los mein Täubchen!" rief er dem treuen Pferd immer wieder zu und preßte ihm die Flanken, daß es unverdrossen dahintrabte. Ihn trieb die Unruhe, seinen Auftrag zu erfüllen, und zugleich die nagende Ungewißheit und die Sorge: Wie mochte es der Mutter gehen, und was mochte aus Nadja geworden sein?

Nur selten hielt Strogoff an, um das Pferd ein wenig verschnaufen zu lassen.

Als er am anderen Morgen gegen neun Uhr die Station Turumoff hinter sich ließ, betrat er die furchtbaren Sümpfe der Barabinensteppe, die sich über ein Gebiet von mehr als dreihundert Kilometer erstreckten. Wegen des undurchlässigen Lehmgrundes sammelte sich hier eine Unmenge Regenwasser, und gerade zur Sommerzeit galt diese Gegend als kaum passierbar.

Für Michael Strogoff gab es kein Zurück. Er wußte, daß er es schaffen würde. Strogoff lenkte sein Pferd entschlossen auf die Straße, die durch diese sumpfige, von üblen Dünsten erfüllte Hölle in Richtung Irkutsk führte.

Rings um ihn her wucherten Moorpflanzen, Binsen und Schilf. Wasservögel schraken auf und zeichneten seinen Weg.

Mit dem Zustand der Straße konnte der Kurier vorläufig zufrieden sein. Bald kam er an kilometerlangen Gewässern vorbei, bald polterte er über Knüppeldämme, bald über schwankenden Moorgrund. Je weiter er in die trostlose Gegend vordrang, desto quälender wurden die Mücken und Stechfliegen. Sie waren kaum zu ertragen.

Trotzdem war diese von Fieberdünsten erfüllte Sumpfgegend nicht unbesiedelt. Die dort lebenden Menschen trugen Tierfelle und schützten sich das Gesicht mit pechbeschmierten Masken. Ununterbrochen unterhielten sie schwelende Feuer aus frischem, feuchtem Holz, die ihren jämmerlichen Viehbestand vor den Moskitos und Stechfliegen schützen sollten.

Strogoff wußte, daß sein Reittier die Strapazen nicht mehr lange durchstehen werde und machte in einem armseligen Dörfchen halt. Trotz seiner Übermüdung versorgte er sein Pferd, rieb es nach Sibirierart mit heißem Fett ein und setzte ihm Wasser und viel Futter vor. Er selbst ließ sich von den gutmütigen Bauern Brot und kaltes Fleisch geben und trank von dem einheimischen Kwaß.

Die Unruhe trieb ihn weiter. Kaum zwei Stunden hatte er sich und dem treuen Tier Rast gegönnt. Weiter ging's im Trab den Weg entlang in Richtung auf das ferne Irkutsk.

Fast neunzig Werst hatte er geschafft, als er am Nachmittag das Städtchen Elamsk erreichte. Die Bewohner hatten es zum großen Teil geräumt, auch die Behörden waren auf Befehl der Regierung nach Norden ausgewichen, aber noch war die kleine Stadt von den Tataren verschont geblieben.

Weil auch die Postmeisterei verlassen war, konnte Michael weder auf ein Gespann noch auf ein neues Pferd rechnen. Mindestens zwölf Stunden mußte er seinem treuen Reittier nun Ruhe gönnen.

Gerade als Strogoff wieder zur Stadt hinaustrabte, wurde die erste Spitze der Tataren auf der Steppenstraße gemeldet; angeblich stand sie etwa zehn Werst von der Stadt entfernt. Der Kurier trieb sein treues Reittier an, das weiter durch das endlose Sumpfgelände auf Kamsk zutrabte.

„Hü, mein Täubchen", sagte er immer wieder und klopfte dem Pferd den Hals. Es war bewundernswert, wie es durchhielt, auch in dem überschwemmten Gebiet, das sich achtzig Werst ausbreitete.

Aufatmend langte Michael in Kamsk an. Das ganze Städtchen glich einer Insel des Friedens. Was ringsum Sumpf war, bot sich hier als fruchtbare Wiesen. Von den tückischen Stechfliegen war kaum etwas zu spüren. Kamsk lag am Tom, einem Zufluß des Irtysch. Durch Entwässerung und Drainage hatte hier Menschenarbeit über die Natur gesiegt und ein kleines Paradies geschaffen.

Neuigkeiten konnte der Kurier nicht erfahren. Sorgfältig vermied er jegliches Aufsehen, verließ auch den Gasthof nicht, in dem er abgestiegen war, und unterließ es, sich einen Tarantaß zu kaufen. Es galt, den geringsten Verdacht zu vermeiden, da er die von Feofar-Khans Truppen besetzte Linie, die sich am Irtysch entlangzog, noch nicht überschritten hatte. In dieser schilfbewachsenen Sumpfniederung war außerdem ein Pferd geeigneter als ein Wagen. Wenn ich erst Tomsk oder gar Krasnojarsk hinter mir habe, dachte Strogoff, kann ich mir schon eher etwas Erleichterung erlauben.

In aller Frühe am folgenden Tage ritt Strogoff weiter. Sein Tagesprogramm bis Ubinsk betrug an die neunzig Werst. Etwa zwanzig Werst hinter der Stadt, wo das Sumpfwasser nicht mehr durch Gräben abgezogen wurde, begann wieder die unwegsame Sumpflandschaft, in der das Wasser oft so hoch stand, daß die Straße kaum noch zu erkennen war. Immer wieder mußte der Kurier seinem treuen Tier Mut zusprechen. „Gut gemacht, mein Täubchen", sagte er anerkennend, als er gegen Abend sein Ziel erreicht hatte.

Von Ubinsk ging es nach Ikulskoje. Die Straße wurde immer unwegsamer. Wie gut, daß ich keinen Wagen genommen habe, dachte Strogoff, als er ein ganz unwegsames Wassergebiet umreiten und dadurch erheblichen Zeitverlust in Kauf nehmen mußte. Mit einem Tarantaß wäre er rettungslos steckengeblieben.

Unverdrossen trabte das Pferd weiter und trug seinen Herrn bis nach Ikulskoje hinein.

Neuigkeiten waren auch hier nicht zu erfahren. Die beiden Stoßkeile der Tataren zielten ja auf Omsk und auf Tomsk und ließen diesen Teil der Provinz deshalb vorläufig von den Schrecken des Krieges verschont.

Es war der 5. August, nachmittags vier Uhr, als Strogoff die Barabinensteppe hinter sich lassen konnte.

Am 15. Juli hatte der Kurier Moskau verlassen. Einundzwanzig Tage war er also – die mehr als siebzig Stunden eingerechnet, die er durch seine Verwundung am Irtysch eingebüßt hatte – unterwegs.

Von Irkutsk, seinem Ziel, trennten ihn noch fünfzehnhundert Werst.

Außerhalb der Steppe nun würde er auf andere Schwierigkeiten stoßen.

Strogoff täuschte sich nicht: Ringsum waren die Felder von

Pferdehufen zerstampft und zeigten allzu deutlich, daß dort Tataren waren.

Michael Strogoff mußte also noch vorsichtiger vorgehen als bisher. Ringsum am Horizont standen Rauchfahnen der niedergebrannten Gehöfte. Stieß hier schon die tatarische Hauptmacht vor, oder waren es nur ihre Voraustruppen? Stand etwa Feofar-Khan selber bereits im Gouvernement Jeniseisk?

Behutsam tastete der Kurier sich auf der menschenleeren Landstraße vor und spähte nach allen Seiten, ob er eine noch nicht verlassene Behausung fände.

Zwischen ein paar Bäumen entdeckte er schließlich ein kleines Gehöft, aus dessen Schornstein Rauch emporstieg. „Vorwärts, mein Täubchen!" trieb er sein Pferd an und trabte näher. Neben den Trümmern des Hauses saß ein alter Mann von weinenden Kindern umringt. Eine noch junge Frau, offenbar seine Tochter, kniete am Boden und starrte, einen Säugling an der Brust, verstört in die noch rauchenden Ruinen.

Strogoff sprang aus dem Sattel. „Sind die Tataren hier durchgezogen?" fragte er.

„Ihr braucht Euch nur mein Haus anzusehen", versetzte der Mann düster.

„Ein Heer oder nur eine Abteilung?"

„Ein ganzes Heer. Seht doch nur, wie die Felder weit und breit verwüstet sind."

Der Kurier erfuhr von dem Alten, daß Feofar-Khan, der Emir selber, die Truppen anführe und bereits in Tomsk stehe.

„Weißt du, ob sie bereits Kolywan genommen haben?" wollte er noch wissen.

„Nein", versetzte der Alte. „Die Stadt steht ja noch nicht in Flammen." Abweisend schüttelte er den grauen Kopf, als Strogoff seine Hilfe anbot.

Michael Strogoff legte der unglücklichen Frau fünfundzwanzig

Rubel in den Schoß und trabte schnell davon. Die unglücklichen Leute hatten kaum noch die Kraft, sich zu bedanken.

Die Nachrichten über Tomsk und Kolywan waren dem Kurier natürlich äußerst wertvoll. So würde er doch wenigstens die Möglichkeit haben, sich in Kolywan mit dem Nötigsten zu versehen, ehe er vor Tomsk die Straße nach Irkutsk verließ, um die bereits besetzte Stadt nicht zu berühren.

Weiter ging es in ununterbrochenem Trab. Noch vierzig Werst bis zum Obi-Fluß, den er überqueren mußte.

Die Nacht senkte sich herab. Um Mitternacht lag die endlose Steppe in tiefem Dunkel. Weithin war bei der Windstille der Hufschlag des Pferdes zu vernehmen.

Strogoff mußte vorsichtig reiten. Zu beiden Seiten der Straße zogen sich Wasserläufe hin, die zum Fluß führten.

Er war eben aus dem Sattel gestiegen, um sich über die Richtung zu vergewissern, als er von Westen her auf ein Geräusch aufmerksam wurde. Er legte das Ohr an den Boden: Hinter ihm aus Richtung Omsk kamen Pferde angetrabt.

Der Kurier lauschte angestrengt: Die Abteilung kam schnell näher. Waren es Russen? Waren es Tataren? Keine zehn Minuten, so würden Sie eintreffen.

Wenn es sich um Russen handeln würde, hätte er sich ihnen anschließen können. Wenn es aber Tataren waren? Er mußte ihnen ausweichen, das war selbstverständlich, denn sein Gaul war zu erschöpft, um noch lange Abstand zu halten.

Wo aber sollte er sich hier in der Steppe verbergen?

In der Dunkelheit hob sich rechts der Straße ein Schatten ab, es war ein kleines Dickicht.

Wenn die Reiter es durchsuchen, bin ich ihnen ausgeliefert, dachte er, aber er hatte im Augenblick keine andere Wahl.

Vorsichtig führte Strogoff sein Tier zur Seite, band es an einen Baum und kroch vorsichtig wieder auf die Straße zu.

Da sah er sie auch schon herantraben. Licht wurde sichtbar,

Fackeln! Betroffen glitt Michael zurück, um nicht in ihren Schein zu geraten.

Jetzt waren die Reiter auf der Höhe des Wäldchens.

Da erklang auch schon ein Kommando. Die Reiter machten halt und sprangen aus dem Sattel. Etwa fünfzig Mann mochten es sein. Strogoff drückte sich tief in das Ginstergestrüpp, denn die Fackeln warfen ihren Schein in weitem Umkreis über die Umgebung der Straße.

Wenn sie nun das Gehölz durchsuchen? Vielleicht sind sie sogar zu meiner Verfolgung ausgeschickt, dachte Strogoff.

Aber dann beruhigte er sich, denn er konnte erkennen, daß sie nur Rast machen wollten. Offenbar waren ihre Pferde recht stark beansprucht, und auch die Männer schienen Hunger zu haben. Sie ließen die Pferde grasen und packten selber am Wegrand ihre Verpflegung aus.

Kaltblütig schlich sich der Kurier heran, um ihre Gespräche belauschen zu können.

Es waren Usbeken, einer der Hauptstämme der Tataren. Hochgewachsene Kerle mit wilden, finster blickenden Gesichtern. Sie trugen die typische Schafpelzmütze, den Talpak, Kattunröcke mit rotem Ledergurt und gelbe Schaftstiefel.

Auch die Pferde waren usbekischer Rasse, wie Michael bei dem Fackellicht genau erkennen konnte. Kräftige, vollblütige Tiere, die lange Zeit den schärfsten Galopp aushielten.

Zwei der Reiter trugen Panzerhelm und Waffenrock. Es waren der Pendja-Baschi, das heißt der Führer eines Trupps von fünfzig Mann, und der Deh-Baschi, der Führer über zehn Mann.

Die beiden Vorgesetzten schritten auf und ab. Strogoff preßte sich tiefer ins schützende Gras. Er konnte ihre Unterhaltung gut verstehen. Da horchte er auf. Sie sprachen von ihm.

„So viel Vorsprung, wie du meinst, kann der Kurier unmöglich haben“, sagte der Kommandoführer. „Ihm blieb doch kein anderer Weg als der durch die Barabinensteppe.“

„Wer weiß denn, ob er überhaupt aus Omsk heraus ist“, versetzte der Deh-Baschi. „Vielleicht hält er sich dort irgendwo in der Stadt verborgen.“

„Das wäre natürlich großartig, denn dann brauchte Oberst Ogareff nicht zu fürchten, daß die verteufelten Depeschen ihr Ziel erreichen.“

„Soviel man hört“, begann der Deh-Baschi wieder, „ist der Kurier Sibirier. Da kennt er das Land wie seine Westentasche und ist möglicherweise vorübergehend von der Landstraße nach Irkutsk abgewichen."

„Dann lägen wir ja vor ihm, denn wir sind doch kaum eine Stunde nach ihm aus Omsk geritten und haben immer den kürzesten Weg eingehalten. Jedenfalls, ob er nun noch in Omsk steckt oder ob wir vor ihm in Tomsk sind und ihm dort den Weg abschneiden – Irkutsk wird er nicht erreichen."

„Eine verteufelte Frau übrigens, diese alte Sibirierin – sie ist bestimmt seine Mutter", hörte er wieder die Stimme des Rottenführers.

Dem Kurier klopfte das Herz.

„Meine ich auch", versetzte der Pendja-Baschi. „Auch durch ihr Leugnen wird Oberst Ogareff sich nicht täuschen lassen. Er wird die alte Hexe schon zum Reden bringen, wenn es ihm passend erscheint!"

Wie Dolchstiche trafen diese Worte Strogoff. Nur mit Mühe zwang er sich zur Ruhe.

Wenigstens wußte er jetzt, woran er war und was er von Iwan Ogareff zu erwarten hatte.

Daß seine Mutter eher sterben würde als irgendein Wort verraten, das war ihm klar. Aber wie soll ein Sohn es verwinden, die Mutter um seinetwillen solcher gewalttätigen Behandlung ausgesetzt zu wissen! Nie hatte Strogoff in seinem Leben einen Menschen so gehaßt wie jetzt den Obersten Ogareff, diesen nichtswürdigen Vaterlandsverräter.

Angestrengt lauschte der Kurier weiter dem Gespräch der beiden usbekischen Führer. Von Norden her, so erfuhr er, rückten russische Truppen, etwa zweitausend Mann, in Richtung Tomsk heran. „Natürlich sind sie viel zu schwach", hörte Strogoff den Pendja-Baschi sagen: „Feofar-Khan wird sie schnappen und zusammenhauen, ehe sie überhaupt zur Besinnung kommen."

Der Kurier nahm all diese Neuigkeiten mit Besorgnis zur Kenntnis. Wenn die Angaben des Usbeken zutrafen, würde die

Lage in der Tat bedrohlich. Dann hatten die Tataren nämlich die Straße nach Irkutsk unangefochten in ihrem Besitz.

Es war etwa eine Stunde nach Mitternacht. Ich muß ihnen noch in der Dunkelheit entkommen, dachte Strogoff. Er wußte genau, daß es schwierig sein würde, die Straße unbemerkt zu erreichen. Auf der Rückseite des Dickichts konnte er sich wegen des tiefen Wasserlaufes und des hohen Stechginsters nicht zurückziehen, denn in dem buschbewachsenen Gelände würden die Reiter ihn schnell umzingeln.

Sein Fluchtweg konnte nur über die Landstraße führen. Wenn ich am Waldrand entlangschleiche und mindestens einen viertel Werst Vorsprung habe, so muß ich es bis zum Ob eigentlich schaffen, sagte sich der Kurier. Er war zum Äußersten entschlossen.

„Es muß gelingen – und wenn der Gaul tot zusammenbricht", knurrte er. Was bedurfte es vieler Worte und vieler Gedanken: Es ging hier um Tod und Leben, es ging um den Auftrag, den auszuführen er dem Zaren selber gelobt hatte, und es ging um die Mutter.

Jeder Augenblick war jetzt kostbar, denn bei dem Reiterhaufen bemerkte er bereits etwas Unruhe. Ein paar Usbeken waren aufgestanden, um sich die Füße zu vertreten.

Vorsichtig, jedes Geräusch vermeidend, kroch er zu seinem Pferd zurück. Glücklicherweise erloschen gerade jetzt die letzten Fackeln, so daß Strogoff einigermaßen im Schatten lag. Schnell zäumte er das Pferd auf und zog es dann behutsam hinter sich her. Das treue Tier verhielt sich die ganze Zeit so still, als ahnte es die Gefahr, die es mit seinem Herrn teilte.

Trotzdem schienen ein paar Usbekengäule etwas zu bemerken. Sie hoben den Kopf und wandten sich dem Gehölz zu.

Strogoff hielt die schwere Reiterpistole in der Hand und war entschlossen, den ersten Angreifer zu erschießen. Glücklicherweise aber kam niemand näher. Unbehelligt erreichte der Kurier die Waldecke und damit den Rand der Straße.

Strogoff hatte die Absicht, das Pferd vorsichtig die etwa zweihundert Schritt bis zur Kurve zu führen und erst dort aufzusteigen. So konnte er hoffen, unbemerkt zu bleiben.

Aber da stieß plötzlich eines der Usbekenpferde ein Wiehern aus und kam zur Waldecke getrabt. Sein Reiter, der es zurückhalten wollte, stutzte betroffen, denn in der fahlen Dämmerung bemerkte er die verdächtige Gestalt.

„Halt!“ schrie er. „Haaaalt!“

Im Nu war der ganze Reitertrupp auf den Beinen, der Berittführer und sein Rottenführer brüllten ihre Befehle. Aber schon saß Michael im Sattel und preschte in mörderischem Tempo davon. Einiger Vorsprung war ihm sicher, denn die Usbeken mußten erst ihre Gäule aufzäumen.

Aber wie lange würde er diesen Vorsprung halten?

Wenige Minuten später hörte Michael schon hinter sich das Pferdegetrappel seiner Verfolger.

Schnell blickte er sich um. In der Morgendämmerung, sah er einen der Usbeken, der bedenklich näher kam.

Es war der Deh-Baschi. In wenigen Augenblicken würde er ihn erreichen können.

Ohne das wilde Tempo zu mäßigen, wandte Strogoff sich im Sattel um, zielte kurz und drückte den Abzug der Pistole. In die Brust getroffen, stürzte der Mann vom Pferde.

Die anderen aber ließen sich durch den Tod ihres Kameraden nicht abschrecken. Sie preschten heran, schimpften, fluchten und hieben den Gäulen die Sporen in die Weichen. Mehr und mehr verringerte sich der Abstand zwischen dem Kurier und seinen Verfolgern.

Noch war die Sonne nicht aufgegangen, aber ringsum war alles taghell. Etwa zwei Werst voraus zog sich ein baumbestandener Silberstreifen quer durchs Land: der Ob. Würde er die ersehnte Rettung sein? Wie sollte das Rennen auf Leben und Tod ausgehen? Jeden Augenblick konnte sein Pferd zusammenbrechen.

Keine fünfzig Schritt waren die Verfolger hinter ihm, als er am Ufer des Stromes ankam. Zum Greifen nahe lag drüben ein Städtchen.

„Jetzt Mut, mein Tierchen, Mut!“ rief Michael. „Zeig noch einmal, was du kannst!“

Mit einem kühnen Verzweiflungssatz stürzte er sich in den Strom. Ungefähr einen halben Werst ist der Ob an dieser Stelle breit.

Schon hatte die Strömung das Paar gepackt. Das treue Tier kämpfte tapfer dagegen an.

Nun waren auch die Verfolger am Ufer. „Hinein!" schrie der Pendja-Baschi, aber keiner der Reiter wagte sich in die reißende Strömung.

Da riß der Berittführer sein Gewehr aus dem Sattelgurt, legte an und zielte sorgfältig.

Strogoff war inzwischen schon weit vom Ufer entfernt, aber dem Gewehrschuß konnte er nicht entgehen. In der Flanke getroffen, sackte das Pferd unter ihm in die Tiefe. Nur mit Mühe löste er im letzten Augenblick die Füße aus den Steigbügeln. Geschickt hielt er sich möglichst lange unter Wasser und erreichte trotz der Geschosse, mit denen seine Verfolger ihn überschütteten, das Ufer. Ungesehen verschwand er im Uferschilf.

Gefangen

Aufatmend stand Michael Strogoff auf dem festen Boden. Fürs erste war er in Sicherheit. Wie aber sollte er ohne Reittier und ohne Verpflegung inmitten der verwüsteten, ausgeraubten Landschaft hoffen dürfen, sein Ziel zu erreichen, von dem er noch so unendlich weit entfernt war?

„Ich werde es schaffen!" stieß er, sich selbst Mut zusprechend, hervor. Ob die usbekischen Reiter annahmen, daß er ertrunken sei? Sicherlich hatten sie nicht beobachten können, wie er sich ans Ufer rettete.

Daß er nicht wagen konnte, die Stadt Tomsk zu betreten, war ihm klar. Trotzdem mußte er sich irgendwo ein Pferd besorgen.

In geringer Entfernung lag auf einem Höhenrücken Kolywan, das er vom jenseitigen Ufer aus schon gesehen hatte. Prächtig hoben sich die grünen Kuppeln der Kirchen gegen den Morgenhimmel ab. Strogoff konnte damit rechnen, daß das Städtchen noch unbesetzt war, denn die beiden Stoßkeile der Feinde gingen an Kolywan vorbei auf Omsk und auf Tomsk zu.

Es war drei Uhr morgens. Nirgends ringsum regte sich menschliches Leben. Offenbar war die Landbevölkerung aus Furcht vor den Tataren schon nach Norden ins Gouvernement Jeniseisk ausgewichen.

Michael Strogoff beeilte sich deshalb, die Stadt zu erreichen.

Da – war das nicht Geschützdonner? Der Kurier lauschte.

Jetzt vernahm er deutlich das dumpfe Rollen und scharfes Knattern der Gewehre.

Ohne Zweifel ist das russische Korps auf die Tatarenarmee gestoßen, sagte er sich. Hoffentlich erreiche ich vor ihnen die Stadt.

Michael Strogoff hatte sich nicht getäuscht. Bald wurden die Detonationen deutlicher, und hinter der Stadt erkannte er die Abschüsse der Artillerie.

Seine Verfolger auf dem jenseitigen Ufer hatten haltgemacht. Offenbar planten sie nicht, in die Schlacht einzugreifen. Von ihnen habe ich also nichts zu befürchten, dachte der Kurier beruhigt.

Das Krachen der Geschütze war stärker geworden und schien näher zu kommen. Deutlich hörte man jeden einzelnen Abschuß. Offenbar sollte Kolywan von Norden her angegriffen werden. Aber wer waren die Angreifer und wer die Verteidiger? Noch konnte Strogoff nicht feststellen, auf welcher Seite die Russen und auf welcher Feofar-Khans Truppen standen.

Etwa einen halben Werst war er noch von der Stadt entfernt, als aus dem Häusergewirr eine Feuergarbe flammend emporschoß. Krachend stürzte ein Kirchturm in einem Wirbel von Schutt und Rauch in sich zusammen.

Ob bereits in der Stadt selber gekämpft wurde? Der Kurier mußte vorsichtig sein. Hier darf ich meinen Auftrag nicht wieder aufs Spiel setzen wie in Omsk, dachte er.

Kurz entschlossen änderte Strogoff seinen Plan, bog vom Flußufer ab und wandte sich nach Osten.

Das Geschützfeuer schien jetzt seinen Höhepunkt zu erreichen. Ringsum krachte es, und in Sekundenschnelle schossen überall in der Stadt die Flammen auf.

Michael Strogoff rannte quer durch die Steppe. Nur wenige Bäume boten ihm Deckung. Da – rechts vor ihm ein Trupp tatarischer Reiter, die auf die Stadt zupreschten.

Strogoff stürzte auf ein nahes Gebüsch zu, das ihm Schutz bot. Zu seinem Erstaunen entdeckte er dort ein Haus. Dieses Haus – er erkannte es an den Drähten – war ein Telegraphenamt! Natürlich war es verlassen, glaubte der Kurier, aber er würde hier doch wohl vorläufig Unterschlupf finden und sich etwas ausruhen können.

Noch mehr aber erstaunte Strogoff, als er die Tür aufstieß. Als befände man sich im tiefsten Frieden, saß dort am Schalter ein zaristischer Beamter und wartete auf sein Publikum. Was draußen vorging, schien diesen phlegmatischen jungen Mann nicht zu interessieren.

„Was gibt es an neuen Nachrichten?“ fragte der Kurier erregt.

„Mir liegen keine vor“, versetzte der Mann mit undurchdringlicher Miene.

„Es tobt doch ein Gefecht zwischen Russen und Tataren.“

„Möglich.“

„Aber wer ist denn im Vorteil?“

„Liegt keine Meldung vor.“

So etwas an unentwegter Gleichgültigkeit hatte Michael noch nicht erlebt.

„Ist der Draht noch nicht zerschnitten?“ fragte er aufgebracht.

„Zwischen Kolywan und Krasnojarsk. Aber zur russischen Grenze hin ist die Leitung noch in Ordnung.“

„Für amtliche Sachen?“

„Auch für private. Das heißt natürlich, gegen Bezahlung. Das Wort zu zehn Kopeken. Stehe zu Ihrer Verfügung!“

Michael Strogoff schüttelte verständnislos den Kopf. Er wollte diesen unerschütterlichen Beamten gerade um etwas Brot und Wasser bitten, als die Haustür plötzlich aufgerissen wurde.

Mit einem Satz wollte der Kurier zum Fenster hinaus. Da bemerkte er zum Glück noch, daß die beiden Eintretenden keinerlei Ähnlichkeit mit Tataren hatten.

Es waren vielmehr Strogoffs alte Bekannte, die beiden Reporter. Hier allerdings waren sie nicht Reisegefährten, sondern Konkurrenten, denn es ging ja um ihre Berichte vom Kriegsschauplatz.

Sie hatten Ischmir nur wenige Stunden nach Strogoff verlassen und ihn auf dem Wege nach Kolywan leicht überholen können, weil er ja am Irtysch die drei wertvollen Tage eingebüßt hatte.

Die beiden hatten das Gefecht vor Kolywan genau und mit journalistischem Eifer beobachtet und sich erst zurückgezogen, als die Kampfhandlungen auf die Stadt übergriffen. Nun kamen sie angehastet, um ihre Telegramme aufzugeben.

In ihrem Eifer bemerkten sie den Kurier nicht, der noch in der Fensterecke stand. Hoffentlich werde ich jetzt einiges Neue über die Lage in Kolywan hören, dachte Strogoff.

Der Engländer war vor seinem Kollegen am Schalter.

„Zehn Kopeken pro Wort", sagte der Beamte und nahm das Telegramm entgegen, als wäre es die selbstverständlichste Sache von der Welt. Etwas verblüfft blickte dagegen der französische Kollege, als Mister Blount eine ganze Rolle Rubel auf dem Schalterrand aufbaute.

Unerschütterlich wie bisher gab der Beamte das Telegramm durch: „Daily Telegraph, London. Aus Kolywan, Gouvernement Omsk, Sibirien. Datum 6. August. Erste Gefechtsberührung zwischen russischen und tatarischen Truppenverbänden . . ."

Da der Telegraphist den Text zu Überprüfung laut vorlas, hatte Strogoff hier die beste Möglichkeit, Neuigkeiten zu erfahren.

„Russische Truppen verlustreich zurückgeschlagen, Tataren dringen am selben Tage in Kolywan ein", hieß es zum Schluß.

„Jetzt bin ich dran!" rief Jolivet voller Ungeduld und wollte sein Telegramm hinüberreichen, das wieder an seine Cousine in Paris ging.

Aber Mister Blount war noch nicht bereit, seinen Platz zu räumen. Vielleicht gab es inzwischen Neues, das er noch vor seinem Konkurrenten durchgeben konnte.

„Sie sind aber doch fertig", knurrte Alcide Jolivet.

„Irrtum, Monsieur", versetzte der andere lächelnd, kritzelte eine neue Zeile auf seinen Block und reichte ihn durch den Schalter.

Seelenruhig fuhr der Beamte fort, den Durchgabetext zu lesen: „Am Anfang schuf Gott Himmel und Erde . . ."

Strogoff glaubte seinen Ohren nicht zu trauen: Um Vorsprung für seine Zeitung zu gewinnen, ließ der Reporter einfach den Bibeltext aus der Schöpfungsgeschichte durchgeben!

Monsieur Jolivet wollte platzen vor Wut. Natürlich kannte er diese Art von Kriegslist in Reporterkreisen, versuchte aber dennoch, den Beamten für sich zu gewinnen.

Der ließ sich freilich auch jetzt nicht aus der Ruhe bringen und sagte liebenswürdig: „Der Herr ist in seinem Recht." Pflichtgetreu fuhr er fort, den Bibeltext an den Daily Telegraph aufzunehmen.

Harry Blount trat inzwischen ans Fenster und richtete sein Fernglas auf die Stadt, und gleich darauf ließ er den laufenden Bibeltext abbrechen: „Zwei Kirchen stehen in Flammen. Brand erfaßt die rechte Stadtseite. Und die Erde war wüst und leer, und es war finster über der Tiefe."

Monsieur Jolivet wurde ungeduldig. „Lassen Sie mich doch jetzt", versuchte er. Der Beamte aber war nicht zu erschüttern.

„Dieser Herr hier ist in seinem Recht, absolut. Das Wort kostet zehn Kopeken." Unbekümmert nahm er Blounts weitere Meldungen auf:

„Russische Flüchtlinge drängen aus der Stadt. Und Gott sprach, es werde Licht, und es ward . . ."

Jolivet wußte nicht mehr, wie er seinen Zorn bändigen sollte.

Ruhig stand der Kollege weiter am Fenster, beobachtete und diktierte, beobachtete . . .

Da erwischte Jolivet eine etwas zu lang geratene Pause, trat schnell an den Schalter, baute erst einmal eine ansehnliche Rolle Rubel auf dem Schalterbrett auf und begann, sein Telegramm durchzugeben. Wieder las der Beamte den Text laut:

„Madeleine Jolivet, Foubourg, Montmartre Paris, aus Kolywan. Gouvernement Omsk, Sibirien, 6. August. Flüchtlinge strömen aus der Stadt. Russen vernichtend geschlagen. Tatarische Kavallerie auf der Verfolgung."

Inzwischen wollte Harry Blount sein Telegramm weiterführen, aber der liebe Kollege war noch nicht fertig,

„Ein Männlein klein steht in Paris, das trägt ein Röcklein gräulich-gries", so fuhr er lächelnd in seinem Text fort.

„Was soll das denn?" fuhr der Engländer auf.

„Die Rache des kleinen Mannes", lächelte Jolivet.

Das Gefecht wurde jetzt immer heftiger. Die Kampfhandlungen rückten in bedrohliche Nähe. Der Geschützdonner wuchs von Minute zu Minute. Jolivet diktierte gerade die zweite Strophe seines Kindergedichts:

„Pausbäcklein hat der kleine Held und in den Säcken Geld, viel Geld –".

Da erbebte das Gebäude in allen Fugen. Eine Granate hatte die Wand durchschlagen – glücklicherweise, ohne zu explodieren. Im selben Moment hatte der Reporter sie mit beiden Händen gepackt und zum Fenster hinausgeschleudert. Kaltbütig nahm er seinen Platz am Schalter wieder ein und fuhr im Diktat fort, während die Granate draußen krepierte und den Raum in Staubwolken hüllte. „Sechspfünder-Durchschlag soeben in Telegraphenstation. In Erwartung weiterer gleichen Kalibers . . .", diktierte Jolivet.

Gewehrfeuer in unmittelbarer Nähe unterbrach ihn. Krachend

zersplitterten die Fensterläden. In die Schulter getroffen, brach Mister Blount zusammen.

Jolivets erste Sorge war, seiner Depesche noch diese Neuigkeit anzufügen: „Daily-Telegraph-Reporter an meiner Seite von Granatsplitter verwundet.“

„Die Leitung ist gestört“, sagte der Beamte hinter dem Schalter mit seiner aufreizenden Ruhe, stellte den beiden Kunden die Rechnung zusammen und verließ den Telegraphenraum.

Wenige Augenblicke später drang ein Trupp Tataren in das Gebäude. Keiner der drei Männer hatte Zeit zur Flucht, so tapfer Monsieur Jolivet sich auch mühte, mit seinem verwundeten Kollegen zu entkommen. Strogoff, der aus dem Fenster sprang, wurde von zwei Tataren brutal zu Boden geschlagen.

Im Tatarenlager

Eine Tagesreise von Kolywan entfernt erstreckte sich eine weite, spärlich bewachsene Ebene.

Nirgends sah man die mächtigen Herden, die sonst während des Sommers hier weideten, denn Feofar-Khan, der grausame Emir, hatte hier sein Hauptquartier aufgeschlagen.

Gerade wurden in das riesige Zeltlager die paar Hundert Gefangenen geführt, die aus dem russischen Korps die Schlacht bei Kolywan überlebt hatten.

Jenseits des Urals stand es äußerst schlecht für die russische Regierung. Die tatarischen Horden befanden sich im Herzen Sibiriens und bildeten eine ernste Bedrohung für alle West- und Ostprovinzen. Irkutsk und mit ihm der Großfürst, des Zaren Bruder, hatten keinerlei Verbindung mehr mit dem europäischen Rußland. Trafen die Ersatztruppen nicht rechtzeitig ein, so bestand nur ganz geringe Aussicht, den herandrängenden Tataren Widerstand zu leisten.

Und wie sollte es wohl dem Großfürsten ergehen, wenn er in Iwan Ogareffs Gewalt geriet?

Michael Strogoff und die Reporter wurden als Gefangene wie ein Stück Vieh weggetrieben. Ich bin gottlob unverwundet, und je weiter ich in Richtung Tomsk komme, desto mehr nähere ich mich meinem Ziel, versuchte Strogoff seine Lage positiv zu bedenken.

Zufrieden tastete er nach seiner Brust, wo auf bloßer Haut der

Kurierbrief lag. Er hatte die feste Zuversicht, daß es ihm gelingen werde, der Gefangenschaft zu entkommen.

Das Feldlager des Emirs war mit orientalischem Prunk ausgestattet: Zelte aus bunten Fellen und aus Seide standen mit ihren Wipfeln und Standarten im Sonnenglanz. Prächtig hoben sich die farbenfreudigen Zelte der Seids und der Khodjas heraus, die zu den Großwürdenträgern des Khans zählten, und die Häuptlingszelte, die am rot-weißen Mast die Fahne mit dem Roßschweif trugen. Zahllos schlossen sich daran turkomanische Zelte an – nicht weniger als hundertfünfzigtausend Mann beherbergte das riesige Feldlager: Fußvolk und Reiterei, Männer aus allen Teilen und allen Stämmen des gewaltigen Tatarenreiches, aus dem Khanat Khokhand und Kunduz, hochgewachsene Tadschiks aus dem Süden, dunkelhäutige Männer aus Turkestan, Usbeken und Kirgisen mit stumpfen Kalmückengesichtern, rundköpfige Mongolen, die ihr schwarzes Haar als Zopf trugen; selbst Afghanen fanden sich in dieser buntgewürfelten Heermasse, prächtige Arabergestalten und schlitzäugige Turkmenen, sogar persische Sklavenkompanien.

Verschieden wie die Männer, die Feofar-Khan unter seiner Fahne vereinigte, waren Kleidung und Ausrüstung: neben mittelalterlichen Steinschloßgewehren und Pfeil und Bogen asiatischer Art sah man modernste Ausrüstung. Verschieden waren auch die Pferde, die in unendlicher Zahl angepflockt standen, dazu Tausende von Lasttieren, kräftige Kamele, Einhöcker mit rotgelbem Fell, eine Unzahl von Eseln, die unübertrefflich im Lastentragen und außerdem ein wichtiger Bestandteil für die Verpflegung waren.

Feofar-Khans Zelt überragte alle anderen. Mit mächtigen Streifen aus schwerer Seide, die von goldenen Schnüren zusammengehalten wurden, stand es in der Mitte einer weiten Lichtung. Vor dem Zelt lag aufgeschlagen auf einem kostbaren, edelsteinbesetzten Tisch die Heilige Schrift der Mohammedaner, der Koran.

Im Halbkreis hatten die Würdenträger der Khanats ihre Zelte errichtet: der Oberstallmeister, der Siegelbewahrer, der Kommandierende der Artillerie, der höchste Priester und der Oberste Astrologe, ohne dessen Rat der Feofar-Khan niemals seinen Standort wechselte.

Strogoffs Blick schweifte über das malerische, buntbewegte Bild, als er mit den Gefangenen ins Lager eingetrieben wurde. Von allen Seiten wirbelten die Trommeln, Trompeten schmetterten, und Gewehrschüsse knatterten dazwischen.

Man jagte die Wehrlosen unter Mißhandlungen in einen eingezäumten Platz, wo sie unter freiem Himmel und ohne Verpflegung die Entscheidung Feofar-Khans abzuwarten hatten. Jeder wußte, ein Wink von ihm genügte, ein grausiges Strafgericht heraufzuschwören.

Strogoff war mit seinem Los gar nicht unzufrieden. Man würde ihn wohl nach Tomsk führen. Mehr kann ich nicht verlangen, sagte er sich, denn bei der Unsicherheit, die zur Zeit in der Steppe herrschte, war dieser Gefangenentransport wirklich der sicherste Weg, ungehindert die Stadt zu erreichen.

Habe ich erst Tomsk hinter mir, soll nichts mich hindern, die Vorpostenkette zu durchbrechen und über den Jenissej hinweg, Krasnojarsk zu erreichen, ehe die Tataren auch dieses Gebiet in ihrer Hand haben. Das war sein fester Vorsatz.

„Es müßte doch mit dem Teufel zugehen, wenn ich nicht vor ihnen Irkutsk erreiche", knurrte er verbissen.

Größere Sorge bereitete ihm die Möglichkeit, dem Obersten Iwan Ogareff im Lager zu begegnen. Es war nicht nur die Befürchtung, von ihm erkannt zu werden. Wichtiger war es, einen Vorsprung vor ihm zu haben. Vereinigte Ogareff erst seine Truppen mit Feofar-Khans Hauptheer, so würde es nicht mehr lange dauern, bis sie gemeinsam unmittelbar gegen Irkutsk vorgingen.

Im Gefangenenzuge waren auch die beiden Zeitungsreporter mitgeschleppt worden. Auch jetzt schien es Michael Strogoff besser, sich von ihnen fernzuhalten, denn er wollte ja zu gegebener Zeit seine volle Handlungsfreiheit behalten.

„Wir müssen zusehen, daß wir bei nächster Gelegenheit entfliehen können“, hörte er den Engländer sagen.

„Einverstanden, wenn das das einzige Mittel sein sollte, freizukommen“, versetzte Jolivet.

„So wissen Sie ein besseres?“ Der verwundete Reporter blickte gespannt auf seinen Kollegen.

„Ich glaube schon. Immerhin sind wir ja nicht Soldaten, sondern unbeteiligte Schlachtenbummler und haben den Paß eines neutralen Landes. Wir müssen uns ganz einfach beschweren!“

„Beschweren?! Etwa bei Feofar-Khan, dem Emir?“

„Da würden wir sicherlich kaum auf Gegenliebe stoßen“, erklärte Jolivet. „Ich meine vielmehr, bei seinem Mitbefehlshaber Ogareff.“

„Der ist doch ein ganz übler Schurke.“

„Wohl richtig. Aber immerhin ein Russe, der die Bestimmungen des westlichen Völkerrechts kennt und weiß, daß man sie achten muß. Und was sollte ihm wohl daran liegen, uns noch weiter zurückzuhalten? Ich habe keine Bedenken, daß ich mich bei ihm durchsetzen werde.“

„Vielleicht. Aber abgesehen davon ist Ogareff ja gar nicht hier im Lager. Sicherlich hätten wir ihn sonst schon bemerkt.“

Für Monsieur Jolivet stand es fest, daß Oberst Ogareff hier auf die Hauptarmee stoßen werde, um gemeinsam mit Feofar-Khan gegen Irkutsk vorzugehen.

„Und wenn wir erst frei sind“, fuhr Jolivet voller Zuversicht fort, „folgen wir den Tataren weiter, bis sich die Gelegenheit bietet, zu den russischen Truppen überzugehen. Sie wollen doch nicht etwa nach diesem kleinen Mißerfolg aufgeben? Das tut kein rechter Reporter! Sind Sie nicht stolz, daß Sie für Ihren Daily Telegraph haben bluten dürfen?“

Vier Tage vergingen, ohne daß sich im Dasein der Gefangenen etwas änderte. Von Abtransport war nicht die Rede, und die Bewachung war so streng, daß an ein Ausbrechen überhaupt nicht zu denken war. Die Verpflegung reichte gerade aus, um die Gefangenen vor dem Verhungern zu bewahren; sie bestand aus einem Stückchen Ziegenfleisch und etwas Kraut, dem Schafskäse der Kirgisen.

Schlimm wurde der Aufenthalt unter freiem Himmel, als Sturm und Regen aufkamen und die Ärmsten schutzlos den Unbilden der Witterung ausgesetzt waren. Ein paar Verwundete, einige Frauen und Kinder waren der Belastung nicht gewachsen und starben. Für die Beisetzung der Leichen mußten die Gefangenen selber sorgen.

Die beiden Reporter zeigten sich von ihrer besten Seite und machten sich nützlich, wo sie konnten. Überall legten sie Hand an, wo es zu helfen galt, berieten und pflegten ihre Mitgefangenen und sprachen ihnen Mut zu.

Wie lange aber sollte dieser furchtbare Zustand noch andauern? War Feofar-Khan mit seinen bisherigen Erfolgen so zufrieden, daß er hier eine lange Rast einlegte, ehe es gegen Irkutsk ging?

Michael Strogoff starrte voller Sorge vor sich hin.

Natürlich, er mußte ein Zusammentreffen mit Iwan Ogareff fürchten, aber solange er nicht zur Stelle war, würde sich in dem aufreibenden Wartenmüssen wohl nichts ändern.

Die beiden Reporter dagegen setzten ihre ganze Hoffnung auf die Ankunft des verräterischen Obersten. Und wirklich, am 12. August schraken die Gefangenen plötzlich auf. Trommeln wirbelten, Trompeten schmetterten und Gewehrschüsse knatterten dazwischen. Eine ungeheure Staubwolke wälzte sich auf der Straße von Kolywan heran.

An der Spitze eines ganzen Armeekorps zog Iwan Ogareff ins Feldlager der Tataren ein.

Bei den Truppen, die er heranführte, handelte es sich um die Verbände, die Omsk genommen hatte. Die „Obere Stadt“, in die der Gouverneur zurückgegangen war, hatte man allerdings trotz aller Anstrengungen nicht besetzen können. Ogareff hatte beschlossen, sich vorerst mit dem Hauptheer zu verbinden, um den großen Feldzugsplan nicht zu stören. Eine kleine Abteilung, die er zurückließ, genügte vollauf, die Belagerung fortzusetzen.

Mit seinen Truppen führte Ogareff aus den Kämpfen um Omsk und Kolywan auch viele russische und sibirische Zivilgefangene mit. In dem eingezäunten Pferch im Lager selber war kein Fleckchen mehr frei. So ließ man sie, brutal zusammengedrängt und nur notdürftig verpflegt, vor dem Lagereingang. Was mit ihnen geschehen sollte, mußte sich jetzt entscheiden. Sollten sie nach Tomsk in ein Internierungslager, oder würde Feofar-Khan sie – nach vielfach bewährter Methode – einfach umbringen lassen? Vorläufig wußte nur er allein es.

Im Gefolge des riesigen Heerhaufens befand sich auch ein ganzer Zug von Zigeunern und Bettlern, wie sie damals immer zum Troß solcher marschierenden Verbände gehörten. Sie allein lebten vom Plündern der Ortschaften, die man durchzog.

Auch um sich immer wieder frisch mit Proviant versorgen zu können, mußte also das Heer seinen Vormarsch beschleunigen.

Der ganze Landstrich zwischen dem Obi und dem Ischim war schon abgegrast und verwüstet. Sollten russische Truppenverbände nachsetzen, so würden sie hier keine Brotrinde und keinen Futterhalm mehr herausholen können.

Unter den Zigeunern in Ogareffs Heereszug war auch die Truppe, auf die Michael bereits in Perm aufmerksam geworden war, und Zangarra, die unübertreffliche Spionin. Nur wenige Tage hatte sie sich von ihrem Herrn und Meister getrennt, als Ogareff es eilig hatte, nach Ischim zu gelangen, während die Tanzgruppe auf dem Südwege nach Omsk zog.

Was Zangarra für den einstigen Obersten bedeutete, war durch kein Geld aufzuwiegen. Mit ihrer Zigeunertruppe drängte sie sich überall auf, sah und hörte alles und berichtete es sofort. Iwan Ogareff wußte es zu schätzen, daß hundert Augen und hundert Ohren für ihn auf der Wacht waren, und zeigte sich nicht kleinlich, die Spitzeldienste zu entlohnen.

Die Zigeunerin war dem gewaltigen Manne mit Leib und Seele ergeben, seit Ogareff sie einmal aus Lebensgefahr gerettet hatte. Das lag schon Jahre zurück, aber die leidenschaftliche Frau konnte es nie vergessen. Als Iwan Ogareff, der zaristische Oberst, dann abtrünnig wurde, wurde ihm klar, was die heimatlose Frau für ihn bedeutete. Vom ersten Tag an war sie in seiner Nähe, und auch den schwierigsten Auftrag führte Zangarra, verschlagen wie ein Fuchs, zu seiner Zufriedenheit aus, ohne Mitleid und Erbarmen – wie eine Sklavin, die sich ihrem Herrn unlöslich verbunden weiß.

Seit Iwan Ogareff in Omsk eingetroffen war, hielt sich Zangarra wieder in seiner Nähe auf. So wußte sie aus seinem Munde die Begebenheit mit dem Kurier, der die vermeintliche Mutter verleugnet hatte. Sie wußte, daß Ogareff den Mann verfolgen ließ und daß er jene Marfa Strogoff, die unter den Gefangenen war, für die Mutter des Kuriers hielt.

„Sieh zu, Zangarra", hatte er zu seiner Helferin gesagt, „daß du der grimmigen Alten das Geheimnis abjagst!"

Die Zigeunerin hatte genickt und mit lauerndem Blick geantwortet: „Ich werde sie nicht aus den Augen lassen."

Unter Fanfarengeschmetter wurde Iwan Ogareff zu Feofar-Khans Zelt geleitet. Die ehrerbietige Begrüßung durch die hohen Würdenträger hatte er – immer noch in seiner russischen Uniform – nur kühl und mit undurchdringlichem Gesicht erwidert.

Gerade als er sein Pferd wieder bestieg, trat Zangarra vor ihn.

„Nichts", sagte sie leise.

„Ich werde sie zu gegebener Zeit zwingen", gab er in demselben Ton zurück.

„Wann?"

„In drei Tagen. In Tomsk."

Zangarra wußte genug.

In Feofar-Khans prunkvollem Zelt stand Ogareff dann dem mächtigen Tatarenfürsten gegenüber. Der Mongole war ein hochgewachsener Mann von vierzig Jahren, mit kleinen, stechenden

Augen und einem schwarzen Ringelbart, der bis auf die Brust reichte. Er trug die asiatische Mütze, ein golddurchwirktes Panzerhemd und funkelndes Wehrgehänge, das mit kostbarsten Edelsteinen besetzt war und einen juwelengeschmückten Krummsäbel hielt – jeder Zoll ein Tatarenherrscher von unumschränkter Gewalt, in dessen Gutdünken Leben und Sterben jedes seiner Untertanen liegt. Sie nannten ihn ehrfurchtsvoll „Emir."

Er trat seinem Besucher entgegen und küßte ihn auf die Stirn. Das war eine hohe Ehre, denn Ogareff wurde damit zum Vorsitzenden des Rates erhoben und stand im Range über dem Khodja.

„Ich habe keine Fragen zu stellen", begann der Emir. „Sprich du selbst. Du wirst hier nur Ohren finden, die bereit sind, dir zuzuhören."

„Takhsir", begann Iwan Ogareff und redete den Emir damit mit dem Titel „Majestät" an, „laß mich dir Bericht erstatten." Um ihm entgegenzukommen, sprach er tatarisch.

„Ich will nicht viele Worte machen", fuhr der kluge Ogareff fort. „Was ich an der Spitze deiner Truppen geleistet habe, ist mir bekannt. Du weißt, daß das Gebiet vom Ischim bis zum Irtysch fest in unserer Hand ist; daß die turkmenischen Reiter ihre Gäule jetzt in Flüssen tränken können, die tatarisch sind; daß die Kirgisen dem Aufruf Feofar-Khans gefolgt sind und sich erhoben haben; daß Sibiriens Hauptstraße von Ischim bis Tomsk dir gehört; daß es dir freisteht, deine Truppen nach Ost oder nach West marschieren zu lassen –"

Im Gesicht des Emirs verriet keine Miene, was er zu tun beabsichtigte. „Und wenn ich mit der Sonne marschiere?" fragte er.

„Mit der Sonne? So wirst du in raschem Siegeslauf Sibiriens Provinzen von Tobolsk bis zum Uralgebirge erobern – und Europa liegt frei vor dir!"

„Und wenn ich der Himmelsfackel entgegenziehe?" fragte Emir.

„So wird Irkutsk und damit das weite Gebiet Mittelasiens unter tatarische Herrschaft fallen."

„Aber die Armeen des Sultans von Petersburg?" gab der Emir zu bedenken. Mit diesem seltsamen Titel bezeichnete er den Zaren.

„Dessen Truppen werden dir keine Sorge machen", versetzte Iwan Ogareff. „Unser Einfall kam ja überraschend. Bevor die russischen Armeen eingreifen können, sind Irkutsk und Tobolsk in unserer Hand. Wo sie uns entgegenzutreten wagen, wird es ihnen ergehen wie dem zaristischen Korps vor Kolywan, das von deinen tapferen Soldaten ganz aufgerieben ist."

Der Emir schwieg einen Augenblick: „Und welchen Rat gibst du mir?" fragte er dann.

„Nach Osten", versetzte Ogareff eifrig. „Zieh der Sonne entgegen! Uns muß daran gelegen sein, Irkutsk in unsere Gewalt zu bekommen. Mit dieser bedeutenden Hauptstadt von Ostsibirien hast du ein Pfand in der Hand, das dir ebensoviel wert sein muß wie die Herrschaft über ein ganzes Land. Du wirst kaum je damit rechnen können, den Zaren in deine Hände zu bekommen – aber hier bietet sich die Gelegenheit, seinen Bruder, den Großfürsten, zu fangen!"

Nur schwer verbarg der gewalttätige Mann in seinen Worten den tiefen Haß, der ihn antrieb – das unbändige Verlangen, sich am Großfürsten zu rächen.

„So will ich deinem Rate folgen, Iwan Ogareff!" sagte Feofar-Khan.

„Und was befiehlst du, Takhsir?"

„Noch heute wird unser Hauptquartier nach Tomsk verlegt!"

Der einstige russische Offizier verneigte sich tief vor dem Emir der Tataren. Zusammen mit dem Husch-Begi entfernte er sich dann, um die notwendigen Anweisungen zu geben.

Gerade als ihm vor dem Prunkzelt sein Pferd zugeführt wurde, drang vom Lagerplatz der Gefangenen eigentümlicher Lärm herüber. Jetzt vernahm man Geschrei und wütendes Schimpfen, und ein paar Schüsse knallten.

Versuchten die Gefangenen eine Meuterei?

Ogareff ritt mit seinem Begleiter auf das Lager zu, als vor ihnen zwei Männer auftauchten; wütend kamen ihnen ein paar Wachsoldaten nachgestürzt.

Schon machte der Husch-Begi ein unmißverständliches Zeichen, das den Krummsäbel der Soldaten galt, aber ehe diese zuschlagen konnten, griff Ogareff ein.

„Führ sie zu mir!" befahl er, denn er hatte erkannt, daß es sich bei den beiden Gefangenen um Ausländer handelte.

Vor ihm standen Harry Blount und Alicide Jolivet, die beiden Reporter. Sogleich nach Ogareffs Eintreffen im Lager hatten sie darauf gedrungen, vor ihn geführt zu werden, aber keiner der Wachsoldaten hatte ihnen Beachtung geschenkt. Auch jetzt, als sie den Obersten fortreiten sahen, hatten sie darum gebeten, aber wiederum vergeblich.

„Dann eben mit Gewalt!" hatte Jolivet seinem Kollegen zugerufen. Glücklicherweise gab es bei den Gewehrschüssen, mit denen man ihnen entgegentrat, keine Verwundung.

Doch jetzt hätte man sie – ohne Ogareffs Dazwischentreten – zweifellos einen Kopf kürzer gemacht.

Verblüfft erkannten die beiden Reporter in Ogareff sogleich jenen brutalen Reisenden wieder, der auf der Poststation von Ischim so rücksichtslos gegen ihren Reisegefährten Korpanoff vorgegangen war; zum Glück hatte der anmaßende Mann auf die beiden Zuschauer damals gar nicht geachtet.

„Wer sind Sie, meine Herren?" fragte Ogareff kalt und unfreundlich. Jolivet machte kein Hehl aus seiner Verachtung für den Verräter.

„Zwei Berichterstatter", versetzte Mister Blount kurz.

„Ich bin Engländer, mein Kollege Franzose."

„Sie haben ohne Frage Ausweispapiere –"

„Hier sind unsere Beglaubigungsschreiben, vom englischen und französischen Konsulat ausgestellt."

Ogareff nahm die Schreiben zur Hand und prüfte sie aufmerksam.

„Sie haben den Wunsch, unserem militärischen Vorgehen hier in Sibirien zu folgen, nicht wahr?"

Mister Blount schüttelte den Kopf. „Wir haben nur den Wunsch, frei zu sein", sagte er.

„Sie sind frei, meine Herren", versetzte Iwan Ogareff.

„Es wird mich interessieren, Ihre Berichte im Daily Telegraph zu lesen."

„Können Sie haben", gab Blount seelenruhig zur Antwort, „die Nummer kostet sechs Pence zuzüglich Postzustellungsgebühr."

Ogareffs Gesicht blieb undurchdringlich. Wortlos sprengte er an der Spitze seiner Abteilung davon.

„Na, Monsieur Jolivet, wie denken Sie über Iwan Ogareff, den General der Tataren?" fragte Blount seinen französischen Kollegen.

„Im Augenblick steckt mir noch die unmißverständliche Handbewegung des Husch-Begi in den Gliedern. Gott sei Dank, daß mein Kopf noch fest sitzt."

Der Engländer lächelte zurück. „Und was wollen wir jetzt mit unserer Freiheit anfangen?" fragte er.

„Mit unserer Freiheit? Wir gehen natürlich nach Tomsk, und dann warten wir erst mal ab, wie die Geschichte weiterläuft."

„Hoffentlich ergibt sich bald die Möglichkeit, daß wir uns den russischen Truppen anschließen können."

„Ganz meiner Meinung, lieber Kollege! Wenn wir noch lange in dieser Umgebung bleiben, werden wir, fürchte ich, noch selber Tataren."

Daß Oberst Ogareff jetzt im Lager war, bedeutete für Michael Strogoff natürlich eine große Gefahr, denn wie leicht konnte er von seinem verhaßten Gegner gesehen werden. Dann aber würde Ogareff in ihm sicherlich den Reisenden wiedererkennen, mit dem er den Zusammenstoß auf der Poststation gehabt hatte.

Trotzdem mußte der Kurier froh sein, daß Iwan Ogareff endlich im Lager war, denn er wußte, daß es nun weitergehen werde, weiter nach Tomsk und damit seinem Ziele näher.

Hinter der Stadt, sagte er sich, wird die Gelegenheit zur Flucht günstiger sein als hier, wo es im rückwärtigen Frontgebiet von soviel herumstreifenden Soldaten wimmelt.

Noch drei Tage Geduld – dann bin ich frei!

Drei Tage dauerte der Marsch, den die Gefangenen durch die Steppe bis nach Tomsk zurückzulegen hatten. Die beiden Reporter hatten sich Pferde besorgt und waren vorausgeritten. Für die gut ausgerüsteten Tataren und die berittenen Bewacher bedeuteten diese 150 Werst auch keine großen Schwierigkeiten, aber viele der Gefangenen waren den neuen Strapazen nicht mehr gewachsen und blieben am Wegrand liegen.

Im Zuge der Gefangenen schleppte sich auch eine Frau dahin, die sich wunderbar in ihr schweres Schicksal zu finden wußte. Keine Klage kam ihr über die Lippen, niemals ließ sie sich anmerken, wie schwer ihr die unmenschlichen Strapazen wurden. Auch daß sie ständig von Zangarra, der Zigeunerin, beobachtet wurde, schien sie nicht zu bemerken – oder kümmerte es die alte Frau nicht?

Unter ihren Leidensgefährten war ein junges Mädchen, das ihr bei jeder Gelegenheit zur Seite stand. Auch ihm war nicht anzumerken, wie sehr es unter den entsetzlichen Peinigungen litt.

Lange war zwischen den beiden kein Wort gefallen, denn Marfa Strogoff war die offenherzige Hilfsbereitschaft des reizenden jungen Mädchens fast verdächtig erschienen. Aber mit der Zeit schwand ihr Argwohn. Nadja Fedor – denn sie war es – entgalt durch ihre Fürsorge, ohne es zu wissen, die Hilfe, die Michael Strogoff ihr geleistet hatte.

Nach dem Überfall auf die Fähre hatten die Tataren sie nach Omsk geschleppt. Unendlich schwer bedrückte sie der vermeintliche Tod ihres treuen Begleiters Michael und der Gedanke, nun vielleicht für immer von ihrem Vater getrennt zu sein.

Unablässig stand ihr das Bild vor Augen, wie Strogoff in den Fluten des Stromes unterging, unaufhörlich zermarterte sie sich das Hirn, was es mit dem schmachvollen Auftritt in der Poststation auf sich gehabt haben mochte. Welches war der Grund dafür, daß Strogoff die furchtbare Beleidigung so stillschweigend hingenommen hatte? Was waren es für Pflichten, denen er folgte?

Könnte ich ihn rächen, dachte sie oft mit heißem Herzen. Und hätte sie gewußt, um welche Pflicht es sich handelte, so hätte sie keinen Augenblick gezögert, den Auftrag für ihn durchzuführen – für ihn, der stets wie ein Bruder für sie eingetreten war.

Daß Nadja sich zu der Alten hingezogen fühlte, lag wohl in der unerschütterlichen Ausgeglichenheit, die die Frau allen Qualen und Strapazen gegenüber zeigte; wie konnte sie sich nur so über alle Entbehrungen hinwegsetzen?

Nadja war überzeugt, daß die Alte an einem ähnlichen Kummer litt wie sie selber, und das stärkte ihr Mitgefühl.

So half sie der tapferen Frau in der selbstverständlichsten Weise, wo sie konnte, half ihr bei der Zuteilung des Essens, daß sie nicht beiseite gedrängt wurde, und half ihr auf dem beschwerlichen Marsch, daß sie nicht zurückblieb und dadurch die Knute zu spüren bekam.

Von ihrem eigenen Schicksal sprachen die beiden Leidensgefährtinnen in diesen schweren Tagen nicht. Beide hatten schwer an den schrecklichen Erlebnissen zu tragen. Aber allmählich wuchs Nadjas Vertrauen zu der bewunderungswürdigen alten Frau immer mehr, und so wagte sie, von dem zu sprechen, was sie so sehr belastete. Ohne etwas zu verheimlichen berichtete sie von ihrer Reise quer durch das weite Land, von ihrem treuen Begleiter, dem Kaufmann Korpanoff, von seiner brüderlichen Hilfsbereitschaft und von dem schrecklichen Abenteuer, bei dem er ihrer Meinung nach den Tod gefunden hatte.

Voller Aufmerksamkeit hörte Marfa zu. „Nikolaus Korpanoff?“ sagte sie eifrig. „Erzähle mir mehr von ihm.“ Sie wollte alles wissen, was Nadja von jenem Manne zu berichten wußte, und fragte immer von neuem.

„Hieß er auch wirklich Nikolaus Korpanoff?“ wollte sie wissen. Mit dem Instinkt der Mutter ahnte sie schon die Wahrheit:

nur ein Mensch konnte solche Unerschrockenheit zeigen und zugleich solche Zärtlichkeit und Fürsorge.

Aufmerksam hörte die Alte auch von der erregenden Szene in Ischim, wo Nadjas Reisegefährte mit dem brutalen Fremden zusammengeraten war und sich schweigend die unwürdige Behandlung hatte gefallen lassen.

„Haben Sie damals diesen Nikolaus Korpanoff verachtet?" fragte Marfa Strogoff erregt.

„Ich habe ihn bewundert, niemals mehr als gerade in diesem Augenblick – und dabei habe ich ihn doch nicht verstanden –".

Marfa Strogoff schwieg eine Weile. „Er war groß?" fragte sie schließlich.

Das junge Mädchen nickte.

„Und er sah gut aus? So reden Sie doch, liebe Tochter!"

Nadja wurde über und über rot. „Sehr gut sah er aus", sagte sie leise.

Die alte Frau konnte sich vor Erregung kaum fassen. „Hat er mit Ihnen denn nie von seiner Mutter gesprochen?"

„Aber sicher! Von ihr wie auch von seinem verstorbenen Vater. Seine Mutter wohnt in Omsk. Er verehrte sie sehr."

Da war es mit der Selbstbeherrschung der Alten zu Ende. „Sie sprechen von meinem Sohn!" rief sie unter Tränen. „Ja, es war mein Sohn."

In inniger Rührung umarmte sie das junge Mädchen.

Nadja war fassungslos.

„Warum hat er mich denn nicht in Omsk aufgesucht?" fragte die Alte schließlich.

„Er durfte nicht", sagte Nadja leise. „Er hatte Gründe, unerkannt zu bleiben. Es war irgendein Geheimnis – es ging für ihn um Ehre und um Pflicht."

Marfa Strogoff saß in tiefem Sinnen. Diese Worte ihrer jungen Leidensgefährtin nahmen ihr die letzten Zweifel. Nadjas Begleiter war ihr Michael, der in geheimem Kurierauftrag durch das feindliche Gebiet reiste und seine Mutter um dieser Pflicht willen verleugnen mußte.

Mein tapferer Junge, dachte Marfa, zutiefst gerührt, keine Folter soll mir das Geständnis abzwingen, daß du es warst, den ich in Omsk gesehen habe.

Sie hätte Nadja für all ihre aufopfernde Hilfsbereitschaft danken, sie hätte ihr sagen können, daß ihr Reisegefährte Michael Strogoff nicht den Tod in den Fluten des Irtysch gefunden und daß sie selber ihn noch ein paar Tage später gesehen und gesprochen hatte. Aber sie bezwang sich. Noch durfte sie nicht sprechen.

„Geben Sie die Hoffnung nicht auf!" sagte sie tröstend.

„Eines Tages hat auch die schwere Leidenszeit ein Ende. Dann dürfen Sie Ihren Vater wiedersehen – und vielleicht ist auch der, der Sie Schwester nannte, noch am Leben. Gottes Wege sind unerforschlich. Der Mensch darf die Hoffnung nie aufgeben!"

Das gnadenlose Verhör

Nadja war dem Schicksal dankbar, daß sie der leidgeprüften Marfa ein wenig für das danken konnte, was ihr Sohn auf der Reise für sie getan hatte.

Die beiden ahnten nicht, was sich bei Kolywan ereignet hatte und daß Michael gemeinsam mit ihnen als Gefangener nach Tomsk geführt wurde.

Tausende von Gefangenen umfaßte dieser Transport, die des Emirs und die anderen, die Iwan Ogareff hergeführt hatte: Russen und Sibirier, Frauen, Kinder und Greise. Einige, die für gefährlich galten, waren aneinandergebunden. Frauen sah man, die an die Sattelknöpfe gebunden waren und erbarmungslos mitgeschleift wurden. Wie das Vieh wurden die Gefangenen behandelt; wer das Tempo nicht mithalten konnte, stürzte eben – und blieb liegen.

So war es also nicht gegeben, daß die beiden Haufen sich vermischten, und das bedeutete, daß Michael Strogoff, der zu den Gefangenen von Kolywan gehörte, keinerlei Verbindung mit den anderen bekam. Er konnte daher nicht ahnen, daß seine Mutter und Nadja sich in dem großen Gefangenentransport befanden.

Unter unsäglichen Qualen, von der Knute der Begleitmannschaften angetrieben, schleppten sich die unglücklichen Gefangenen den endlosen Weg quer durch die Steppe – einhundertfünfzig Kilometer in glühender Sonne! Wasser gab es nicht, und mit brutaler Gewalt drängten die Soldaten auf Eile.

Es war ein grausames Martyrium. Michael Strogoff half, wo er konnte. An Flucht dachte er vorläufig nicht. Er wußte, daß er hier im „Schutze" des Emirs am sichersten seinem Ziele näher kam. Bis Tomsk wollte er warten.

Am Abend des 15. August stand der Gefangenentransport mit seinen kläglichen Resten noch ungefähr 30 Werst von Tomsk entfernt. Die armen Menschen bekamen Erlaubnis, sich dort an den Ufern des Toms zu lagern.

Der Emir wollte seinen Einmarsch in Tomsk mit großem Pomp feiern lassen. Iwan Ogareff würde ihm dann mit der Nachhut folgen, bei der sich der Gefangenentransport befand.

Die Gefangenen waren dem Verschmachten nahe und hatten sich gierig ans Wasser gedrängt. In dichten Reihen standen und lagen sie am Ufer, um den quälenden Durst zu löschen. Längst war die Sonne untergegangen, da endlich gelang es Marfa und Nadja, an das erquickende Wasser heranzukommen.

Ganz ermattet beugte die alte Frau sich übers Wasser. Nadja half ihr schöpfen und hielt ihr die vollen Hände an die Lippen. Erst dann dachte sie daran, ihren eigenen brennenden Durst zu befriedigen.

„Es ist, als ob neues Leben durch mich hindurchflösse", sagte die tapfere Marfa leise, als die beiden sich endlich vom Ufer abwandten.

Nadja nickte und blickte in die Runde. Plötzlich stieß sie einen

Schrei aus. War es ein Geist, der sich ihr da zeigte? Dort im Dämmerlicht, nur wenige Schritte vor ihr, stand jener Mann, jener Nikolaus Korpanoff, der auf der Reise ihr treuer Begleiter gewesen war. Nein, ein Irrtum war ganz unmöglich!

Michael Strogoff war bei Nadjas Aufschrei zusammengezuckt. Sofort aber hatte er sich wieder in der Gewalt. Kein Wort kam über seine Lippen, das ihn hätte verraten können, keine Bewegung. Natürlich hatte er Nadja und auch seine alte Mutter sofort erkannt. Nur mit übermenschlicher Gewalt bezwang er sich. Langsam wandte er sich um und ging davon.

Unwillkürlich wollte Nadja auf ihn zustürzen, aber Marfa hatte sich blitzschnell gefaßt und packte ihre Hand. „Bleib hier, meine Tochter!" flüsterte sie.

„Er ist es!" stieß Nadja hervor. „Er lebt! Er lebt!"

„Ja, es ist mein Sohn Michael. Und du siehst, Nadja, daß ich mich selbst zur Ruhe zwinge. Tu du es auch, mein Kind!"

Michael Strogoff fühlte sich in einem bitteren Konflikt. Seine Mutter war hier! Nadja war hier! Das Schicksal hatte sie in ihrem Unglück zusammengeführt. Ob Nadja nun wußte, wer er war? Nein, denn er hatte gesehen, wie seine tapfere Mutter sie zurückhielt.

Immer wieder war Strogoff in dieser langen Nacht nahe daran, zu seiner Mutter und zu Nadja zu eilen. Er kämpfte einen schweren Kampf mit sich selbst. Aber er dachte an den Schwur, den er dem Zaren geleistet hatte, und er wußte, was er riskierte. So sehr ihn auch das Herz zur Mutter und zu Nadja zog – Michael Strogoff blieb standhaft. Wären wir doch erst in Tomsk, ging es ihm immer wieder durch den Kopf. Dort wollte er fliehen – in die Steppe hinaus, und zwar ohne die beiden Frauen, denen sein ganzes Denken galt, noch einmal zu sehen.

Michael Strogoff ahnte nicht, daß die Zigeunerin Zangarra, Ogareffs Spionin, jeden Schritt seiner Mutter zu beobachten suchte. So war ihr auch die unauffällige Szene am Flußufer nicht entgangen: Sie sah, wie Marfa hastig ihre junge Begleiterin zurückhielt, und sie sah das Aufleuchten in den Augen der Alten.

Zwar hatte Zangarra nicht mehr feststellen können, wem die Bewegungen galten, aber es gab für sie keinerlei Zweifel.

Ohne Zeit damit zu verlieren, den Mann aufzuspüren, verließ sie in aller Eile den Lagerplatz der Gefangenen und eilte zu dem Zeltquartier, wo der Stab des Oberbefehlshabers rastete. Es war ihr nicht schwer, bei Iwan Ogareff vorgelassen zu werden.

„Was führt dich zu mir, Zangarra?" fragte er hart.

„Marfa Strogoffs Sohn ist hier im Lager", versetzte sie.

„Als Gefangener?"

„Als Gefangener!"

Wilder Triumpf zuckte über Ogareffs Mienen. „Ich werde ihn . . ."

Die Zigeunerin unterbrach ihn böse: „Was willst du denn? Wo du ihn doch gar nicht kennst . . ."

„Aber du kennst ihn doch, Zangarra! Du hast ihn doch gesehen!"

„Eben nicht. Aber ich habe gesehen, wie seine Mutter sich durch eine Bewegung verriet."

„Und wenn du dich getäuscht hast?"

„Ich habe mich nicht getäuscht."

„Du weißt genau, Zangarra, was mir daran liegt, diesen Kurier zu schnappen, denn ich bin sicher, daß er hochwichtige Nachrichten für den Großfürsten bei sich führt. Gelingt es dem Kurier zu warnen, sind all meine Bemühungen vergeblich; dann werde ich es nie schaffen, das Vertrauen des Großfürsten zu erringen, und das brauche ich, um Irkutsk in unsere Gewalt zu bringen."

Iwan Ogareff war voller Erregung bei dem Gedanken, den Kurier des verhaßten Zaren zu fassen.

„Irrst du dich auch wirklich nicht, Zangarra?" begann er wieder.

Sie schüttelte den Kopf.

„Aber wie sollen wir ihn unter Tausenden von Gefangenen herausfinden?“ fragte Ogareff nachdenklich.

In den Augen der Zigeunerin funkelte es von wildem Triumph. „Ich kenne ihn nicht, das stimmt – aber seine Mutter kennt ihn. Wir werden der Alten die Zunge lösen müssen!“

„Die Alte soll sprechen“, sagte er kurz. „Morgen soll es geschehen.“

Zangarra ging zum Lagerplatz der Gefangenen zurück, fand bald wieder beide Frauen und beobachtete sie unauffällig.

Weder Marfa noch Nadja konnten schlafen, so erschöpft sie auch waren. Sie fühlten sich wie im Fieber. Michael war am Leben, er war gefangen wie sie! Ob Iwan Ogareff davon Kenntnis hatte?

Nadja schien es immer noch kaum faßbar, daß der totgeglaubte Freund lebte. Aber Marfa sah weiter. Sie bangte voller Muttersorge um das Schicksal ihres Sohnes.

Zangarra ließ nichts unversucht. Geschmeidig wie eine Katze machte sie sich an die beiden Frauen heran und lauschte Stunde um Stunde. Ahnten die beiden Gefahr? Von ihren Lippen kam kein Wort, das sie hätte verraten können.

In der Morgenfrühe des nächsten Tages klangen Fanfaren über das Feldlager hin. Im Nu standen die Tataren in Waffen. Verloren in einer Gefangenengruppe stehend, sah Michael seinen Todfeind einreiten.

Umgeben von seinem Stabe, hielt Iwan Ogareff mit finsterem Gesicht vor den in Reih und Glied angetretenen Truppen. Zangarra huschte an ihm vorbei und gab ihm ein unmerkliches Zeichen, daß sie nichts Neues zu melden habe.

Er gab einem der Offiziere einen kurzen Befehl, und wenige Augenblicke später stürzte sich ein Kommando Soldaten zwischen die Gefangenen, trieb sie mit Knuten und Lanzenstößen an den Lagerzaun und zwang sie anzutreten. Eine vierfache Postenkette machte jedes Entweichen unmöglich.

Lastende Stille lag plötzlich über dem ganzen Lager. Auf einen Wink Ogareffs wandte sich Zangarra der Gruppe zu, wo Marfa und Nadja standen.

Blitzschnell erfaßte die alte Sibirierin, was ihr bevorstand.

„Du tust, als kennst du mich nicht", stieß sie hervor.

„Was auch eintreten mag und wie hart es auch wird – kein Wort, keine Bewegung! Es geht hier nicht um mich – es geht um ihn?"

Schon stand die Zigeunerin vor ihr. „Kommt!" sagte sie finster. Wortlos ließ Marfa Strogoff sich vor Iwan Ogareff führen.

Michael Strogoff, der gar nicht weit entfernt stand, mußte gewaltsam die Augen senken, um sich nicht durch das Aufflammen seines Blickes zu verraten.

„Ihr seid Marfa Strogoff?" begann Ogareff das Verhör.

„So ist es", versetzte sie ruhig.

„Erinnert Ihr Euch noch daran, was Ihr mir vor drei Tagen in Omsk auf meine Frage geantwortet habt?"

„Ja!"

„So wißt ihr bis heute nicht, daß Euer Sohn als Kurier des Zaren durch die Stadt gekommen ist?"

„Nein!"

„Und jener Mann, in dem Ihr damals auf der Poststation Euren Sohn zu erkennen glaubtet, war also nicht Euer Sohn?"

„Er war nicht mein Sohn!"

„Und seitdem habt Ihr ihn hier unter den Gefangenen nicht gesehen?"

„Nein!"

„Und wenn ich ihn Euch zeigen ließe, würdet Ihr ihn erkennen?"

„Nein!" Marfa war unerschütterlich.

Dem Obersten Ogareff wurde es schwer, an sich zu halten. Man spürte, wie die Wut in ihm hochstieg.

„Hört“, sagte er und zwang sich dabei zur Ruhe, „Euer Sohn ist hier im Lager, und Ihr werdet ihn mir zeigen!“

Die alte Mutter blieb unbeugsam. „Nein!“ stieß sie hervor.

„Ich werde jetzt sämtliche Gefangenen an Euch vorbeimaschieren lassen. Zeigt Ihr mir dann nicht Michael Strogoff, nach dem wir fahnden, so erhaltet Ihr mit der Knute genau so viel Hiebe, wie Männer an Euch vorbeigeführt wurden.“

Für Iwan Ogareff war es längst klar, daß Drohungen und wohl auch Folter die harte Frau nicht zum Reden zwingen würden. Trotzdem hoffte er auf Erfolg, denn es war doch wohl undenkbar, daß weder Mutter noch Sohn sich bei der Gelegenheit irgendwie verraten würden. Natürlich hätte er auch sämtliche Gefangenen durchsuchen lassen können, aber dabei bestand die Gefahr, daß Strogoff seinen Kurierbrief vorher vernichtete. Gelang ihm dann die Flucht nach Irkutsk, konnte er die Nachricht mündlich überbringen und damit Ogareffs Pläne vereiteln.

Einzeln mußten die Gefangenen an der alten Frau vorbei. Marfa hielt sich bewunderswert. Unbeweglich wie eine Statue stand sie da und ließ die Augen gleichgültig über die Männer gleiten, die an ihr vorbeizogen.

Michael Strogoff war unter den letzten. Als er an seiner Mutter vorbeischritt, schloß Nadja die Augen; es ging über ihre Kraft, ihn anzublicken.

Auch Strogoff wahrte eisern seine Ruhe. Niemand konnte sehen, wie er die Nägel in die Handflächen bohrte, daß ihm die Hände bluteten.

Nun waren alle Gefangenen an Marfa vorbei. Mutter und Sohn hatten Iwan Ogareff besiegt.

Der Oberst wußte sich in seiner Wut nicht mehr zu fassen.

„Die Knute!“ zischte Zangarra ihm zu.

„Ja, die Knute!“ schrie er außer sich. „Laßt die Alte die Knute spüren – bis sie klein beigibt!“

Sogleich stand ein Soldat neben ihr, die gefürchtete Peitsche in der Hand. Eine solche Knute bestand aus Lederriemen mit Stahlfäden an der Spitze. Hundertzwanzig Knutenhiebe bedeuteten ein Todesurteil. Marfa Strogoff, diese tapfere Frau, wußte das genau. Aber ebenso genau wußte sie, daß keine Macht der Erde sie zum Sprechen zwingen würde.

Zwei Soldaten packten die Unglückliche und zwangen sie in die Knie. Brutal riß man ihr das Kleid herunter, daß der Rücken bloß wurde. Vor ihrer Brust wurde ein Säbel mit dem Griff in die Erde gesteckt: Wenn der Schmerz sie niederzwang, würde sie auf diese Säbelspitze stürzen.

Der Mann mit der Knute blickte auf seinen Herrn.

„Los!" schrie Iwan Ogareff.

Der Mann schwang die furchtbare Peitsche – aber ehe sie niedersauste, packte ihn eine starke Faust und riß sie ihm aus der Hand. Neben ihm stand Michael Strogoff. Hatte er damals im Hofe der Poststation an sich gehalten und sich schlagen lassen – dies war hier zuviel für ihn!

Iwan Ogareff hatte seinen Zweck erreicht.

„Michael Strogoff!" rief er. Grinsend betrachtete er seinen Gegner. „Sieh mal an, wir kennen uns ja von Ischim!"

„Ganz recht", versetzte Strogoff ruhig. Blitzschnell hatte er die Knute erhoben und riß sie dem verhaßten Feind mit aller Kraft quer übers Gesicht.

„Das ist meine Antwort!" schrie der Kurier.

„Ausgezeichnet gegeben", kam eine Stimme aus dem Zuschauerkreis. Zum Glück verlor sie sich in dem wilden Tumult, der nun einsetzte; sie gehörte Alcide Jolivet, der mit seinem englischen Kollegen die erregende Szene miterlebte.

Die Soldaten stürzten sich auf Michael Strogoff, um ihn niederzuschlagen. Aber Iwan Ogareff, das Gesicht vor Wut und Schmerz verzerrt, winkte zornig mit der Hand: „Dieser Mann kommt vor das Gericht des Emirs!" befahl er.

„Durchsucht ihn!"

Man fand bei Michael den Kurierbrief mit dem kaiserlichen Siegel; ihm hatte die Zeit gefehlt, ihn zu vernichten.

Iwan Ogareff wischte sich das Blut vom Gesicht und öffnete den Brief. Lange hafteten seine Augen wortlos auf den wichtigen Zeilen.

„Fesselt diesen Kerl!" befahl er dann; „er wird mit den übrigen Gefangenen nach Tomsk transportiert!"

Unter dumpfem Trommelwirbel zog er darauf an der Spitze des riesigen Heerhaufens und der unglücklichen Gefangenen in Richtung Tomsk, wo der Emir ihn erwartete.

Geblendet

Die Stadt Tomsk war damals eine der bedeutendsten Städte des asiatischen Rußlands. Zwar war Omsk als Sitz des Generalgouverneurs die Hauptstadt Sibiriens, doch in Tomsk war der Mittelpunkt der Schwerindustrie. Die riesigen Bergwerke bargen unendlichen Reichtum, und deren millionenschwere Besitzer entfalteten einen Luxus, der sich mit dem europäischer Hauptstädte messen konnte.

Etwa fünfundzwanzigtausend Einwohner hatte die hübsche Stadt, die sich am Hügelhang in vornehmer Terrassenlage mit breiten, großzügigen Straßen bis zu den Fluten des Tom hin erstreckte. Fast kampflos war sie dem Emir zugefallen.

Der Einzug der siegreichen Truppen sollte jetzt großartig gefeiert werden. Fanfarenstöße erklangen über den prächtig geschmückten Festplatz der Stadt, als Ogareff dort einritt und vor dem Zelt des Emirs aus dem Sattel stieg.

Eine ungeheure Zuschauermenge hatte sich eingefunden, um den tatarischen Emir und sein riesiges Gefolge, die Haremsfrauen, die Offiziere, die Leibgarden zu sehen. Ringsum war ein orientalischer Luxus entfaltet, wie man ihn in Europa nicht kennt.

Mit Spannung wartete die Menge auf die Tänzer und Tänzerinnen, die das Fest verschönern sollten.

Aber noch war es nicht soweit. Eine schreckliche Aufführung sollte dem fürstlichen Ballett vorausgehen: eine Auswahl von Gefangenen sollte dem siegreichen Emir huldigen!

Mit Knutenhieben trieben Wachmannschaften einige Hundert Gefangene heran, gleich in der ersten Reihe Michael Strogoff unter strengster Bewachung. Auch seine Mutter und Nadja waren unter den Gefangenen, an deren Erniedrigung der Emir seinen Triumph auskosten wollte.

Die alte Marfa war totenblaß. Ihre quälende Sorge galt ihrem

Sohn, denn nach dem schweren Hieb mit der Knute war von Iwan Ogareffs Haß wohl das Schlimmste zu befürchten.

Warum habe ich mich damals in der Poststation in Omsk nicht besser beherrscht, durchfuhr es sie immer wieder. Wie unendlich viel Lärm hätte ich meinem Michael damit ersparen können!

Vor dem Emir hatten die Gefangenen niederzuknien und als Zeichen der Ergebenheit mit der Stirn den Boden zu berühren. Wer den Rücken nicht schnell genug beugte, bekam Faust und Fußtritte der Wachen zu spüren.

Nach Nadja, die unbehelligt am Emir und an Ogareff vorbeikam, war Marfa Strogoff an der Reihe. Als sie sich nicht schnell genug niederbeugte, halfen die Soldaten mit roher Gewalt nach, so daß sie zu Boden stürzte.

Strogoff war bei diesem Anblick trotz seiner Fesseln kaum zu bändigen. Als die Alte sich mit Mühe erhoben hatte und beiseite treten wollte, schritt Ogareff ein. „Sie bleibt hier!" befahl er.

Jetzt zerrte man Michael Strogoff herbei. Ohne auch nur den Blick zu senken, stand er vor dem Tatarenherrscher.

„In den Staub mit dir!" schrie Ogareff ihn an.

Der Kurier regte sich nicht.

Zwei Soldaten, die ihn niederzwingen wollten, taumelten unter Strogoffs gefesselten Fäusten nach links und rechts.

Da trat Ogareff auf den Kurier zu: „Das kostet dich dein Leben!"

„Ich werd's ertragen", versetzte Michael mit kaltem Stolz. „Mein letzter Trost ist es, einem elenden Verräter die Knute gegeben zu haben!"

Totenblässe überzog Ogareffs Gesicht.

„Wer ist dieser Gefangene?" wollte der Emir wissen; gerade die Ruhe, mit der er sprach, machte seine Frage bedrohlich.

„Ein russischer Spion", gab Ogareff zur Antwort. Mit Vorbedacht drückte er sich so aus, denn er wußte zu gut, welche Strafe er damit für seinen verhaßten Feind heraufbeschwor.

Nur mit brutaler Gewalt konnten die Wachmannschaften Strogoff zurückhalten, sich auf Ogareff zu stürzen.

Auf einen Wink des Herrschers brachte man den Koran herbei, der vor dem Zelt auf einem kostbaren Tischchen lag.

Der Emir gab ein Zeichen: Ehrfürchtig fielen alle auf die Knie. Nun öffnete er, ohne daraufzublicken, das heilige Buch und legte den Zeigefinger auf die Seite, die zufällig aufgeschlagen vor ihm lag.

Nach solchem „Fall", aus dem nach dem mohammedanischen Glauben der Tataren Gott selber seinen Willen kundtat, sollte Michael Strogoffs Schicksal entschieden werden.

Ein Ulemas, der zum Auslegen des Korans berechtigt ist, trat vor und verlas die Sure des Korans, auf die der Emir mit seinem Finger gewiesen hatte. Sie endete mit dem Vers: „Und er wird die Dinge der Erde nicht mehr sehen."

„Spion der Russen", sagte der Emir, „du bist gekommen, um zu sehen, was im Tatarenlager vor sich geht. So nutze die Gelegenheit und sieh mit beiden Augen! Sieh, soviel du kannst!"

Schwer gefesselt stand der Kurier vor dem Thronsessel des Emirs am Fuße der Terrasse.

Marfa, seine alte Mutter, war unter den übermenschlichen Anstrengungen zusammengebrochen. Nur im Unterbewußtsein nahm sie auf, was um sie her geschah. Was bedeutete Feofar-Khans Wort?

Michael Strogoff hatte das teuflische Lächeln gesehen, das über Iwan Ogareffs Züge glitt. Sicherlich kannte der Verräter die tatarischen Sitten gut genug, um zu wissen, wie der Vers der Sure auszulegen war.

Da erklangen Fanfarenstöße über den Platz hin, die den Beginn der Festspiele ankündigten. Fremdartige Tatareninstrumente ertönten, von tiefem Chorgesang begleitet.

Und dann begannen die Tänze. Feingliedrige Perserinnen, die

zum Hofstaate des Emirs gehörten, boten höchst vollendete Ballettkunst.

„Halt deine Augen offen, schau um dich!" zischte eine Stimme hinter Michael Strogoff.

Es war der tatarische Soldat, ein hochgewachsener, finster dreinblickender Mann, der Feofar-Khans Worte wiederholte; er war dazu bestellt, die furchtbaren Befehle des Emirs zu vollstrekken. Einen langen Krummsäbel, beste Damaszenerarbeit, hielt er in der Faust.

Neben ihm stand ein Feuerbecken mit glühenden Kohlen; aber es strömten duftende Dämpfe aus, denn immer wieder wurden wohlriechende Gewürze in die Glut gestreut.

Der Kurier achtete nicht weiter auf die persische Ballettgruppe. Aber als sie einer neuen Gruppe Platz machte, wurde er aufmerksam. Es waren die Zigeunermädchen unter Führung Zangarras.

Ogareffs Spionin trug ein prächtiges Kleid, das ihre blühende Schönheit noch mehr hervorhob. Doch sie tanzte nicht selber, sondern stand, eine Trommel mit seltsam schnarrendem Klang in der Hand, als Mittelpunkt der Tanzgruppe und feuerte die leidenschaftlichen Mädchen zu immer wilderen Bewegungen an.

Nun trat ein etwa fünfzehnjähriger Zigeuner vor und spielte auf seiner Dutare, einem mandolinenähnlichen Instrument aus Malbeerbaumholz. Er sang eine schwermütige Weise dazu, während eine der Tänzerinnen neben ihm auf dem Boden hockte. Es war, als lausche sie ganz verzückt – aber dann beim Kehrreim schoß sie plötzlich empor und tanzte in wildem, erregendem Rhythmus. Die anderen Zigeunerinnen wurden davon mitgerissen und wirbelten nun in tausenderlei Umschlingungen um das junge Paar herum.

Dann sanken sie alle in sich zusammen. Wilder Beifall rauschte auf. Der Emir warf eine Handvoll Goldstücke auf die Tänzerinnen nieder, und dann folgten die hohen Offiziere seiner Begleitung diesem Beispiel.

„Freigiebig, wie nur Räuber sein können", sagte Monsieur Jolivet leise zu seinem englischen Kollegen. Die beiden Reporter hatten inzwischen ebenfalls den Weg nach Tomsk gefunden und erlebten jetzt das farbige Schauspiel dieses Siegesfestes mit.

Der Tatar, der hinter Strogoff stand, legte ihm die Hand auf die Schulter: „Sieh – sieh mit beiden Augen!" sagte er dumpf. „Sieh, soviel du kannst! Sieh!"

Monsieur Jolivet, der sich ganz in die Nähe gedrängt hatte, konnte die Worte nicht verstehen. Er sah auch, daß der Mann seinen blanken Säbel nicht mehr in der Hand hielt.

Die Sonne war in diesem Augenblick am Horizont verschwunden. In dem Halbdunkel, das nun einsetzte, erschienen plötzlich mehrere Hundert Fackelträger, die persischen Tänzerinnen kamen mit Zangarras Tanzgruppe und führten wilde Kriegstänze auf, die fremdländischen Musikinstrumente erklangen und mischten sich mit schwermütigen Liedern bärtiger Sänger, Tatarenreiter sprengten dazwischen, den blanken Säbel in der Faust, Musketen knatterten, farbiges Pulver wurde in die Luft geschossen und zauberte gespenstige Farbschlangen hervor – es war eine phantastische Stimmung, die den Festplatz erfüllte.

Auf ein Zeichen erlosch dann alles Licht; nur ein paar Fackeln erhellten das Rund. Michael Strogoff wurde in die Mitte des Platzes gestoßen.

„Ich kann's nicht mit ansehen", sagte Jolivet und zog seinen Kollegen am Arm. „Der arme Kerl hätte einen anständigen Soldatentod verdient."

Sie waren beide tief bedrückt, daß sie nichts für ihren hilfsbereiten Reisegefährten tun konnten, und wandten sich ab. Ihnen schauderte vor dem, was sich nun ereignen würde.

Michael Strogoff stand felsenfest vor dem Emir. Ein Blick voller Verachtung traf Iwan Ogareff. Jetzt, wo er auf den Tod gefaßt sein mußte, sollte keiner auch nur einen Anschein von Schwäche oder gar Angst an ihm erleben.

„Spion der Russen", sagte der Emir, „du kamst, um zu sehen. Es war für dich das letzte Mal – in wenigen Augenblicken werden deine Augen dem Licht auf ewig verschlossen sein!"

Eine Strafe, grausamer als der Tod, hatte der allgewaltige Tatarenherrscher bestimmt: Der Kurier des Zaren sollte geblendet werden!

Aber auch jetzt blieb Michael unerschütterlich. Mit eisernem Gesicht, die Augen weit geöffnet, stand er da. Nie würde er es über sich gewinnen, die verhaßten Feinde um Gnade anzuflehen. Mit seinen Gedanken war er nur bei seinem Auftrag, der nun unwiderruflich gescheitert war, und bei seiner Mutter und Nadja, die er niemals wiedersehen würde.

„Verräter!" sagte er ruhig, die Augen auf Iwan Ogareff gerichtet.

Da trat Marfa Strogoff auf ihn zu.

„Dir gilt mein letzter Blick, liebe Mutter", sprach er mit zärtlicher Stimme. Keine Erregung war ihm anzumerken.

„Fort mit dem Weib!" befahl Ogareff.

Zwei Soldaten stießen sie beiseite. Aber ganz in der Nähe blieb die Alte stehen.

Da erschien der Scharfrichter. In der Hand hielt er den Krummsäbel, den er soeben aus dem glühenden Becken genommen hatte. Mit dieser Klinge sollte Michael nach tatarischem Brauch geblendet werden.

Er versuchte keinen Widerstand. Sein Blick war ganz auf die Mutter gerichtet. Ohne daß er sich dagegen wehren konnte, füllten sich seine Augen mit Tränen.

Und dann fuhr die weißglühende Klinge blitzschnell an seinen Augen vorüber.

Ein verzweifelter Schrei – Marfa Strogoff sank bewußtlos zu Boden.

Der Emir mit seinem Stabe zog sich zurück. Nur Ogareff und

ein paar Fackelträger blieben auf dem Platze. Es trieb den rachsüchtigen Mann, seinen letzten Triumph auszukosten.

„Lies, du Schurke!" rief er und hielt dem Kurier das Schreiben des Zaren vor die geblendeten Augen. „Geh nach Irkutsk und melde dem Großfürsten, was du gesehen hast. Und willst du wissen, wer jetzt der richtige Kurier des Zaren ist: Ich, Iwan Ogareff!"

Reglos stand Michael vor dem Mann, der ihn so unversöhnlich haßte.

Ogareff steckte den Kurierbrief wieder in seine Tasche und verließ im Kreise der Fackelträger den Platz.

Michael Strogoff war allein. Nur wenige Schritt von ihm lag die Mutter am Boden. War sie tot – gestorben vor Leid um den geliebten Sohn?

Aus der Ferne drang unbekümmertes Lärmen und Lachen herüber.

Strogoff stand lauschend. Vorsichtig tastete er sich zu seiner Mutter hin. Er beugte sich über sie und hielt sein glühendes Gesicht an ihre Wange. Sie lebte, die tapfere Mutter.

Ganz leise flüsterte er ihr ein paar Worte zu. Dann küßte er ihr Stirn und Haar und stand entschlossen auf. Langsam tastete er sich über den menschenleeren Platz.

Da plötzlich faßte jemand seinen Arm. Ein Dolch fuhr in die Stricke, die ihn gefesselt hielten, und eine Hand strich weich über seine Wange.

„Bruder!" sagte eine Stimme leise.

Da wußte er, wer ihm helfend zur Seite trat.

„Nadja", flüsterte er. „Du?"

„Komm!" sagte sie. „Meine Augen werden für dich sehen – ich bringe dich nach Irkutsk."

Unermüdlich weiter

Kaum eine halbe Stunde später hatten Michael und Nadja die Stadt hinter sich. So sehr hatte die allgemeine Festesfreude die Wachsoldaten angesteckt, daß es keinerlei Kontrollen gab und viele Gefangene die Gelegenheit zur Flucht ergriffen.

Nadja war Zeuge der grausamen Exekution gewesen. Nur ein Gedanke hatte sie aufrechterhalten: Michael fortan zu helfen und ihn zu seinem Ziele zu führen.

„Wir müssen heute viel schaffen", sagte sie tapfer zu Strogoff, als sie beide in Richtung Irkutsk marschierten, „desto mehr Aussicht haben wir, aus dem Bereich der Vorposten zu kommen. Wir müssen unbedingt zusehen, Krasnojarsk vor den tatarischen Truppen zu erreichen."

So marschierten sie die ganze Nacht hindurch, zwölf Stunden lang.

„Fünfzig Kilometer haben wir hinter uns", sagte Nadja, als sie in das Städtchen Semilowskoje einzogen. Fast alle Einwohner waren aus Furcht vor den Tataren geflohen.

Nadja führte ihren Begleiter in ein Haus und ließ ihn auf der Ofenbank Platz nehmen. Mitleidig, dankbar, voller Zärtlichkeit blickte sie ihn an. Jetzt erst sah sie die geblendeten Augen. Wimpern und Brauen waren verbrannt, die Lider hingen halb über dem Augapfel, das Weiße war seltsam in Fältchen gezogen, die Pupillen übernatürlich erweitert. Aber wenn der glühende Stab auch die Sehnerven zerstört haben mochte, die Augen selber schienen zu leben, so wenig war der Blick verändert.

Strogoff streckte die Hände aus. „Bist du da, Nadja?"

„Natürlich, Michael. Nie werde ich dich verlassen."

Zärtlich streichelte er ihre Hand. Zum ersten Male hörte er aus ihrem Munde seinen richtigen Namen. Natürlich wußte sie inzwischen, wer er war und was ihn mit Marfa verband.

„Du darfst dich nicht an mich binden, Nadja“, sagte er dann. „Ich halte dich ja nur auf – und dein Vater wartet sehnsüchtig.“

„Nie würde mein Vater es mir verzeihen, wenn ich dich in dieser Lage allein ließe.“

Sie wollte von seinen Einwänden nichts wissen. „Du benötigst mich doch mehr als mein Vater, Michael. Hast du es etwa aufgegeben, nach Irkutsk zu kommen?“

„Auf keinen Fall!“ fuhr er auf.

„Ich wußte es. Aber ohne Brief?“

„Den Kurierbrief hat Iwan Ogareff in den Händen, das stimmt. Aber trotzdem – Sie haben mich als Spion beschimpft, und nun werde ich wie ein Spion handeln. Ich werde in Irkutsk viel zu berichten wissen – aber das bedeutet, daß ich vor Ogareff dort sein muß.“

„Und da soll ich von dir gehen?“

„Man hat mir alles genommen, was ich besaß, Nadja.“

„Ich aber habe noch ein paar Rubel und meine Augen. Damit sehe ich für dich. Und ich führe dich, wohin du allein nicht gelangen kannst.“

„Und wie sollen wir weiterkommen?“

„Zu Fuß, Michael!“

„Und wovon sollen wir leben?“

„Wir werden Leute finden, die uns helfen.“

„Gut, Nadja, ich gehe mit dir!“

Ehe sie wieder aufbrachen, hatte Nadja noch die wenigen Straßen abgesucht und fand ein paar Menschen, die ihr zu essen und zu trinken gaben. Ein Ende Gerstenbrot und etwas Honigwein konnte sie dem Reisegefährten bringen, so daß er Hunger und Durst zu stillen vermochte.

„Ißt du auch, Nadja?“ fragte er immer wieder.

„Natürlich“, sagte sie; dabei begnügte sie sich mit dem, was er übrigließ.

Tapfer und ohne Klage schritt Nadja dann an seiner Seite über die endlose Straße.

,,Wir müssen den Tataren zuvorkommen", drängte Michael immer wieder und bemerkte dabei gar nicht, wie schwer es dem Mädchen wurde, mit ihm Schritt zu halten.

,,Sind wir erst in Krasnojarsk", fuhr er fort, ,,so ist schon viel gewonnen. Sicherlich wird der Gouverneur mir eine Möglichkeit verschaffen, schnell ans Ziel zu gelangen."

Schweigend zogen die beiden dahin. Nur so konnte Nadja verbergen, daß sie fast am Ende ihrer Kräfte war.

Plötzlich blieb Michael stehen und lauschte. ,,Ist jemand auf der Straße?" fragte er sie.

,,Ich sehe niemanden."

,,Aber es kommt doch irgend etwas!"

Jetzt wurde auch Nadja darauf aufmerksam.

,,Vielleicht sind es Tataren", fuhr Michael fort. ,,Gib acht, ob wir uns verstecken müssen!"

Nadja bat ihn, einen Augenblick zu warten; sie wollte bis zur Kurve zurückgehen. ,,Vielleicht kann ich von dort aus erkennen, was es ist", sagte sie.

Gleich darauf war sie wieder neben ihm. ,,Hinter uns kommt ein Wagen. Der Kutscher ist offenbar noch recht jung."

Ob es erforderlich war, sich am Wegrand zu verstecken, um das Fahrzeug vorbeizulassen? Oder sollte er etwa versuchen, um einen Platz auf dem Wagen zu bitten? Nur für Nadja. Er spürte inzwischen, daß die furchtbaren Anstrengungen ihr doch wohl über die Kräfte gingen.

,,Laß uns warten", sagte er zu Nadja.

Da erschien auch schon das Gefährt, eine ,,Kibitke", die drei Personen Platz bietet und vor die drei Pferde gehören. Vor diesem Wagen trottete aber nur ein einziges Tier, ein stark behaarter Mongolengaul mit wulstiger Mähne und buschigem Schwanz; die

Pferde dieser Rasse galten als ungewöhnlich kräftig und ausdauernd.

Auf dem Kutschbock saß ein junger Mann, neben ihm ein Hund, der neugierig auf die beiden Wanderer herabblickte.

„Es ist ein Russe", sagte Nadja leise zu Michael. Der junge Mann macht einen vertrauenerweckenden Eindruck. Er schien es nicht eilig zu haben, denn er ließ seinem Pferdchen gemächlich die Zügel.

Die beiden traten etwas beiseite. Mit harmlosem Lächeln, als wäre man nicht auf einer Landstraße, wo jeden Augenblick Tataren auftauchen können, blickte der Mann auf sie herab: „Na, wo soll's denn hingehen?"

Strogoff horchte auf. Diese gutmütige Stimme hatte er schon einmal gehört.

„Wohin wollen Sie denn?" fragte der Fahrer noch einmal, als Nadja nicht sogleich antwortete.

„Nach Irkutsk", sagte Michael.

„Nach Irkutsk? Aber wissen Sie denn nicht, wie unendlich weit es noch bis dahin ist?"

„Natürlich weiß ich das."

„Und solch eine Riesenstrecke wollen Sie zu Fuß schaffen?"

„Was soll ich denn anderes machen?"

„Nun ja, für Sie mag es noch angehen, aber die junge Dame . . ."

Michael unterbrach ihn. Er hielt es für richtig, sie als seine Schwester auszugeben.

„Soso, Ihre Schwester. Aber glauben Sie mir, Väterchen: Bis Irkutsk zu Fuß – das schafft sie nicht."

„Hören Sie, lieber Freund", sagte Michael erregt. „Wir sind von den Tataren vollkommen ausgeplündert worden. Ich habe keine Kopeke mehr in der Tasche. Trotzdem wage ich Sie zu bitten: Wollen Sie nicht meine Schwester mit auf Ihren Wagen nehmen? Ich gehe zu Fuß nebenher, Sie sollen von mir in keiner Weise behelligt werden."

Nadja unterbrach ihn. „Nein, das lasse ich nicht zu!" rief sie. Und dann stieß sie hervor: „Mein Bruder ist blind!"

„Blind?" rief der Kutscher betroffen.

„Ja, die Tataren haben ihn geblendet!"

Der andere ließ sich nicht lange bitten. Bis nach Krasnojarsk sei er bereit, beide mitzunehmen. „Wir werden uns auch schon zu dritt einigen", meinte er gutmütig.

„Wunderbar", sagte Michael. „Aber sagen Sie mir doch mal Ihren Namen, lieber Freund."

„Nikolaus Pigassoff", antwortete der andere, „doch nun steigen Sie auf, Väterchen!" Und zu seinem Hund sagt er: „Hopp, Sersko, Platz gemacht!"

Gehorsam sprang der Hund herunter. Michael und Nadja machten es sich in dem Gerstenstroh und der Birkenrinde, die hinten im Wagen lagen, bequem.

„Vorwärts, mein Täubchen!" rief der junge Mann seinem Pferd zu, und weiter ging es.

Unendlich froh strich Michael seiner Begleiterin über die Hand.

Aber er spürte keinen Gegendruck. Die Ärmste war vor Erschöpfung sofort eingeschlafen.

„Ein nettes Mädchen, Ihre Schwester", sagte der junge Russe. „Sie scheint ihre Kräfte überschätzt zu haben."

Strogoff nickte.

„Schon lange unterwegs?" fragte Nikolaus Pigassoff weiter.

Wieder nickte Michael. „Ja, recht lange."

„Ist ja verteufelt, was man Ihnen da angetan hat –"

Der Kurier antwortete nicht. „Sagen Sie mal", begann er dann nach einer Weile, „haben wir uns nicht schon einmal gesehen?"

Der andere meinte, sich nicht entsinnen zu können. Aber Strogoff bestand darauf, seine Stimme schon irgendwo gehört zu haben.

„Wann soll das gewesen sein?“ fragte Nikolaus Pigassoff. „Sie möchten wohl nur heraus haben, woher ich komme. Das ist kein Geheimnis: aus Kolywan!“

Da wußte der Kurier endgültig Bescheid. Er hatte den Beamten vom Telegraphenamt vor sich! Lachend gab der andere seine Bestätigung.

„Und Sie haben dort bis zur letzten Minute Ihren Posten gehalten?“ sagte Michael.

„Natürlich. Das war doch meine Pflicht.“

Strogoff erinnerte ihn an die beiden Reporter und ihre Telegramme und sprach von ihrem Streit um den Platz am Schalter, von dem Haufen Rubelstücke und dem Bibeltext der Schöpfungsgeschichte.

„Möglich“, antwortete Pigassoff gleichmütig, „ich kann mich nicht entsinnen.“

„Aber das kann doch nicht sein. Einen solchen Auftritt vergißt man doch nicht!“

Der Beamte schüttelte den Kopf. „Ich lese die Telegramme vor der Durchgabe zwar noch einmal vor; wissen Sie, zur Kontrolle. Aber ich nehme sie persönlich nicht zur Kenntnis. Dienstliche Dinge darf ich ja nicht wissen, und so ist es doch das einfachste, daß ich sie mir gar nicht erst merke.“

So etwas an sturer Treuherzigkeit, dachte Michael, sagte aber nichts.

In langsamen Zotteltrab ging es dahin. Natürlich hätte Michael gern schnelleres Tempo gehabt, aber man durfte das brave Mongolenpferd nicht überfordern. Alle drei Stunden legte Nikolaus eine einstündige Pause ein und teilte dabei bereitwillig seinen Proviant mit den beiden Fahrgästen.

Ununterbrochen fuhren sie dahin, Tag und Nacht, durch die Steppe, durch unendliche Tannenwälder. Sechs Tage hockten Strogoff und Nadja nun schon auf dem Fahrzeug. Bis Krasnojarsk mochten es noch 120 Werst sein.

Nadja war schnell wieder zu Kräften gekommen, umsorgte Michael, so gut sie konnte, und gab ihm Bericht, wie es um sie herum ausschaute. Auch Nikolaus war darin unermüdlich. Er kannte die Gegend genau und hatte seine Freude daran, alles zu erklären.

„Wir müssen uns darauf gefaßt machen, daß die schönen Sommertage nun bald zu Ende gehen", sagte er. „Der Herbst ist hier in Sibirien ja nur kurz, und dann haben wir sehr schnell das schönste Frostwetter. Hoffentlich gehen die Tataren in Winterquartiere."

„Ich glaube kaum", sagte Strogoff.

„So, meinen Sie, Väterchen, sie werden bis Irkutsk vordringen?"

„Leider habe ich die Befürchtung."

Nikolaus mußte ihm doch wohl beipflichten. „Ja, ja", sagte er, „der üble Führer, den die kriegswütigen Horden haben, wird sich wohl hüten, sie zur Ruhe kommen zu lassen. Sicherlich haben Sie auch schon von diesem Iwan Ogareff gehört?

Strogoff nickte.

„Es gibt doch eigentlich nichts Gemeineres, als sein Vaterland zu verraten", ereiferte sich der junge Russe.

Für Michael Strogoff war es schwer, ruhig zu bleiben. „Sie haben recht, lieber Freund", sagte er leise.

„Väterchen", fuhr Nikolaus wieder fort, „es wundert mich eigentlich, daß das alles Sie so gleichmütig läßt. Ich finde, jeder echte Russe muß sich empören, über alles, was dieser Schurke begangen hat!"

„Sie dürfen versichert sein, lieber Freund, niemand haßt ihn so wie ich", sagte Michael und wunderte sich bei sich selbst, daß die Erregung ihn nicht übermannte.

„Unmöglich, Väterchen, ganz unmöglich! Wenn ich mir vor Augen halte, was dieser Schuft getan hat, dann –"

„Was dann?"

„Umbringen könnte ich ihn!"

„Und ich, ich werde es tun. Verlassen Sie sich darauf", stieß Strogoff hervor.

Nun lag Krasnojarsk vor ihnen. Acht Tage waren sie seit Semilowskoje unterwegs.

„Eigentlich seltsam, daß wir die ganze Zeit keinem tatarischen Spähtrupp begegnet sind", sagte Strogoff.

Die drei Reisenden konnten nicht wissen, daß die Hauptmacht ein paar Tage durch ein russisches Korps, das in aller Eile herangeführt war, aufgehalten wurde. Zwar konnte es sich mit der feindlichen Übermacht – das Tatarenheer umfaßte jetzt eine Viertelmillion Mann – nicht messen, aber der kühne Vorstoß der Russen bedeutete wertvollsten Zeitgewinn. Besonders natürlich auch für den Kurier Strogoff.

„Bekomme ich jetzt vom Gouverneur in Krasnojarsk die nötige Unterstützung", sagte er zu Nadja, „dann schaffen wir die neunhundert Werst bis Irkutsk, und zwar vor den verwünschten Tataren."

Als die drei in Krasnojarsk einfuhren, erwartete sie eine bedrückende Überraschung. Die ganze Stadt schien ausgestorben. Kein Mensch war auf der Straße, alle Häuser lagen verlassen. Die Bevölkerung hatte sich aus Furcht vor den Tataren hinter den Fluß zurückgezogen.

Schauerlich klang der Widerhall der eigenen Schritte, als die drei Reisenden durch die Stadt wanderten.

„Wo soll ich mich denn nun melden?" sagte Nikolaus Pisgassoff ganz betroffen. Er war in seinem Pflichteifer ja nur deshalb nach Krasnojarsk gefahren, um sich seiner vorgesetzten Dienststelle zur Verfügung zu stellen.

„Am besten ist wohl, Sie fahren mit uns nach Irkutsk", meinte Nadja ruhig.

Er nickte. „Ganz recht. Es bleibt wohl nichts anderes übrig. Wollen wir gleich weiter, Väterchen?"

,,Warten wir doch lieber bis morgen früh", versetzte Strogoff, ,,bei Tageslicht kommen wir sicherlich besser über den Jenissej!"

So suchten sie Unterkunft für die Nacht. Es war nicht schwer, denn alle Häuser standen ja unverschlossen.

Michael Strogoff war besorgt. Wie sollten sie den Fluß überqueren? Vermutlich hatten doch die Einwohner alle Boote und Fähren zerstört, um die Tataren in ihrem Vordringen aufzuhalten. Und der Jenissej war breit, sehr breit, und hatte tückische Stromschnellen.

Beim Morgengrauen schon waren die drei Reisenden am Ufer. Ungeduldig fragte Michael die beiden Begleiter, ob sie eine Fähre sehen könnten.

Nadja brachte es kaum übers Herz, ihm die Wahrheit zu sagen. Stromauf und stromab war nichts zu sehen.

,,Geduld, Väterchen, Geduld!" nickte Nikolaus ihm begütend zu. ,,Es wird schon noch werden."

Aber aller Trost fruchtete nichts. Nirgends war eine Fähre zu entdecken.

Da erinnerte Strogoff sich an einen weiter aufwärts gelegenen Landeplatz; doch auch hier war alles Suchen vergeblich.

,,Da hilft es nichts", sagte der Kurier entschlossen, ,,so müssen wir eben aus eigener Kraft hinüber".

Nikolaus Pigassoff war einverstanden.

,,Hier eine wertvolle Hilfe", rief Strogoff in diesem Augenblick. Beim Durchstöbern von ein paar verlassenen Häusern am Uferrande war er mit dem Fuß an einen Haufen Schläuche gestoßen.

,,Großartig", rief er, ,,die können wir zum Schwimmen benutzen."

Tatsächlich, sie wagten es: Sie banden luftgefüllte Reifen an die Räder und an den Wagenkasten, zwei große Schläuche unter den Leib des treuen Pferdes – und hinein ging es in den Fluß.

,,Nicht zu stark gegen die Strömung angehen", mahnte Strogoff. „Lieber nehmen wir es in Kauf, weiter abwärts an Land zu kommen!"

Es war ein tollkühnes Wagnis – aber es gelang. Als der Wagen in der Nähe des jenseitigen Ufers von einem Strudel gepackt wurde, sprang Michael auf, streifte seinen Rock ab und warf sich ins Wasser.

Nadja schrie auf vor Entsetzen. Aber mit schlafwandlerischer Sicherheit hatte der kühne Mann ohne Augenlicht das Pferd am Zügel gepackt und zog es schwimmend aus dem gefährlichen Strudel heraus.

Endlich hatten sie wieder festen Boden unter den Füßen.

Nadja faßte die Hand ihres unerschrockenen Freundes und drückte sie voller Dankbarkeit und Stolz.

Zwei Stunden hatte die verwegene Überfahrt gedauert.

„Gut gemacht, mein Täubchen, du hast eine Rast verdient", sagte Nikolaus lobend zu seinem braven Gaul und klopfte ihm den Hals.

„Die ganze Geschichte hätte mir nicht halb soviel Spaß gemacht", meinte der unverwüstliche Mann dann zu seinen beiden Reisegefährten, „wenn wir allzu leicht hinübergekommen wären!"

„Hoffentlich bedeutet das, lieber Freund, daß die Tataren den Übergang nicht erzwingen!" versetzte Michael düster.

Die tollkühne Flucht

„Was für ein Glück haben wir doch mit dem Wetter", sagte Nikolaus, während sie immer weiter in Richtung Osten fuhren. Von Sturm und Regen blieben sie verschont, die Hitze am Tage war erträglich, die Kälte in der Nacht erfrischend.

Ringsum war alles öde und verlassen. Kein Mensch in den Ortschaften, nicht ein Pferd oder eine Ziege in den Ställen. Was die

Einwohner auf ihrer Flucht nicht hatten mitschleppen können, war nach den Anweisungen der Regierung in Moskau vernichtet worden. Die vordringenden Tataren sollten keinerlei Unterstützung finden.

Zehn bis zwölf Werst schaffte die Kibitka pro Stunde. Mit den notwendigen Rastzeiten ergab das immerhin an die sechzig Werst pro Tag.

„Bis nach Irkutsk haben wir jetzt nur noch den Ort, Nischnij-Udinsk vor uns", meinte Nikolaus eines Morgens zufrieden. Inzwischen schrieb man den 5. September. Über sieben Wochen war Michael jetzt schon unterwegs.

Plötzlich stand der Wagen. Nikolaus hatte hart am Zügel gerissen. „Ach!" entfuhr es ihm.

„Was ist denn los?" fragte Strogoff betroffen.

„Ein Hase ist über den Weg gelaufen, und das bedeutet Unglück."

Strogoff versuchte ihm seinen Aberglauben auszureden, aber Nikolaus ließ sich nicht überzeugen. „Das Schicksal meint es nicht gut mit uns", sagte er nur dumpf.

In der Nähe von Nischnij-Udinsk veränderte sich plötzlich das Landschaftsbild. Die Felder waren von Pferdehufen zertrampelt und verwüstet, die Häuser längs der Straße niedergebrannt, an den Straßenrändern lagen zahlreiche Tote. Kein Zweifel, hier hatten tatarische Horden gehaust.

„Truppen des Emirs können es nicht gewesen sein", meinte Nikolaus, „die hätten uns ja überholen müssen."

Als die Stadt Nischnij-Udinsk vor ihnen lag, bot sie ein Bild des Grauens. Alles war in Rauch und Flammen gehüllt.

„Wir müssen in großem Bogen herumfahren", sagte Strogoff, als er von der verzweifelten Lage hörte. Gerade wollte Nikolaus in einen Seitenweg einbiegen, als von der Seite ein Schuß krachte. Der Mongolengaul, der so viele Kilometer treu den Wagen gezogen hatte, brach tot zusammen.

Die drei Reisenden wußten kaum, wie ihnen geschah. Ein Trupp Reiter preschte von der Seite heran, riß sie herab und schleppte sie in Richtung der Stadt.

Strogoff bemühte sich, aus den Worten der Soldaten herauszuhören, was hier vor sich ging. Es waren Tataren, aber Truppen einer dritten Armee, die sich vor Irkutsk mit denen des Emirs und Iwan Ogareffs vereinigen wollten.

Die Reiter hatten eine grausame Freude daran, ihre Gefangenen zu quälen. Als sie sahen, daß Strogoff blind war, trieben sie es noch ärger, hetzten das Pferd, auf das er gefesselt war, und setzten ihn gar auf einen blinden Gaul. Mit Gebrüll und Peitschenhieben trieben sie das hilflose Tier an und lachten aus vollem Herzen, als es mit seinem ebenso hilflosen Reiter gegen einen Baum rannte.

Nadja zitterte in ratloser Angst. Nikolaus schäumte vor Wut, aber gefesselt, wie er war, konnte er dem Gefährten nicht helfen.

Plötzlich schrien die beiden auf. Vollkommen verschreckt, war der blinde Gaul ausgebrochen und preschte auf einen Graben zu, der sich neben der Straße hinzog. Nikolaus wollte ihm nach, aber ein Kolben stieß ihn zurück.

Nadja hielt sich die Hand vor die Augen: Das Tier war in den abschüssigen Graben gestürzt.

Ein paar Mann ritten heran. „Er wird's Genick gebrochen haben", meinte einer gleichmütig.

Aber Michael Strogoff lebte. Die Tataren ließen das hilflos zukkende Tier liegen, ein Mann band den Kurier an den Sattelknopf des Reitpferdes und ließ ihn zu Fuß folgen.

Strogoff biß die Zähne zusammen. Keine Klage kam über seine Lippen. Aber furchtbar war die Qual, der er ausgesetzt war.

„Ich werde meinen Auftrag trotzdem erfüllen", stieß er schweratmend hervor. Nicht umsonst wollte er das Vertrauen des Zaren besitzen.

Während einer kurzen Rast geschah es, daß einer der Tataren – er hatte sich betrunken – Nadja mißbrauchen wollte.

Strogoff sah nichts, aber Nikolaus, dieser unbekümmerte Mann, trat schnell hinzu, riß die Pistole des Tataren aus der Satteltasche, hielt sie dem Burschen vor die Brust und drückte ab.

Sofort stürzten sich die Reiter auf Nikolaus. Der Anführer befahl, Nikolaus quer über einen Sattel zu fesseln. Nadja wurde neben Michael angeschnürt und mußte mit ihm dem Pferde folgen.

Der Strick, mit dem die beiden nun an den Sattelknopf gebunden waren, war schon zerschlissen, und Strogoff packte ihn fest. Als der Reiter zum Galopp ansetzte, warf der Kurier sich mit plötzlichem Ruck zurück und der Strick riß. Der Tatare war so sehr betrunken, daß er dies nicht bemerkte. Laut grölend jagte er weiter.

Strogoff und Nadja standen allein auf der Landstraße.

„Wir sind frei", sagte der Kurier erleichtert.

Aber was bedeutete diese Freiheit in der nächtlichen Einsamkeit? Keine Unterkunft, kein Mensch, kein Lichtschimmer ringsum. Und noch vierhundert Werst bis nach Irkutsk.

Sie hockten sich an den Wegrand.

„Wie mag es dem armen Nikolaus ergehen", seufzte Nadja. „Dieser Treue!"

Michael Strogoff hielt den Kopf in die Hände gestützt. „Es gibt nur eins, Nadja", sagte er und stand auf. „Wir müssen weiter!"

Quer durch die unendliche Steppe zogen die beiden dahin, um in einem Bogen von Osten her nach Irkutsk zu gelangen. Zwölf unendlich lange Tage waren sie unterwegs. Was Nadja leistete, mußte über ihre Kraft gehen. Aber das Beispiel, das Strogoff ihr gab, trieb sie an.

Nun breitete sich plötzlich eine riesige Wasserfläche vor ihnen aus. Sie standen am Ufer des Baikalsees.

Nadja blickte voller Besorgnis auf ihren Begleiter, denn zum ersten Male zeigte dieser willensstarke, energiegeladene Mann, daß es auch für seine Kraft eine Grenze zu geben schien.

„Dort", rief sie plötzlich voller Erregung, „dort!"

Unten am Ufer standen Menschen.

Das Schicksal schien gerade jetzt im Augenblick höchster Bedrängnis es gut mit ihnen zu meinen.

Bei den etwa fünfzig Leuten handelte es sich um Russen, die auf der Flucht vor den Tataren waren und nun auf einem Floß den Baikalsee überqueren wollten. Sie hatten vor, sich von der Strömung bis dorthin treiben zu lassen, wo die Angara den Baikalsee verläßt und dann stromabwärts bis Irkutsk zu fahren.

„Platz genug für euch beide!" riefen die Leute, als Strogoff und Nadja näher kamen.

Wirklich, das war Hilfe in höchster Not!

Bereitwillig gab man den beiden zu essen. Nadja ließ sich erschöpft auf das Strohlager fallen, das man ihr aufgeschüttet hatte, und schlief sogleich ein.

Zu seinem Schrecken erfuhr Michael, daß das Heer der Tataren bereits vor Irkutsk stand. Würde er trotz aller unmenschlichen Strapazen nun doch zu spät eintreffen?

Es war erbärmlich kalt. Am Ufer entlang türmten sich Eisschollen. Gegen Abend legte das Floß ab. Ein alter Schiffer hatte die Führung übernommen. Schweigend saß er am Heck und mit den Ruderstangen ließ das Floß sich in der Strömung halten.

„Wenn alles gut geht, sind wir in sechsunddreißig Stunden in Irkutsk", hörte Strogoff einen der Ruderer sagen. Ein Gefühl der Freude und zugleich furchtsamer Beklemmung durchströmte ihn: Würde das Schicksal ihm neue Hindernisse in den Weg legen?

„Hoffentlich treibt der Wind nicht zuviel Schollen in den Fluß hinein", sagte eine Stimme neben Strogoff. Offenbar war es ein Einheimischer, der die Verhältnisse kannte. Auch der Kurier wußte, was es bedeutete, wenn das Eis den Flußlauf blockierte.

Gegen vier Uhr lag das Floß vor Liwenitschnaja, dem kleinen Hafen am Ausfluß der Angara. Den Worten der Mitreisenden hatte Strogoff entnommen, daß es hier einen zweistündigen Aufenthalt geben werde, um das Floß in Ordnung zu bringen. Die Bindungen sollten nachgezogen werden, damit die Stämme der Strömung im Flusse standhielten.

Der kleine Hafen, sonst belebt von vielen Durchreisenden, lag verlassen da. Längst waren die Bewohner vor den Tataren, die schon beiderseits des Flußlaufes umherstreiften, nach Irkutsk geflüchtet.

Um so verwunderlicher war es, daß hier zwei Männer auf das Floß zugerannt kamen. „Können wir mitfahren nach Irkutsk?“ rief der eine hinüber, er sprach etwas auffälligen Akzent.

Gern nahm man sie auf. Als der Fremde nach dem Fahrpreis fragte, winkte der Schiffer mürrisch ab. „Was nützt hier das Geld, meine Herren? Hier geht es um Leben!“

Von dem Landemanöver war Nadja wach geworden: „Sieh doch nur“, sagte sie, „unsere beiden Reisegefährten!“

Michael Strogoff schien sich erst besinnen zu müssen. „Ach so, die beiden komischen Zeitungsleute“, sagte er.

Ihm war dieses Zusammentreffen gar nicht recht: denn auf keinen Fall sollte sein Name hier auf dem Floß bekannt werden. Und die beiden hatten ja in Tomsk erlebt, wer er in Wirklichkeit war und welchen Auftrag er hatte.

„Hol die beiden mal her“, sagte er leise zu Nadja, „aber möglichst unauffällig.“

Die beiden Reporter waren damals in Tomsk vor der Urteilsvollstreckung abgereist. Sie hielten Strogoff für tot und ahnten nichts von dem grausigen Strafgericht. Mit ihrem Plan, sich zu den russischen Truppen zu begeben, hatten sie allerdings ebensowenig Erfolg gehabt wie der Kurier.

Die beiden waren nicht wenig erstaunt, als Nadja plötzlich vor ihnen stand. Ehe sie etwas sagen konnten, machte Nadja eine abweisende Bewegung. „Kommen Sie mit mir“, bat sie leise.

Geistesgegenwärtig unterließen die Reporter jede Frage und folgten ihr; sie schienen etwas zu ahnen. Als sie dann Michael Strogoff tatsächlich vor sich sahen, verschlug es ihnen dennoch die

Sprache. Aber warum blickte er sie so fremd an, ohne ein Wort zu sagen?

„Er ist – er ist blind", sagte Nadja leise. „Die Tataren haben ihm das Augenlicht genommen!"

Die beiden Zeitungsleute wurden totenbleich. Mitleidsvoll drückten sie Strogoff die Hand und setzten sich neben ihn.

„Meine Herren", begann er leise, „ich bitte Sie inständig, mich nicht zu verraten. Niemand darf wissen, wer ich bin!"

„Ich verspreche es Ihnen", sagte der Franzose.

„Mein Ehrenwort", fügte der Engländer hinzu.

„Können wir ihnen irgendwie helfen?" fuhren sie dann fort.

„Vielen Dank, meine Herren. Ich habe ja Nadja."

Mühsam wühlte sich das Floß stromabwärts durch die Eisschollen. Ringsum war alles dunkel. Kein Stern stand am Himmel.

„Das Wetter ist wie geschaffen, uns vor den Blicken der Tataren zu schützen", hörte Strogoff eine Stimme sagen, „wenn nur das Eis . . ."

Die Nacht brachte barbarische Kälte. Verzweifelt drängten sich die Flüchtlinge zusammen, um sich gegen den eisigen Wind zu schützen.

Immer bedrohlicher preßten sich die Eisschollen vor dem gebrechlichen Floß. Strogoff tastete sich nach vorne und hörte die besorgten Bemerkungen der Muschiks, die mit ihren Stangen die Fahrrinne freizustoßen suchten.

„Keine Stunde mehr, dann sitzen wir fest", knurrte einer vor sich hin.

„Wenn es das Schicksal so will", sagte der alte Schiffer.

Monsieur Jolivet war neben Strogoff getreten. „Haben Sie gehört?" wandte er sich an ihn.

„So kurz vor dem Ziel geb ich nicht auf", versetzte der Kurier hart.

Immerhin war die Lage ernst. Denn wenn das Floß zum Stehen kam, mußten die Flüchtlinge schnell herunter, um nicht von dem nachdrängenden Treibeis zerdrückt zu werden. Am Ufer wimmelte es von Tataren . . .

Michael Strogoff tastete sich zu Nadja zurück. Sie drückte wortlos seine Hand.

Immer langsamer schob sich das Floß durch die ächzenden Schollen. Als der Flußlauf sich nun auch noch verengte, verkeilten sie sich hoffnungslos. Im Nu bildete sich eine Barriere, die ständig wuchs. Das Floß stand unverrückbar. Eine verzweifelte Lage.

Zu allem Überfluß krachten Schüsse vom Ufer her. Die Flüchtlinge waren entdeckt. Nun wurden sie auch vom linken Ufer her unter Feuer genommen.

„Komm!" sagte Strogoff hart und griff nach Nadjas Hand. „Über die Eisbarriere, aber möglichst ungesehen!"

Sie zog ihn mit sich. Während die Geschosse über sie hin schwirrten, krochen sie über das rissige Packeis. Langsam kamen sie in der Dunkelheit voran. Sie spürten bei den verzweifelten Anstrengungen gar nicht, daß ihre Hände und Knie blutig gerissen wurden.

Endlich hatten sie den aufgetürmten Haufen der Eisbrocken hinter sich. Vor ihnen lag das offene Wasser. Scholle auf Scholle löste sich aus der Barriere und trieb mit der Strömung ab.

Nadja wußte, was Michael wollte. Bald fand sie eine mächtige Eisscholle, die sich zu lösen begann, zog ihren Begleiter hinauf, und stromabwärts ging es – der Stadt zu.

Hinter ihnen verklang das verzweifelte Rufen der Flüchtlinge, das Gebrüll der Tataren vom Ufer her und das Knattern der Gewehre.

Jeden Augenblick konnte das gebrechliche Fahrzeug unter ihnen zerbersten oder umkippen – aber es hielt aus. Über eine Stunde lang trug es Nadja und Michael Strogoff dahin. „Es muß gelingen!" stieß er hervor. Nie war er seinem Ziel ja so nahe gewesen wie jetzt.

Es mochte zwei Uhr sein, als vor ihnen eine Doppelkette von Lichtern erstrahlte: Am rechten Ufer lag Irkutsk – ihm gegenüber im Schein der Wachfeuer das Feldlager der Tataren.

„Noch wenige Minuten", sagte Strogoff. Er war ganz ruhig.

Da schrie Nadja plötzlich voller Entsetzen auf. Bläuliche Lichtreflexe zuckten über sie hin. Drohend hob Michael die Faust zum Ufer, als sei er wieder im Besitz seiner Sehkraft: „Ist das Schicksal denn wirklich unerbittlich?"

Der falsche Kurier

In Irkutsk, der Hauptstadt Ostsibiriens, hatte der Großfürst seit Wochen alles zur Verteidigung eingerichtet. Er war damals beim Einfall der Tataren auf einer Besichtigungsreise durch den Nordosten des Reiches und hatte sogleich entschlossen den Oberbefehl übernommen. Auf jeden Fall mußte nach dem Fall von Ischim, Omsk und Tomsk die sibirische Hauptstadt aushalten, bis die Regierungstruppen zum Gegenangriff antreten konnten.

Das Regiment Kosaken, das die Garnison bildete, die Einwohner der Stadt und die nach Irkutsk geflüchteten Bewohner der Umgegend standen zur Abwehr bereit. Auch die in Sibirien Verbannten hatten sich zur Verteidigung gemeldet; ihr Vaterlandsgefühl war größer als der Zorn, strafweise – und oft genug ungerecht – verbannt zu sein.

Fieberhaft wurde gearbeitet. Die beiden Holzbrücken über die Angara waren abgebrochen und vor den Befestigungen ein breiter Graben gezogen worden, den der Fluß mit Wasser füllte.

Als nun die drei Tatarenheere vor der Stadt standen, war an einen Handstreich nicht mehr zu denken. Vergeblich versuchte der Emir ein paarmal einen überfallartigen Angriff. Nur durch langwierige Belagerung konnte man auf Erfolg hoffen.

„Ich will einen anderen Weg einschlagen", erklärte Iwan Ogareff dem Emir, denn beide dachten ja mit Besorgnis an die russischen Truppen, die im Anmarsch waren. Und dann weihte er Feofar-Khan in seinen Plan ein: Er wollte sich in die belagerte Stadt einschleichen und das Vertrauen des Großfürsten zu gewinnen suchen, um so die Übergabe der Stadt durch Verrat zu erreichen.

Währenddessen hatte sich der Großfürst im Gouverneurspalast in Irkutsk mit seinen Offizieren und Helfern zu einer Besprechung versammelt. Er sprach ihnen Mut zu und kündigte das Heer an, das im Anmarsch war. „In etwa sechs Tagen wird General Kisseleff mit fünfzigtausend Mann zur Stelle sein", sagte er. „Es sind Elitetruppen. Ich setze sehr großes Vertrauen in ihren Angriff. Sie werden die Tataren in der Flanke packen und uns befreien."

Die Mienen der Versammelten hellten sich auf. Das waren in der Tat verheißungsvolle Nachrichten.

„General Woranzoff", sagte der Großfürst, „wir werden morgen zusammen die Befestigungen besichtigen."

„Zu Befehl, Kaiserliche Hoheit!"

Als alle erforderlichen Maßnahmen besprochen waren, meldete sich noch der Polizeidirektor. „Ich bitte eine Bittschrift der Verbannten vortragen zu dürfen, die mir ausgehändigt wurde."

Auf einen Wink des Großfürsten sagte er: „Sie bitten Eure Kaiserliche Hoheit um Genehmigung, einen besonderen Kampfverband aufstellen zu dürfen. Beim ersten Ausfall möchten sie die Spitze bilden."

Mit Freude hörte der Großfürst diesen Wunsch. Gern gab er sein Einverständnis.

„Die Verbannten bitten ferner", fuhr der Polizeidirektor fort, „einen Mann aus ihren eigenen Reihen zum Führer vorschlagen zu dürfen."

Auch damit war der Großfürst einverstanden. „Sein Name?" fragte er.

„Es handelt sich um einen Arzt aus den baltischen Provinzen namens Wassili Fedor."

Der Großfürst wußte sich an den Mann, der sich bereits mehrfach ausgezeichnet hatte, wohl zu erinnern und befahl, ihn kommen zu lassen.

Es war ein Mann von etwa vierzig Jahren, hochgewachsen und von sympathischem Aussehen. Die ernste Sorge, die aus seinen Zügen sprach, galt seiner Tochter Nadja, die er auf dem Weg nach Sibirien wußte – jetzt inmitten des Tatareneinfalls.

Wassili Fedor verbeugte sich tief vor dem Großfürsten.

„Sind Sie bereit, die Führung über den Verband der Verbannten zu übernehmen?"

„Jawohl, Kaiserliche Hoheit!"

„So ernenne ich Sie zum Kommandeur. Ihre Verbannung ist aufgehoben."

„Meinen Dank, Kaiserliche Hoheit! Aber kann ich den Befehl über Männer ausüben, die Verbannte sind?"

„Auch deren Verbannungsbefehl ist aufgehoben!"

Wassili Fedors Augen leuchteten voller Freude. Tief ergriffen drückte er die Hand, die der Großfürst ihm reichte.

Als der Großfürst sich zu später Abendstunde schlafen legen wollte, trat ein Feldjäger seines Stabes eilig zu ihm.

„Kaiserliche Hoheit, ein Kurier Seiner Majestät des Zaren meldete sich soeben!"

Voller Erregung blickte der Großfürst auf. Sollte es wahr sein: ein Kurier aus Moskau?

„Sofort kommen lassen!" befahl er.

Wenige Augenblicke später stand der Mann vor ihm: ungepflegt und offenbar sehr erschöpft, die Kleidung – es war Bauerntracht – zerfetzt und schmutzig. Die zerrissenen Stiefel verrieten die Strapazen des Marsches. Quer über die Wange lief eine schlecht vernarbte Wunde.

„Seine Kaiserliche Hoheit?" fragte er.

Der Großfürst trat auf ihn zu. „Sie sind Kurier des Zaren?"

„Jawohl, Hoheit! Ich komme aus Moskau. Seit dem 15. Juli bin ich unterwegs."

„Ihr Name?"

„Michael Strogoff."

Iwan Ogareff – denn er war es, der vor dem Bruder des Kaisers stand – konnte diesen Betrug wagen, denn hier in Irkutsk kannte ihn niemand. Außerdem hatte er ja das Schreiben des Zaren bei sich.

Auf einen Wink des Großfürsten zogen sich die Offiziere des Stabes zurück. Aufmerksam betrachtete er einige Augenblicke den Kurier und ließ sich dann über die Reise berichten.

„Dieses Schreiben habe ich Euer Kaiserlichen Hoheit auf Befehl seiner Majestät des Zaren zu übergeben", sagte Ogareff und überreichte den Kurierbrief.

„Haben Sie das Schriftstück in diesem Zustand erhalten?"

„Nein, Kaiserliche Hoheit, ich habe es, um es vor den Tataren zu verbergen, aus dem Umschlag nehmen müssen."

„Gerieten sie etwa in tatarische Gefangenschaft,"

„Jawohl, Hoheit, doch nach einigen Tagen konnte ich entkommen."

Lange versenkte sich der Großfürst in den Brief seines Bruders. An der Echtheit des Schreibens war keinerlei Zweifel.

„Sie kennen also den Inhalt?" wandte er sich dann an den angeblichen Kurier.

Ogareff bejahte. „Unter Umständen hätte ich den Brief ja vernichten müssen, um ihn nicht in die Hände unserer Feinde geraten zu lassen!"

Der Großfürst nickte. „So kennen Sie den Befehl des Zaren, daß wir Irkutsk unbedingt zu halten haben, und wissen, daß uns in dem Schreiben auch der Aufmarschplan unserer Truppen mitgeteilt wird?"

„Jawohl, Kaiserliche Hoheit, aber die Erfolge unserer Truppen sind bisher leider nur gering. Um nur ein paar der bedeutendsten Städte Sibiriens zu nennen: Ischim, Omsk, Tomsk sind bereits den Tataren in die Hände gefallen."

„Kampflos?" fuhr der Großfürst auf. „Sind unsere Kosaken etwa noch nicht vorgestoßen?"

„Nur geringfügig, Kaiserliche Hoheit. Ihre Kampfkraft reicht leider nicht aus."

„Und wie stark mag die Truppenmacht der Tataren sein, die hier zusammengezogen ist?"

„Ich schätze sie auf vierhunderttausend Mann", sagte Iwan Ogareff ruhig. Ihm lag natürlich daran, den anderen einzuschüchtern.

Gedankenvoll schritt der Großfürst vor den Saalfenstern auf und ab. Zuweilen warf er einen Blick über den Fluß, wo die Wachfeuer der Tataren brannten.

Dann nahm er den Brief seines Bruders wieder zur Hand. „Sie wissen, Strogoff", sagte er, „der Zar nennt hier einen Mann, vor dem ich mich hüten soll."

„Jawohl, Kaiserliche Hoheit. Es handelt sich um den einstigen Oberst Ogareff, der sich persönlich am Bruder Seiner Majestät rächen will."

„Und warum?"

„Wie es heißt, ist er von Eurer Kaiserlichen Hoheit vorzeitig degradiert worden."

Der Großfürst nickte. „Ja, ja, ich entsinne mich des Vorfalls. Sind Sie dem Verräter auf Ihrer Reise etwa begegnet?"

„Jawohl! Hoheit, nach der Schlacht von Krasnojarsk. Glücklicherweise ahnte er nicht, wen er vor sich hatte, sonst stünde ich wohl nicht hier!"

Der Großfürst nickte. Etwas geistesabwesend hörte er dann

Ogareffs erdichteten Bericht an, wie er der Gefangenschaft entkommen sei. Angeblich war er über den Irtysch geschwommen.

„Und wie ist es Ihnen gelungen, hier in die Stadt zu gelangen?"

„Bei einem Ausfall heute abend mischte ich mich unter die Verteidiger und gab mich dann als Kurier zu erkennen."

Der Großfürst war zufrieden. „Ich werde Ihren Mut und Ihre Leistung anzuerkennen wissen", sagte er, „haben Sie einen besonderen Wunsch?"

„Ja, Kaiserliche Hoheit: daß ich an Eurer Seite am Kampf teilnehmen darf!"

Der Großfürst stimmte gern zu. „Sie werden hier im Gouverneurspalast untergebracht", sagte er und entließ den falschen Kurier mit freundlichem Kopfnicken.

Iwan Ogareff konnte mit seinem bisherigen Erfolg zufrieden sein und setzte nun alles daran, seinen gemeinen Verrat zu Ende zu führen. Wegen der Nähe der Truppen, die zum Einsatz anrückten, war höchste Eile geboten.

Schon am anderen Morgen konnte er sich in Begleitung des Großfürsten über alles genau unterrichten. Die Offiziere vertrauten ihm und freuten sich über sein unentwegtes Interesse. Bald kannte Iwan Ogareff genau jeden Punkt der Befestigung und die Stärke der einzelnen Abteilungen, die zur Abwehr bereit standen. Besonders interessierten ihn natürlich die schwachen Stellen in dem Verteidigungsgürtel und darunter das Bolschja-Tor. Hier wollte er die Tataren in die Stadt eindringen lassen.

Mehrfach besichtigte er das Gelände in der Nähe dieses Tors, bis er mit jeder Einzelheit vertraut war. So groß war sein Einfluß auf den Großfürsten, daß man sich vielfach nach Ogareffs Rat richtete. So wurden die schweren Waffen – sehr zum Vorteil der Belagerer – wenig eingesetzt, und außerdem hatte der Verräter die Hoffnung, daß bei solcher Ruhe die Wachsamkeit der Belagerer nachließ.

Ohne die Geschosse der Tataren zu fürchten, schritt Ogareff auf den Wällen auf und ab. Am Fuße der Erdwälle glitt lautlos ein Schatten dahin – es war Zangarra, die Zigeunerin.

Ein Lichtschein blitzte auf. Ogareff gab unauffällig Antwort.

Das war das verabredete Zeichen. In der Nacht vom 5. auf den 6. Oktober wollte er die Hauptstadt Sibiriens den Todfeinden seines Vaterlandes ausliefern.

Ogareffs verräterischer Plan war durchtrieben vorbereitet. Während das Bolschaja-Tor nur schwach besetzt war, sollte der Emir auf beiden Seiten Scheinangriffe durchführen und sogar einen Versuch machen lassen, den Fluß zu überqueren. Das alles würde dazu führen, daß am Bolschaja-Tor nur mit geringer Wachsamkeit zu rechnen war.

„Der Fluß wird brennen, wenn unsere Truppen stürmen", hatte Iwan beim Abschied zu dem Emir gesagt. Einen teuflischen Plan hatte er ausgeheckt.

Alles klappte verabredungsmäßig: Die Belagerten ließen sich durch die Scheinmanöver täuschen, und am Bolschaja-Tor lag eine Stoßabteilung von ein paar Tausend Tataren, die auf das Signal wartete, die Überrumpelung durchzuführen.

In der Stadt herrschte höchste Alarmbereitschaft. Mit dem Sonnenuntergang kam fast ohne Übergang die Dunkelheit. Kein Stern stand am blauschwarzen Himmel. Ogareff war zufrieden.

Der späte Abend war bitter kalt. Die Tataren vor dem Tor litten sehr unter der Kälte, aber kein Wachfeuer verriet ihre Anwesenheit.

Die Stunden schlichen dahin. Vom Glockenturm der Irkutsker Kathedrale schlug es Mitternacht. Nirgends machten sich verdächtige Truppenbewegungen der Feinde bemerkbar. Jetzt schlug es ein Uhr. Eine nie gekannte Ruhe lag über dem ganzen Verteidigungsgürtel der Stadt.

Iwan Ogareff hatte von seinem Zimmer im Gouverneurspalast einen weiten Überblick über den Strom. Ungeduldig stand er am Fenster und wartete auf die entscheidende Stunde.

Da pochte es an die Tür. Ein Adjutant war erschienen, um ihm zum Großfürsten zu holen. Aber die Tür war verschlossen.

Iwan verhielt sich still und ließ den Offizier in dem Glauben, daß er sich nicht im Palast aufhalte.

Jetzt schlug es zwei Uhr – die verabredete Zeit. Vorsichtig stieg Ogareff aus dem Fenster zur Terrasse hinunter. Unter ihm rauschten die Wellen des Flusses. Ein seltsamer Geruch kam von dort herauf: Naphtha. Auf Ogareffs Anweisung waren die riesigen Erdöltanks angebohrt worden, und ihr Inhalt hatte sich in die Angara ergossen. Nun lag das Öl über dem ganzen Wasserspiegel verteilt.

Kaltblütig setzte er mit seinem Feuerzeug ein Stück Werg in Brand und warf es auf das Öl!

Im Nu verwandelte sich die Wasserfläche unter ihm in ein Flammenmeer. Die Holzbaracken am Flußufer fingen Feuer und brannten lichterloh. Ganz Irkutsk lag im grellen Lichtschein der Flammen.

Im selben Augenblick knatterten die Gewehre der Tataren, die Artillerie begann zu feuern, und die Stoßtruppen setzten zum Sturm an.

Rache und Sieg

Nadjas Entsetzensschrei hatte den Begleiter gewarnt. Sie riß ihn auf eine größere Scholle hinüber, aber das vordringende Feuer zerfraß das Eis im Nu.

Sollten sie so nahe dem Ziel elendiglich umkommen? Verzweifelt packte Strogoff das Mädchen, stürzte sich in die Flut und zog sie unter Wasser. Es war nicht sehr weit bis zum Ufer. Zweimal tauchte er vorsichtig auf, um Luft zu schöpfen – und dann kletterte er an Land, Nadja hinter sich herzerrend. Sie taumelten beide vor Erschöpfung.

„Zum Gouverneurspalast!" stieß Strogoff hervor, und ohne sich Ruhe zu gönnen, stürzten die beiden durch die Straßen.

Niemand verwehrte ihnen trotz ihrer nassen Kleidung den Eintritt in den Palast. Es schwirrte dort von Offizieren und Soldaten, Befehlsempfängern und Boten, so daß Nadja von Strogoff abgedrängt wurde und ihn aus den Augen verlor.

Verzweifelt irrte sie allein durch die Räume. Ihr Begleiter schien verschwunden.

„Führt mich zum Großfürsten!" bat sie ein paar Offiziere, die durch Korridore eilten, aber niemand hatte ein Ohr für das junge Mädchen. Wie von Sinnen rannte sie durch Flure und Säle, riß eine Tür auf und verhielt plötzlich starr vor Entsetzen.

Vor ihr stand ein Mann am Fenster und blickte in das Flammenmeer.

Nadja schrie auf: „Iwan Ogareff!"

Der Verräter zuckte zusammen. Es war ihm klar, daß seine Pläne im letzten Augenblick noch scheitern konnten, wenn sein wahrer Name bekannt wurde.

„Schweig, du Bestie!" zischte er sie an und stürzte sich auf sie.

Nadja wich zurück. „Iwan Ogareff!" schrie sie wieder und noch einmal. Durfte sie nicht auf Hilfe rechnen?

Schon hatte der Elende seinen Dolch zur Hand, packte Nadja am Hals und hob die Waffe.

Im selben Augenblick traf ihn ein furchtbarer Faustschlag, der ihn zu Boden warf.

„Michael!" schrie Nadja außer sich. Ihre Hiferufe hatten ihm den Weg gewiesen.

„Brauchst dich nicht zu ängstigen", sagte er begütigend, „mit dem elenden Verräter werde ich schon fertig."

Ogareff war wieder aufgesprungen, den Dolch zum Schlage erhoben, drang er auf Strogoff ein. Mit dem Blinden würde er ein leichtes Spiel haben.

Aber der Kurier Strogoff schlug ihn so hart gegen den Arm, daß der Dolch zu Boden fiel, und traf ihn mit der Faust, daß Ogareff wieder stürzte.

Blaß vor Wut, riß er den Degen heraus. Nadja schrie auf, doch Strogoff blieb eiskalt.

„Mach die Tür zu, Nadja", sagte er ruhig, „diese Abrechnung mit dem Verräter gehört mir allein. Er stand wie aus Stein gehauen. In der Hand hielt er die Waffe, die er dem anderen entwunden hatte. Es war ein sibirisches Jägermesser, wie es ihm einst im Kampf mit dem Bären zur Hand gewesen war. Mit Bewunderung und mit Grauen sah Nadja, wie er den Gegner erwartete.

Ogareff kauerte sich zusammen wie ein sprungbereiter Tiger. Warum stieß er nicht zu? Ob Michaels übermenschliche Ruhe ihn verwirrte?

Endlich ermannte er sich und führte den Stoß – mitten auf die Brust des Gegners. Aber eine unmerkliche Bewegung, und die Klinge glitt an Michaels Jägermesser ab. Der Kurier stand fast unbeweglich und schien auf den zweiten Angriff zu warten.

Kalter Schweiß trat Ogareff auf die Stirn. Mit einem Satz warf er sich nach vorn, und rasend vor Wut, stieß er zu. Wieder genügte eine einfache Parade, die Klinge abgleiten zu lassen.

Plötzlich stieß Iwan Ogareff einen gellenden Schrei aus.

„Er sieht ja, dieser Kerl! Er ist gar nicht blind!" schrie er. Von Entsetzen gepackt, wich er Schritt für Schritt zurück.

Jetzt endlich begann Michael Strogoff sich zu regen.

„Ja, ich sehe, Iwan Ogareff! Ich sehe, was du mir angetan hast, ich sehe den Knutenhieb, den ich dir versetzt habe. Jetzt wehr dich deines Lebens, du elender, feiger Verräter!"

Am ganzen Leibe bebend, hob Ogareff die Klinge, obwohl er gegenüber dem kurzen Jagdmesser im Vorteil sein mußte. Mit dem Mute der Verzweiflung stieß er zu – wieder ins Leere, und schon im nächsten Augenblick flog ihm der Degen aus der Hand, und das Jagdmesser traf ihn tief ins Herz.

Strogoff wollte auf Nadja zueilen, die sich kraftlos und totenbleich an die Wand lehnte, als die Tür sich öffnete. Ein paar Offiziere aus dem Stabe des Großfürsten traten ein und fuhren betroffen zurück, als sie den Toten sahen. Ihre Pistolen richteten sich auf Strogoff. In diesem Augenblick erschien der Großfürst.

„Wer hat diesen Menschen getötet?" fragte er drohend.

„Ich", gab Strogoff ruhig zur Antwort.

„Dieser Mann war ein Abgesandter meines Bruder, ein Kurier des Zaren!" fuhr der Großfürst ihn an.

„Kaiserliche Hoheit, dieser Mann war ein elender Verräter!" kam wieder ruhig Michaels Strogoffs Entgegnung. „Sein Name ist Iwan Ogareff!"

Der Großfürst wich entsetzt einen Schritt zurück. „Und wie heißen Sie?"

„Ich bin Michael Strogoff, Kurier des Zaren!"

Michael Strogoff war sehend – er war nie blind gewesen.

Vielleicht muß man es ein Wunder nennen, daß die weißglühende Klinge des Henkers sein Augenlicht nicht zerstört hatte. Er hatte damals die Augen auf die Mutter gerichtet und nicht verhindern können, daß sie sich mit Tränen füllten. Vielleicht waren es diese Tränen gewesen, die die Glut dämpften.

Zwar hatte es eine ganze Zeit gedauert, bis Michael wieder mehr als verschwommene Umrisse sah, aber von Anfang an hatte er erkannt, daß er das Geheimnis bei sich behalten mußte. Niemand durfte davon wissen, auch Nadja nicht.

In knappen Worten gab Michael Strogoff dem Großfürsten Bericht. Besonders hob er Nadjas Verdienste hervor und stellte sie dem Großfürsten vor.

„Fräulein Nadja Fedor ist hierhergekommen", schloß er, „um mit ihrem Vater die Verbannung zu teilen."

„Ah, die Tochter unseres wackeren Kommandeurs", sagte der Großfürst lächelnd. „Nein, gnädiges Fräulein, Verbannte gibt es hier in Irkutsk nicht mehr!"

Nadja wußte sich vor Freude kaum zu fassen. Eine Stunde später konnte sie, überströmend vor Glück, ihren Vater umarmen.

Der Angriff der Tataren scheiterte. Am Bolschja-Tor hatte Wassili Fedor die vordringenden Feinde im letzten Augenblick glänzend abgewehrt. Auch das Feuer auf der Angara wurde bald gelöscht, nachdem das Öl ausgebrannt war. Nur die Holzhäuser am Kai waren den Flammen zum Opfer gefallen.

Eine Unmenge von Gefallenen bedeckte die Wälle der Stadt. Auch Zangarra, die Zigeunerin, war unter ihnen; sie hatte vergeblich versucht, in Iwan Ogareffs Nähe zu kommen.

Die Nachricht von Ogareffs Tod verbreitete düstere Stimmung im Feldlager der Tataren. Erst jetzt erkannte man, daß dieser unversöhnliche Gegner des Zaren der treibende Keil des Angriffs gewesen war.

Zwei Tage später donnerte es von den gegenüberliegenden Höhen. General Kisseleff rückte mit dem Einsatzheer heran.

Dem Emir schien es zu gewagt, sich hier vor den Stadttoren in eine Schlacht einzulassen. Eilig gab er Befehl zum Abrücken. Auch im weiteren Feldzug hatte er wenig Erfolg. Die eroberten Städte und Landstriche büßte er bald wieder ein. Und als dann ein Winter mit ungewöhnlicher Kälte einsetzte, rettete der Emir, ganz vom Nachschub abgeschnitten, nur mit Mühe einen geringen Teil seines einst so mächtigen Heeres in die Steppen der Tatarei zurück.

Die Straße von Irkutsk zum Ural war wieder frei. Trotzdem verschob der Großfürst seine Rückreise nach Moskau, um an einer kleinen Feier teilzunehmen, die in der Irkutsker Kathedrale stattfand: Michael Strogoff führte seine Nadja zum Traualtar.

„Wie glücklich bin ich, euch beide meine Kinder nennen zu dürfen", hatte Wassili Fedor gesagt, als Michael bei ihm um Nadjas Hand anhielt.

Unter den vielen Zuschauern, die sich zu den Trauungsfeierlichkeiten drängten, waren auch zwei Ausländer, zwei Reporter, die mit den russischen Truppen nach Irkutsk gekommen waren. Voll Anteilnahme beglückwünschten sie das junge Paar, mit dem sie so viele Erlebnisse verbanden.

Ein paar Tage nach der Hochzeit reisten Michael, Nadja und Wassili Fedor nach Europa zurück. Als sie im Schlitten über die verschneite Ebene brausten, galten ihre Gedanken dem armen Nikolaus Pigassoff, ihrem bescheidenen und heldenhaften Freund, der wohl irgendwo hier in der unendlichen Weite den Tod gefunden hatte.

Natürlich machten sie in Omsk Station, um Michaels Mutter zu begrüßen, die inzwischen in ihre Heimatstadt zurückgekehrt war. In inniger Liebe umarmte Marfa Strogoff die Frau ihres Sohnes, die ihr in der Härte des gemeinsamen Erlebens ja längst zur Tochter geworden war.

Aber Michael drängte zum Aufbruch. Er mußte nach Moskau zurück, um dem Zaren Bericht zu erstatten.

Sogleich bei seinem Eintreffen meldete er sich im Neuen Palais.

„Oberst Strogoff", begrüßte ihn der Zar, der von seinem Bruder bereits unterrichtet war, „ich danke Ihnen für das, was Sie getan haben. Ich bin stolz auf Sie."

Auf einen Wink des Zaren reichte ihm ein Offizier des Kaiserlichen Stabes eine Schatulle mit dem Großkreuz des Heiligen Georg. Eigenhändig hängte der Zar dem eben beförderten Obersten, seinem tapferen Kurier, die hohe Auszeichnung um.

Ein Kapitän von 15 Jahren

Das unheimliche Wrack

Einen Hochsee-Segler mit einer zur Meuterei entschlossenen Mannschaft auf Kurs zu halten, war selbst für den erfahrenen Schiffsführer, Kapitän Hull, keine angenehme Sache. So ließ er bei aufziehendem Sturm alle Segel so lange wie möglich stehen, um rasch seinem Ziel Neuseeland näherzukommen. Dort wollte er die aufsässige Mannschaft endlich loswerden.

Kapitän Hull war fest davon überzeugt, daß er es der Unfähigkeit und Faulheit seiner Mannschaft zu verdanken hatte, ohne große Fangbeute zurückkehren zu müssen.

Doch Hull hatte keine besseren Leute finden können. Nach dem Anwachsen der Walfangflotten in allen Fangländern gab es nur noch viel zu wenig geschulte Matrosen, so daß auch er anheuern mußte, was er bekam.

Doch nicht genug damit: Nun machte diese drittklassige Versagermannschaft auch noch ihn, den Kapitän, für den Verdienstausfall verantwortlich. Sie verlangte Ausgleich aus der Schiffskasse und drohte mit Befehlsverweigerung.

Kurz darauf legte Hulls Schonerbrigg „Pilgrim" an der neuseeländischen Küste, im Hafen von Auckland, an. Der Kapitän machte gute Miene zum bösen Spiel, zahlte alle Unzufriedenen aus und versuchte, sie durch zuverlässigere Seeleute zu ersetzen. Mitten während seiner Bemühungen wurde ihm überraschend die Gattin seines Reeders, Frau Weldon, gemeldet. Sie bat den Kapitän, sie, ihren Sohn Jack, ihren Vetter Benedict und ihre schwarze Dienerin Nan nach San Franzisco mitzunehmen. Vor drei Monaten hatte sie mit ihrem kranken Kind auf Neuseeland zurückbleiben müssen, als ihr Mann dringend wieder nach den Vereinigten Staaten abreisen mußte. Seither wartete Frau Weldon auf eine Schiffsgelegenheit, um schnell und sicher nach Kalifornien zurückkehren zu können.

Natürlich war Kapitän Hull sogleich bereit, die Frau seines Reeders an Bord seiner „Pilgrim“ aufzunehmen, wenn dieses Schiff auch nur wenig Bequemlichkeiten bot und speziell für den Fischfang eingerichtet war.

Vetter Benedict, den Frau Weldon nun vorstellte, war ein schrulliger Wissenschaftler, der nur Interesse für sein Forschungsgebiet Insekten aufbrachte. Jedem, der es hören wollte oder auch nicht, erklärte er begeistert, daß es zwar von diesen Tierchen bloß zehn sogenannte „Ordnungen“ gäbe, indessen für jede davon bis zu 60 000 verschiedene Arten. Also ein durchaus lebensfüllendes Aufgabengebiet für einen Entomologen (Insektenforscher).

Außer dem weltfremden „Insektenvetter“ erschien mit Frau Weldon ihr kleines Söhnchen Jack, die Dienerin Nan und – zeitweilig – fünf Eingeborene, die das Gepäck der Amerikanerin in die Passagierkajüte schleppten.

Kaum war alles verstaut und die Familie an Bord, begab sich Kapitän Hull zur Frau seines Reeders und erklärte ihr ernst und eindringlich:

„Madame, ich muß Sie vor dem Ablegen darauf hinweisen, daß ich nicht die volle Verantwortung für Sie und Ihre Angehörigen übernehmen kann!“

„Was soll das heißen?“ wunderte sich Frau Weldon befremdet.

„Erstens“, erklärte Hull unbeirrt, „gab mir Ihr Mann, der alleinige Eigentümer meines Schiffes, keine dienstliche Anweisung dazu, und zweitens habe ich größte Mühe, nach einer unfähigen Mannschaft hier jetzt eine halbwegs bessere anzuheuern!“

„Selbstverständlich fahre ich auf eigene Verantwortung mit“, beschwichtigte Frau Weldon. „Hauptsache ist, daß ich so rasch wie möglich nach Kalifornien komme. Das nächste ordentliche Passagierschiff geht erst in zwei Wochen von hier ab!“

„Gleichzeitig weise ich Sie noch darauf hin“, beharrte Hull, „daß mit meinem Segler die einige tausend Seemeilen lange Überfahrt mindestens 40 bis 50 Tage dauern und es unter Umständen zu dieser Jahreszeit stürmisch werden wird“.

„Das ist mir ganz egal!“ antwortete Frau Weldon entschlossen. „Legen Sie ab, Kapitän. Der Herr möge unser Schiff behüten!“

Erst jetzt gab Hull sein Kommando zum Losmachen. Ein frischer Wind blähte die Segel der „Pilgrim“, und mit schäumender Bugwelle ging's aus dem Hafen von Auckland hinaus auf hohe See.

Die ersten drei Tage kam die Schonerbrigg auf ihrem Kurs nach Südamerika zügig voran. Dann aber schlug der Wind nach Osten um, und Kapitän Hull mußte stark backbord halsen lassen. Zwangsläufig kam das wackere Schiff von seinem ursprünglich geplanten Kurs ab und hielt mehr auf Kap Hoorn als auf die chilenische Küste zu.

Die Passagiere hatten sich indessen an Bord längst häuslich eingerichtet und kamen mit der neuen Schiffsmannschaft, der sie eifrig Trinkgelder gaben, bestens zurecht. Einzig der neue Schiffskoch, ein gebürtiger Portugiese namens Negoro, sonderte sich von allem ab und verschwand stets ins Logis, wenn er seine Arbeit in der Kombüse beendet hatte.

Vergeblich hatte Kapitän Hull versucht, etwas über das Vorleben dieses Schiffskochs zu erfahren, doch der Portugiese stellte sich taub, und Papiere besaß er nicht.

Jüngstes Mannschaftsmitglied war der Leichtmatrose Dick Sand, ein gebürtiger Amerikaner aus der Gegend von New York. Er sah intelligent und energisch aus und konnte – wie er später unter Beweis stellen sollte – selbständig einen Hochseesegler lenken. Sein letzter Kapitän, zugleich Nautiklehrer an einer Seefahrerschule, hatte ihn auf einer Südseefahrt in die Navigation eingewiesen.

Am Morgen des vierten Reisetages saßen Dick Sand und Jack, der kleine Sohn von Frau Weldon, auf einer Rolle Tau an Deck und spielten mit einem Ball, der an einer Leine befestigt war, damit er nicht ins Meer rollen konnte. Da die „Pilgrim“ noch immer scharf gegen den Ostwind fuhr, blähten sich vor Dick und Jack die drei Focksegel am Bugspriet. Die Saumtaue zitterten, und als der verteufelte Gegenwind wieder einmal fast genau von vorn her blies und die „Pilgrim" sich schäumend aus ihrer starken Schräglage aufrichtete, erspähte Dick Sand durch Zufall zwischen diesen drei Segeln weit draußen auf dem Meer einen unförmigen dunklen Gegenstand.

Auf sein Rufen hin stürzte die ganze Besatzung samt den Passagieren zur Steuerbordreling und blickte angestrengt in die angegebene Richtung.

„Das ist ein Rettungsboot!" meinte einer der Matrosen.

„Mir scheint eher, daß dort ein halb gekentertes großes Schiff dahintreibt!" antwortete Kapitän Hull und lugte durch sein Glas.

„Ein Schiff?" zweifelte der Wissenschaftler Benedict. „Niemals! Das ist ein ganz gewöhnliches Wirbeltier, ein Hochseewal!"

„Wie erklären Sie sich's aber als Wissenschaftler", widersprach Hull energisch, „daß ich durch mein Glas auf diesem angeblichen Walfisch Kupferbeschläge in der Sonne leuchten sehe?" Ohne eine Antwort des Naturkundlers abzuwarten, befahl der Kapitän: „Ein Viertel nachlassen – Kurs auf das Treibgut!"

Während die „Pilgrim" folgsam aus dem Wind fiel, stritt sich der Wissenschaftler Benedict noch immer hartnäckig mit den Matrosen, ob da, etwa drei Meilen von ihnen entfernt, ein Wal, ein Wrack oder ein Rettungsfloß, wie einige meinten, dahintrieb. Schon ließ Kapitän Hull wieder etwas abdrehen, damit die Brigg „Pilgrim" nicht in Gefahr geriet, bei dem steifen Wind und Wellengang das unbekannte Etwas zu rammen.

Beim Näherkommen erkannte die Besatzung ein Schiffswrack, ein halb gekentertes Segelschiff, dessen Steuerbord hoch in die Luft ragte. Das Deck auf der Backbordseite verschwand halb im Wasser. Die Masten waren offensichtlich abgebrochen, und von den Wanten waren bloß noch Fetzen zu sehen. Beim Heransegeln erkannten die gespannten Passagiere der „Pilgrim" auf der Steuerbordseite des Wracks ein gewaltiges Leck, durch das die Spanten des Rumpfes zu sehen waren.

„Diese unglückliche Schiff muß gerammt worden sein!" verkündete Kapitän Hull.

„Gottseidank", antwortete die Reedersgattin. „Dann wurde die Mannschaft nach Seerecht von dem anderen Schiff übernommen und somit gerettet!"

„Leider ist das durchaus nicht sicher, gnädige Frau", sagte Kapitän Hull. „Das weiß man nie genau. Nicht jeder meiner Kollegen ist ein Ritter der Meere".

Dann mußte Hull sich wieder mit dem Kurs der „Pilgrim" beschäftigen. Nur noch drei Kabellängen war die Brigg von dem treibenden Wrack entfernt.

„Anluven!" befahl er nach achtern.

„Alle mal still", sagte da Dick Sand. „Ich glaube, ich habe da eben ein Bellen gehört!"

Alle lauschten. Deutlich ließ sich Hundegebell vernehmen, ohne daß aber ein Hund auf dem Wrack zu sehen war.

Doch als jetzt die „Pilgrim" noch näher herankam, erschien plötzlich der zottige Kopf eines riesigen Wolfshundes auf dem schräg liegenden Deck des Wracks, der bei der Annäherung des fremden Schiffes in ein wütendes Gebell ausbrach.

Kapitän Hull ließ sich indess nicht irre machen und befahl, ein Boot klar zu fieren und stieg mit zwei Matrosen, darunter Dick Sand, hinein. Darauf pullten die Männer kräftig auf das Wrack zu. Hull und Dick Sand riefen beruhigende Worte zu dem fremden Wachhund hinüber. Wirklich ließ sich der Wolfshund vom beschwichtigenden Tonfall der beiden besänftigen. Er schien zu begreifen, daß man ihn retten wollte.

Doch auf einmal begann er um so wütender zu kläffen, diesmal aber nicht dem kleinen Boot entgegen, sondern hinüber zur „Pilgrim". Die Insassen des Ruderbootes drehten sich. Und was sahen sie dort? Nichts weiter, als daß der portugiesische Koch Negoro an der Reling erschienen war, kurz zu dem Hund hinüberstarrte und wieder unter Deck verschwand.

In dem Moment aber erreichte das Beiboot das Heck des Wracks. Deutlich war dort der deutsche Name „Waldeck" zu lesen. Die Angabe des Heimathafens fehlte. Kapitän Hull schloß aus einigen Baumerkmalen des havarierten Seglers, daß er in Amerika gebaut sein mußte.

Freundlich wedelnd kam der Hund seinen Befreiern entgegen.

„Ob der wohl allein an Bord ist?" fragte Dick Sand.

„Er wird höchstens die Gesellschaft von Leichen haben!" antwortete der Kapitän.

Vorsichtig ruderten die Bootsinsassen an der untergetauchten Schiffsreling entlang. Überall hingen dicke Tauenden ins Wasser. Das Deck des Wracks war von Trümmern der Masten und Takelage übersät.

Plötzlich sprang der riesige Hund ins Meer und schwamm geschickt auf das Boot zu. Einer der Bootsinsassen griff beherzt zu und zog den Hund ins Boot. Gleich aber erhob sich das Tier wieder und bellte unentwegt in Richtung des Wracks.

Die Seeleute sprangen auf das Wrack hinüber und hatten Mühe, sich auf dem extrem schräg liegenden Deck bis zur Kajütentüre vorzuarbeiten. Der Laderaum stand halb unter Wasser, und an manchen Stellen schauten durchnäßte Sandsäcke hervor – sonst schien er leer zu sein.

Kapitän Hull führte seine Begleiter zurück, doch nun verschwand der Hund auf einmal in der halbzertrümmerten Deckkajüte. Unentwegt hörte man das Bellen und Winseln.

Die Matrosen wagten sich hinterher. Als sie sich kaum an das Halbdunkel in dem kleinen Raum gewöhnt hatten, da sahen sie fünf ausgestreckte menschliche Körper in einer Ecke liegen. Kapitän Hull, zugleich ein erfahrener Schiffsarzt, fühlte sogleich den Pulsschlag der Reglosen. Als er schwache Lebenszeichen zu spüren vermeinte, befahl er:

„Alle Mann an Bord nehmen!“ Seine Helfer schleppten einen nach dem anderen – es waren fünf Neger – in ihr Boot.

Als sie wieder die „Pilgrim“ erreichten, sprang der Hund, ohne eine Vorwarnung, wie toll auf den Schiffskoch Negoro los, den er schon so erbittert verbellt hatte. Nur mit Mühe konnten drei Matrosen das wütende Tier davon abhalten, dem Portugiesen die Kehle durchzubeißen.

„Kennen Sie diesen Hund?“ fragte Kapitän Hull seinen Koch.

„Nie gesehen – das Tier ist toll und gehört erschossen!" brummte Negoro.

Nicht nur Dick Sand erschien diese Antwort des Koch unglaubwürdig. Wenn es auch Menschen gab, die Hunden von vornherein unsympathisch waren, so würde ein solcher Hund sich doch nicht gleich wie toll benehmen ... nein: hier gab's irgendein Geheimnis, das dieser Portugiese wohlweislich verschwieg. Aber welches und in welchem Zusammenhang?

Geheimnis eines Hundes

Unter der vereinten Pflege von Frau Weldon, Kapitän Hull und Dick Sand kamen die fünf Neger bald wieder zu sich. Der älteste von ihnen, ein hochgewachsener, Achtung gebietender Mann, konnte als erster wieder reden.

„Ihr Schiff ist mit einem anderen zusammengestoßen?" fragte Hull.

„Ja – und zwar ungefähr vor zehn Tagen. In der Nacht weckte uns ein fürchterlicher Zusammenprall!"

„Und was ist mit der restlichen Besatzung Ihres Schiffes passiert?" wollte Frau Weldon wissen.

„Sie war spurlos verschwunden, als wir das Deck unseres rasch kenternden Schiffes erreichten."

„Vielleicht wurden die Leute von dem Schiff übernommen, das Ihren Segler rammte?" fragte jetzt Dick Sand.

„Kaum möglich, denn wir haben, obgleich wir sofort an Deck stürzten, kein Schiff mehr gesehen!" sagte der Neger.

Frau Weldon konnte es kaum fassen, daß es demnach Seeleute gab, die ihre havarierten Kollegen auf hoher See im Stich ließen und sich auf und davon machten, ohne zu retten, was noch zu retten war.

Kapitän Hull befragte den Neger, der Tom hieß, nach seinen

Erlebnissen. Er erfuhr, daß die fünf bei einem australischen Farmer als Landarbeiter angestellt gewesen waren und auf ihrer Heimfahrt, nach dem Zusammenstoß mit einem unbekannten Schiff, zwei Wochen vergebens auf Rettung gewartet hatten.

Dick Sand kümmerte sich um den halb verhungerten Hund. Über dessen Herkunft konnten auch die Neger nichts sagen, und die auf einer Metallplatte an seinem Halsband gravierten Buchstaben S.V. verrieten ebenfalls nichts. Der große Wolfshund war, solange der portugiesische Koch der „Pilgrim" nicht zu sehen und zu riechen war, freundlich und spielte gleich mit dem kleinen Sohn von Frau Weldon. Doch sowie der Portugiese auftauchte, zeigte er eine ganz unerklärliche blutrünstige Wut und mußte festgehalten werden, damit er nicht auf den Koch losging.

Die Kameraden Toms, im Alter zwischen 25 und 30 Jahren, erwachten erst am Abend aus ihrer Bewußtlosigkeit. Besonders ein Hühne unter ihnen, mit dem schön passenden Namen Herkules, erholte sich erstaunlich rasch und begann sehr geschickt den Matrosen bei ihrer Arbeit zu helfen. Als der kleine Jack den riesenhaften Neger die schwersten Segel mühelos festzurren sah, rief er ihm zu:

„Schaukel mich mal!"

Da packte Herkules den Fünfjährigen an den Beinen und schleuderte ihn wie eine Feder durch die Luft, so daß der Kleine vor Vergnügen schrie. Von da an mußte ihn dieser Neger ständig herumtragen, mit ihm Ball spielen, ihn im Kreis herumwirbeln und mit ihm spielen.

Auch Dick Sand freundete sich bald mit Herkules an. Er brachte ihm die Grundzüge der Segelschiffahrt bei und wunderte sich, wie rasch der Neger alles auffaßte.

Dick Sand selbst hatte schon fast perfekt gelernt, ein Segelschiff selbständig zu führen, und Kapitän Hull betrachtete ihn ab und zu heimlich mit Wohlwollen, wie er gleich einem alten Fahrensmann am Schiffssteuer stand, den Blick starr auf die Spitze des Bugspriets gerichtet, und sich dabei von niemandem stören ließ. Hull hatte schon der Frau seines Reeders empfohlen, Dick Sand nach Erreichen des notwendigen Alters auf Kosten der Schiffahrtsfirma auf die Öffentliche Seefahrerschule zu schicken, wo die späteren Hochseekapitäne ausgebildet wurden und nur die Besten bestehen konnten.

Wieder gab es auf der Brigg ein großes Erstaunen, Rätselraten und Unheilvermuten um den fremden Schiffshund. Als nämlich Jack mit Holzwürfeln spielte, auf denen das Alphabet geschrieben stand, schnappte der riesige Hund erst den Würfel mit dem Buchstaben „S", dann mit dem „V". Er spielte mit diesen Würfeln, nur mit diesen, und grunzte dabei vor Behagen, und sein Schweif wedelte freudig.

„Solch ein Zufall!" rief Kapitän Hull. „Das Tier erwischte genau die Buchstabenwürfel, deren Lettern auch auf seinem Halsband eingraviert stehen: S und V!"

Doch am nächsten Tag schnappte sich der Hund genau wieder dieselben Würfel „S" und „V". Keiner der Passagiere mochte nunmehr annehmen, dies sei lediglich ein Zufall.

„Das Teufelstier kann lesen!" rief Kapitän Hull, der bestimmt nicht mehr als unter Seeleuten üblich abergläubig war.

„Aber das ist doch unmöglich!" korrigierte ihn Benedict, der Insektengelehrte. „Höchstens kann ihn sein früherer Besitzer darauf abgerichtet haben, ausgerechnet diese beiden Buchstaben auszuwählen – Wolfshunde haben ein ungeheures Merkvermögen! Aber was bedeutet dann die Auswahl von „S" und „V"? Dieses Rätsel könnte uns nur der Hund selbst verraten!"

„Und der kann nicht reden!" antwortete Frau Weldon. „Nein – ich kann mir nicht helfen, dieses Tier wird mir immer unheimlicher!"

Ungewollt platzte in diese Unterhaltung der portugiesische Schiffskoch Negoro, der seine Küchentür öffnete, um frische Luft zu schnappen. Als er mit einem einzigen Blick den Hund sah, der mit den zwei Holzwürfeln „S" und „V" spielte, da fuhr er wie von der Tarantel gestochen herum, sprang in seine Küche zurück und schlug die Tür hinter sich zu. Wußte am Ende er das Geheimnis dieser zwei Buchstaben?

Tödliche Waljagd

Neunzehn Tage nach der Abfahrt der „Pilgrim" blieb der Wind fast völlig aus. Kapitän Hull erhoffte sich von dieser Flaute einen Wechsel der Windrichtung, so daß sein Schiff den Rest der Reise mit vollen Segeln vor dem Wind rasch beenden könnte.

Auf einmal trieben ringsher Wasserpflanzen auf dem ruhigen Meeresspiegel, und danach wurde die See weit und breit rötlich schimmernd.

„Was bedeutet denn das?" konnte es sich Frau Weldon nicht erklären, doch Kapitän Hull hatte nur die kurze Antwort auf ihre Frage:

„Walfischfutter!"

Der gelehrte Vetter Benedict erklärte es ausführlicher: „Die rötliche Wasserfärbung kommt von Myriaden kleinster Krustentiere, von denen sich die großen Meeressäuger ernähren!"

„Wie können denn die riesigen Wale diese winzigen Meerestiere essen? erkundigte sich Frau Weldon.

„Genau so, wie unser kleiner Jack seinen Griesbrei ißt: sie sperren einfach ihre Mäuler auf und lassen das Wasser zusammen mit Millionen dieser Tierchen in den Magen laufen!"

„Griesbrei oder nicht!" mischte sich Leichtmatrose Dick Sand ein. „Dem Seemann jedenfalls zeigen die kleinen Tierchen an, daß Walfische in der Nähe sind".

Als hätte man es so verabredet, ertönte in diesem Moment die Stimme des Matrosen im Mastkorb: „Wale vier Seemeilen voraus!"

Sofort eilten alle Mann zum Bug der „Pilgrim". Weit vor dem Segler, für ungeübte Augen kaum wahrnehmbar, zeigten sich helle Schaumstreifen im rötlichen Meereswasser. Im Nu war die ganze Mannschaft lebendig, und Kapitän Hull holte eilends sein Jägerglas aus der Kajüte und visierte in die angegebene Richtung.

Es sind viele, unheimlich viele Wale!" rief er dann aus. „Man kann ihre Atemfontänen, die sie ausstoßen, kaum zählen. Wenn wir uns ranhalten, können wir hier unseren bisherigen Fangverlust mit einem Schlag ausgleichen!"

„Wenn wir die Burschen erlegen, Kapitän", sagte der Quartiermeister, „dann fehlt uns von den 200 Tonnen Tran, die wir zu wenig im Laderaum haben, kein Tröpfchen mehr!"

„Schiff klar zum Walfang!" kommandierte Kapitän Hull. „Ich werde selber an die Harpune gehen!"

„Bitte Hull", sorgte sich Frau Weldon. „Gehen Sie kein unnötiges Risiko ein! Haben Sie denn keinen Mann unter der Mannschaft, der dieses gefährliche Geschäft besorgen kann."

„Leider nein!" entgegnete der Kapitän. „Aber bloß weil ich keine voll zur Jagd taugliche Mannschaft bekommen habe, soll mir diese einmalige Fanggelegenheit nicht entgehen!"

„Hurra!" schrien die Matrosen. Auf jeden Fall würden auch sie ihren Geldanteil an der Beute bekommen – das war Seegesetz!

Hull war klar, daß diese bevorstehende Jagd schwierig werden würde. Obwohl insgesamt drei Walfangjollen auf der „Pilgrim" hingen, konnte er mit seiner Kernmannschaft bloß eine davon bemannen. Das war bei der Überzahl dieser jähzornigen und unberechenbaren Riesentiere gefährlich wenig!

Obgleich sich die Neger sofort bereiterklärten, ihren Lebensretter in einem zweiten Boot zu begleiten, wollte Hull nur routinierte Jäger mitnehmen, da schon eine falsche Bewegung den Untergang des Fangschiffes bedeuten konnte.

Kurz entschlossen beauftragte Kapitän Hull seinen seemännisch begabten Leichtmatrosen Dick Sand, bis zu seiner Rückkehr an

Bord das Kommando über die ,,Pilgrim" zu übernehmen. So gerne Dick mit auf die Jagd gefahren wäre, so sehr fühlte er sich doch auch durch diesen Auftrag geehrt und stellte sich stolz auf die Kommandobrücke.

Hull ließ die Fangjolle von Steuerbord ins Wasser. Die mörderische Harpune samt ihrer Seilrolle wurde klargemacht, dazu eine zweite als Reserve und auch für jedes Ruder ein Ersatzstück, falls die Wale sie zerschlagen würden.

Bevor Kapitän Hull sein Schiff verließ, um sich der lockenden Walherde zu stellen, inspizierte er nochmals rasch die ,,Pilgrim" und überzeugte sich, daß sämtliche Segel ordentlich beigelegt und gut verzurrt waren, damit sein Schiff nicht abtreiben konnte.

Dick Sand rief er zu sich und ermahnte ihn, unablässig wachsam zu bleiben.

,,Das Meer ist zwar zur Zeit ruhig wie eine Pfütze, doch das kann sich, wie du weißt, Dick, minutenschnell ändern. Paß also scharf auf. Sobald Wind aufkommt, weißt du, was zu tun ist. Dabei können dir die Neger helfen, die uns treu ergeben sind, seit wir sie vor dem Hungertod bewahrten!"

Als er schon in der Jolle war, rief er Dick noch zu: ,,Wenn wir bei den Fischen eine Fangflagge zeigen, dann, aber nur dann, segle zu uns hin!"

,,In Ordnung, Kapitän!" versprach Dick Sand. ,,Sie können sich auf mich absolut verlassen!"

,,Denk dran, daß du in meiner Abwesenheit Kapitän bist und für unsere Passagiere verantwortlich!" schärfte ihm Hull ein und stieß die Jolle von der ,,Pilgrim" ab.

Aber während die an Deck Zurückgebliebenen ihr mit allen guten Wünschen nachsahen, sprang der Wolfshund, sich mit den Vorderpfoten gegen die Reling stemmend, plötzlich hoch und stimmte ein markerschütterndes, klagendes Angstgeheul an. Danach trottete er mit eingezogenem Schweif zu Frau Weldon und leckte ihr wie Schutz suchend die Hände.

„Du lieber Himmel!“ bemerkte die Reedersgattin. „Das bedeutet nichts Gutes. Hunde haben da mitunter eine Vorahnung, die uns Menschen fehlt!“

In diesem Augenblick trat der Schiffskoch Negoro aus der Tür, um nach der Ursache des Hundegeheuls zu sehen, und schon flog ihm der riesige Wolf an die Kehle. Nur weil Dick Sand im letzten Moment das Halsband des Hundes erwischte und mit aller Kraft daran zog, so daß die erboste Bestie keine Atemluft mehr bekam, ging es für den Portugiesen ohne Verletzung ab.

Mit einem gotteslästerlichen Fluch und leichenblaß, wankte der Angefallene in seine Kombüse zurück und verriegelte die Tür hinter sich, als gelte es, einen weiteren Überfall abzuwehren.

Kapitän Hull ließ seine Leute das Boot in einem weiten Bogen von der „Pilgrim“ wegrudern, damit man sich den Walen unterm Wind nähern konnte, ohne zu früh bemerkt zu werden. Sein zweiter Harpunier Howick, ein erfahrener Waljäger, steuerte geschickt um das Rudel der riesigen Meeressäugetiere herum.

„Die Wale dürfen von uns erst dann etwas merken, wenn unsere Harpunen auf sie zu fliegen!“ flüsterte Hull.

„Ich halte mich immer am Rande des roten Wassers, Kapitän – keine Sorge!“ gab Howick ebenso leise zurück, denn Walfische haben ein enorm gutes Gehör.

„Männer – macht keinen solchen Lärm mit euren Rudern!“ ermahnte der Kapitän seine Leute.

Nach kurzer Zeit war die Herde der Riesentiere von dem kleinen Boot umrundet und schwamm nun schräg zwischen ihm und der wartenden „Pilgrim“. Plötzlich sagte der erfahrene Howick leise zu Hull:

„Kapitän, die Viecher prusten nicht mehr so laut wie vorher – sie haben uns längst bemerkt!“

„Nicht zu ändern!“ war die Antwort. „Sie werden gewiß ein oder mehrere Wachtposten schwimmen haben!“

Die Matrosen duckten sich bei diesen Worten ihres Chefs unwillkürlich in das winzige Boot, und es war keiner unter ihnen, dem in diesem Moment vor den gewaltigen Fischen nicht mulmig zu Mute wurde.

Howick und Hull boten alle Geschicklichkeit auf, um nun möglichst rasch an die Herde heranzukommen, ohne in den Bereich ihrer tödlich wirkenden Schwanzflossen zu geraten. Dann stellte sich Kapitän Hull breitbeinig aufrecht ins Boot, die mörderische Harpune wurfbereit in der Faust, und zielte bedächtig.

Weder von den Fischen noch von ihren Jägern kam ein Geräusch, ja es schien so, als schliefen die riesigen Wale und würden von dem sich nähernden Boot gar keine Notiz nehmen. Doch das konnte die Jäger nicht täuschen.

Jetzt riß Hull seine Waffe ein paar Mal wie einen Diskus probend vor und zurück, dann schleuderte er sie mit aller Kraft des geübten Harpuniers auf den nächstliegenden Wal. Fast gleichzeitig rief er seinen Matrosen das Kommando zu: „Zurück!"

Keinen Moment zu früh: Auf einmal legte sich der getroffene Wal zur Seite, und die Fänger erkannten entsetzt, daß ein etwa sechs Meter langer Jungwal an dem mehr als dreißig Meter messenden Muttertier säugte. Alle wußten aus langer Erfahrung, daß angegriffene Muttertiere sich und ihr Kind mit dreifacher Wut gegen jede Bedrohung verteidigten.

Kapitän Hull war im ersten Moment bereit, die Fangleine an seiner geworfenen Harpune zu kappen, um aus dem Gefahrenbereich zu fliehen, doch der Wal ließ ihm keine Zeit dazu: Mit geradezu wunderbarer Behendigkeit tauchte das Riesentier mitsamt seinem Jungen in die Tiefe und jagte unter Wasser davon.

Mit einem gewaltigen Ruck wurde nun die Jolle hinterhergerissen, an der zähen Fangleine über Wasser geschleift, daß die Wellen nur so sprühten.

Der Wal schien nicht tödlich getroffen zu sein, denn er schoß mit dem Tempo einer Granate unaufhörlich unter Wasser davon. Schon mußte die erste Ersatzleine eingehakt werden, und nach weiteren Minuten rasender Fahrt war auch sie von ihrer Trommel abgespult.

„Verdammtes Vieh", schimpfte Howick. „Alle unsere Leinen gehen wegen dir drauf!"

„Und wir sind gleich meilenweit von der ‚Pilgrim' entfernt!", ergänzte Hull.

„Immer mit der Ruhe!" beschwichtigte der unerschütterliche Howick. „Auch der kräftigste Wal muß mal auftauchen, um Luft zu tanken. Ewig geht's auch mit diesem verrückten Exemplar nicht so weiter!"

Doch auch die dritte Leine lief ab, und nach der vierten die fünfte und letzte. Doch da – kurz bevor sie zu Ende war, hielt die Rolle an und ebenso das bislang hinterhergezerrte Jagdboot. Alle Insassen atmeten auf: Ihre Beute mußte Luft holen und dazu an die Oberfläche tauchen (Wale sind keine Fische, die dem Wasser den Sauerstoff entziehen, sondern Säugetiere, die unter Wasser die Luft anhalten).

Der Wind war inzwischen aufgefrischt, es gab Wellen mit Schaumkronen, und zwischen ihnen zeigte sich jetzt der gewaltige Körper des gejagten Wals, dann der seines Kindes. Beide lagen wie Inseln ruhig in dem bewegten Wasser.

„Vorsicht!" warnte Howick halblaut. „Die Biester halten sich stets völlig unbeweglich, bevor sie angreifen!"

„Es hilft nichts!" brüllte Hull, den genau wie seine Männer das große Jagdfieber gepackt hielt. „Wir müssen voran und unsere Beute einfangen!"

Während die Jolle, noch immer an der Leine ihrer im Wal feststeckenden Harpune, entschlossen näher glitt, drehte sich das riesige Tier plötzlich auf der Stelle, schoß mit einem einzigen Schlag seines Schwanzes dreißig Meter auf das Jägerboot zu.

„Abdrehen!" schrie Hull seinen Matrosen zu. Howick drehte tatsächlich das kleine Schiff so gewandt beiseite, daß der Wal wie ein Geschoß haarscharf danebentraf, als er jetzt angriff. Im Vorbeischwimmen rammte ihm der zweite Harpunier der „Pilgrim“ gekonnt seine Fangwaffe in den Speck.

Der Wal machte unbeeindruckt kehrt und holte neuen Schwung. Bevor er angriff, schickte er einen viele Meter hohen Wasserstrahl trompetend in die Luft, fast wie ein erzürnter Elefant. Ein geschickter Schwanzschlag brachte ihn sofort wieder in die Kampfstellung zum Schiff, das der geübte Howick indessen abermals rechtzeitig zur Seite reißen konnte, so daß auch diesmal der Stoß des Riesentieres ins Leere ging.

Aber es war wie verhext: Trotz seiner zwei Harpunen im Leib, was jeden anderen Wal entmutigt und ermattet hätte, schien dieses weibliche Tier geradezu unverwundbar und wühlte das Meer ringsherum derart auf, daß mehrmals Wellen über der Jolle zusammenschlugen.

„Ausschöpfen!“ brüllte Hull wie ein General in der Schlacht. Und seine Leute begannen fieberhaft zu arbeiten. Und da – ganz plötzlich – wurde es mehreren von ihnen lähmend klar, daß ihr verlorenes kleines Fahrzeug gegen den riesenhaften Meisterschwimmer wehrlos war, daß sie aus Verfolgern zu Verfolgten geworden waren. Auch Kapitän Hull spürte dies, denn er kappte jetzt schweren Herzens mit seinem Entermesser die Fangleine, um sein Boot und seine Mannschaft aus der Gefahr zu erretten, welche absolut tödlich zu werden drohte, wenn statt des einen Wals die ganze Herde aufmerksam würde und sich auf den Feind stürzte.

Nochmals wendete der erzürnte Wal und schoß mit schäumender Bugwelle auf die kleine Jolle los. Verzweifelt legten sich alle Mann in die Riemen, um das noch nicht ganz ausgeschöpfte Boot wiederum aus der Richtung zu bringen, doch diesmal waren sie nicht mehr rasch genug. Der in Schräglage vorbeischießende Wal streifte das kleine Fahrzeug mit seiner focksegelgroßen Rückenflosse und warf Howick über Bord. Das alles geschah so schnell, daß die übrigen Insassen überhaupt nichts unternehmen konnten.

Sie konnten nun ihr Heil nur noch in einer verzweifelten Flucht

suchen. Kapitän Hull schoß aus der Notpistole eine rote Leuchtkugel in den Himmel, ohne Rücksicht darauf, daß dadurch die übrige Walherde alarmiert werden konnte. Nun wußte man auf der „Pilgrim" Bescheid und strebte mit vollen Segeln auf das Fängerboot zu. Doch es war schon zu spät.

Geradezu höhnisch mit seinem Riesenmaul grinsend, schoß der weibliche Wal nun zum Todesstoß auf das Boot zu, das sich auf einmal nicht mehr steuern ließ – offenbar war sein Ruder beim letzten Angriff zerbrochen.

Mit schreckgeweiteten Augen sahen die Seeleute das Riesengeschoß des wütenden Wals auf sich zu rasen, und dann erscholl aus ihren Kehlen ein letzter, gemeinsamer Notschrei (der auf der „Pilgrim" gehört wurde), als der Walfisch ihr Boot wie ein Spielzeug aus dem Wasser schleuderte. Ein Splittern, Krachen – und mit dem Bug voran versank die leck geschlagene Jolle wie ein Stein im aufgewühlten Meer. Als sie wieder auftauchte, das heißt, bloß das Mittelstück von ihr, da waren bis auf Kapitän Hull und seinen Harpunier Howick alle anderen Matrosen spurlos verschwunden.

Die „Pilgrim" kam pfeilschnell heran, schoß indessen zunächst über den Kampfplatz hinaus, bevor sie beidrehen konnte. Sie hatte die beiden Seeleute noch nicht erreicht, als die volle Wucht eines gewaltigen Schwanzschlages des siegreichen Wals die mit letzter Kraft Schwimmenden traf, ihre Körper zerschmetterte und in die Tiefe riß . . .

Mit fünfzehn Jahren Schiffskapitän

Dick Sand und seine Kameraden hatten die Katastrophe mit Entsetzen verfolgt. Als sich der Leichtmatrose gerade entschlossen hatte, dem Befehl des Kapitäns entgegen ein Rettungsboot zu Wasser zu lassen, war es bereits zu spät! Erst fünfzehn Minuten nach dem tödlichen Angriff des Wals erreichten Dick und drei Matrosen die Unglücksstelle. Nur noch zerbrochene Ruder und die Seemütze des Kapitäns trieben auf dem Wasser. Von den Insassen des zerschlagenen Fangbootes aber war nichts mehr zu sehen.

Trauernd kehrten Dick und seine Begleiter an Bord der „Pilgrim" zurück. Frau Weldon brach in Tränen aus. Unwillkürlich zog sie ihren Sohn, den kleinen Jack, an sich. Die getauften Neger falteten zum Sterbegebet ihre Hände, und nur der portugiesische Koch, der den Todeskampf von seinem Küchenfenster aus verfolgt hatte, ließ sich nicht blicken.

Dick starrte minutenlang auf die Wasserstelle, wo sein Kapitän und die Matrosen versunken waren. Ihm wurde bewußt, daß er nun der einzige Seemann an Bord war, das heißt, ein erst halb ausgebildeter und erfahrener Anfänger. Unwillkürlich streifte sein Blick den Horizont. Er hielt Ausschau nach einem rettenden fremden Schiff, das die Passagiere hätte übernehmen und ihn damit aus der Verantwortung entlassen können. Doch nirgends zeigte sich die Spur eines Schiffes. Auch von den Walen war jetzt nichts mehr zu sehen und zu hören.

Da hörte Dick Sand leise Tritte hinter sich, fuhr herum und starrte in das höhnisch lachende Gesicht des portugiesischen Koches Negoro.

„Was willst du von mir?“ fragte er unwillig.

„Ich möchte den Kapitän sprechen!“ antwortete der Koch spöttisch.

„Hast du nicht gesehen, daß der Kapitän von einem Walfisch getötet worden ist?“ fragte Dick Sand.

„So, so!“ meinte der Portugiese ungerührt. „Dann muß jetzt also geklärt werden, wer hier an Bord als sein Nachfolger den Befehl übernimmt!“

„Ich bin sein Nachfolger!“ erklärte Dick selbstbewußt.

„Du?“ gab der Schiffskoch respektlos zurück. „Ein Kapitän von nur fünfzehn Jahren? Das kann niemals gutgehen . . .“

„Es ist kein anderer wenigstens so ausgebildeter Seemann an Bord wie ich!“ wandte Dick Sand kurz ein. „Deshalb wollen Sie mich in Zukunft gefälligst als Kapitän akzeptieren!“

„Ich denke nicht daran“, wollte der Koch einwenden, doch in diesem Moment trat die Reedersgattin Frau Weldon zu ihm:

„Ich verlange, daß auch Sie tun, was der neue Kapitän anordnet!“ forderte sie. „Im Namen meines Mannes, des Eigentümers dieses Schiffes, erkläre ich den Matrosen Dick Sand zum neuen Führer!“

Das war unmißverständlich. Wortlos trottete Negoro davon. Die noch auf der „Pilgrim“ verbliebenen Matrosen blickten Dick Sand vertrauensvoll entgegen, als dieser jetzt unverzüglich seine erste Amtshandlung vornahm und sachkundig die Segelstellung überprüfte.

Die Brigg „Pilgrim“ wurde von ihm sogleich wieder vor den Wind gebracht, doch insgeheim war sich Dick Sand noch nicht im klaren darüber, wie alles weitergehen sollte. Seine Seefahrtskenntnisse reichten zwar aus, um den Negern die wichtigsten Griffe zum Bedienen der Takelage beizubringen, doch schon die notwendige Positionsbestimmung für den Kurs mit dem Sextanten und den anderen nautischen Instrumenten beherrschte er noch nicht.

Die einzigen ihm vertrauten Hilfsmittel für eine Schiffskurs-Bestimmung waren das Log und der Kompaß, wobei er nur zu gut wußte, daß jede Meeresströmung ihre Wirkung zunichte machen konnte, oft, ohne daß man das rechtzeitig bemerkte.

Als er mit wenig zuversichtlichem Gesichtsausdruck auf der Kommandobrücke der „Pilgrim“ am Platz des getöteten Kapitäns stand, trat Frau Weldon zu ihm.

„Sie dürfen jetzt nicht den Kopf hängen lassen, Kapitän Sand“, sagte sie absichtlich achtungsvoll. „Wenn Sie als einziger Seemann, welcher der „Pilgrim“ noch verblieben ist, aufgeben, dann sind wir alle verloren!“

„Sie haben recht, gnädige Frau!“ pflichtete Dick bei und richtete sich auf. „Ich will mein Bestes versuchen, wenn mich dabei die anderen Männer an Bord ebenso nach Kräften unterstützen werden!“

„Dafür will ich sorgen!“ antwortete Frau Weldon energisch. „Ihre Aufgabe, Kapitän, ist es nun, unser Schiff auf dem richtigen Kurs zu halten. Soviel ich weiß, hatte Kapitän Hull diesen Kurs bereits auf seiner Seekarte eingezeichnet.“

„Ja – das hat der Kapitän getan!“ bestätigte Dick.

„Gut! Und nun kommt es weniger darauf an, genau im vorgesehenen Zielhafen Valpareiso zu landen, sondern es genügt schon, wenn wir wohlbehalten die amerikanische Küste erreichen! Diese ist so ungeheuer lang, daß sie eigentlich nicht mal ein Blinder verfehlen kann!" sagte Frau Weldon.

Dick wollte gerade seine Hilfsmannschaft zusammenrufen, um ihr das, was ihm seine Chefin soeben anbefohlen hatte, mitzuteilen, als ihn Frau Weldon zurückhielt. Sie zog Dick Sand ins Kartenhaus und ließ sich von ihm nochmals die Eintragungen des verunglückten Kapitäns Hull erklären. Beruhigt sah sie auf die riesige Abbildung der amerikanischen Küste am rechten Kartenrand, wußte aber auch, daß die „Pilgrim" in dem noch größeren Ozean davor, bloß ein mikroskopisch winziger Punkt war, ein Nichts sozusagen, welches in der gewaltigen Wasserfläche durchaus verloren gehen konnte.

Als beide das Kartenhaus verließen, bemerkte der junge Schiffskapitän, daß inzwischen am Horizont ein pechschwarzer Wolkenriegel aufzog und der bislang zaghafte Nordwestwind auffrischte. Sogleich rief er die Mannschaft um sich.

„Den kommenden kräftigen Wind müssen wir einfangen, damit er unser Schiff so rasch wie möglich heim nach Amerika treibt!" erklärte er mit fester Stimme.

„Hoch der neue Kapitän!" schrien alle, die genau wußten, daß nur Dick Sand, der immerhin geschulte Seemann, sie retten konnte. „Wir folgen Ihnen durch Dick und Dünn!"

Zuerst ließ Dick von seiner ungelernten Negermannschaft, weil das am einfachsten war, alle Segel aufziehen, die man von Deck aus erreichte. Er selbst hielt das Ruder fest und gab geduldig erklärende Kommandos. Mitunter knüpften die Helfer zwar die falschen Leinen los oder zogen sie zu fest an, doch nach ungefähr zehn Minuten waren die Segel alle richtig gesetzt. Sogleich begann sich der schnelle Segler „Pilgrim" willig vor den Wind zu legen.

Die weiteren Segel aber konnten nur von der Takelage aus bedient werden. Dick stellte nunmehr den Neger Herkules ans Ruder und schärfte ihm ein, ja die Richtung genau einzuhalten. Dann kletterte er selber – gelernt war gelernt – wie ein Wiesel in die Takelung hoch und klomm an den Stangen der Masten kühn nach außen, von dort aus den Negern Anweisungen zuschreiend, die ihm unbeholfen und ängstlich nachgeklettert waren. Gemeinsam schafften sie es in länger als einer Stunde harter Arbeit, alle Segel der „Pilgrim" richtig in den immer kräftigeren Wind zu hängen. Wie eine weiße Feder flog nun die Brigg vorm Sturm dahin.

Zufrieden mit seinen Leuten, sprach der neue Schiffsführer ihnen sein Lob aus. Mit viel Vertrauen sah Dick Sand jetzt in die ungewisse Zukunft.

Bis zum Abend wuchs der Wind stetig, und die „Pilgrim" schoß mit hoher Bugwelle und eine Schaumspur nach sich ziehend durch den immer unruhigeren Ozean. Dann war der Nordwest so stark geworden, daß Dick Sand sich entscheiden mußte, ob er die Nacht über unter allen Segeln weiterfahren wollte, oder ob er einige wieder reffen sollte. Da sich das Wetter aber zu halten schien, wagte er, auf die Vorsichtsmaßnahme zu verzichten, damit man so schnell wie möglich weiterkam.

Dick hatte Herkules beauftragt, alle halbe Stunde das Log zu messen. Er selber ließ den beleuchteten Kompaß keinen Moment aus den Augen. Ein zweiter Kompaß war in der Kapitänskajüte montiert, so daß Dick Sand sich dort jederzeit kurz ausruhen konnte, ohne die Kontrolle über den Schiffskurs zu verlieren.

Als er jedoch am nächsten Morgen die Kommandobrücke betrat, um die Schiffsrichtung auf der Karte einzutragen, entdeckte er erschrocken, daß sich dort der Kompaß aus seiner offenbar verrosteten Halterung gelöst hatte, heruntergefallen und zerbrochen war.

Jetzt mußte er sich allein auf den zweiten Kompaß in seiner Kajüte verlassen.

Die „Pilgrim" verfolgte erfreulich konstant ihren Kurs. Das Wetter hielt sich in der Tat, und die ungeschulte Mannschaft lernte es rasch immer besser, die Befehle ihres fünfzehnjährigen Kommandeurs auszuführen.

Doch schon drei Nächte später wurde Dick Sand auf einmal derart schlapp, da er nur immer wenige Stunden schlummern konnte, daß er seinen Vertrauten, den Neger Herkules bitten mußte, nachts an seiner Stelle das Steuer zu übernehmen. Zu diesem Zweck brachte man den nun einzigen Kompaß des Schiffes aus der Kajüte auf die Steuerbrücke.

Die Nacht wurde so stockfinster, daß man nicht einmal die Segel im Mast von Deck aus erkannte. Dicks Stellvertreter Herkules war trotz aller Wachsamkeit einmal kurz eingenickt. Als er erschrocken erwachte, glaubte er, daß ein menschlicher Schatten von der Kommandobrücke huschte. Doch es war dann weder etwas zu sehen noch zu hören, so daß Herkules glaubte, er sei nicht nur eingeschlafen, sondern habe auch noch geträumt.

Als Kapitän Dick am nächsten Morgen, von erstmals ausreichendem Schlaf erquickt, zum Kompaß auf die Brücke trat, erschrak er nicht wenig: Die „Pilgrim" schien in dieser ersten Nacht, wo er nicht gewacht hatte, um volle 45 Grad von ihrem richtigen Kurs abgekommen zu sein! Er schimpfte mit seinem Stellvertreter, dem er den Fehler zuschob, und bereinigte sogleich die gerade noch rechtzeitig – wie er meinte – von ihm entdeckte Kursdifferenz.

Das Wetter blieb weiter unverändert günstig. Der Wind – ohne zu einem Sturm anzuwachsen – schob das Schiff mit großer Fahrt vor sich her, und man konnte sich nur wundern, daß man – obgleich man doch genau auf der großen Schiffahrtsroute lag, bisher keinem einzigen anderen Segler begegnet war.

Erst nach einer Woche schlug das Wetter um. Der Himmel verfinsterte sich, und der bislang gleichmäßige Wind wuchs weiter zum Sturm an.

Das Schiffsbarometer fiel und fiel, und schließlich erreichte der Sturm einen gefährlichen Grad.

Kapitän Dick Sand gelang es noch eben, zusammen mit seiner Mannschaft, die ihm aufs Wort gehorchte, die Hälfte der Segel zu reffen, bevor der Sturm sie zerfetzen konnte. Das war eine lebensgefährliche Arbeit bei dem ungeheuren Luftdruck, der die Leinwandflächen spannte. Als Vorsichtsmaßnahme ließ Dick sogar noch die Rahen einholen, um die Masten seines Schiffes so weit wie möglich zu entlasten und damit die Rollbewegungen zu dämpfen. Man mußte sich geschlagene drei Stunden abmühen, ehe man gegen den gewaltigen Winddruck ankam und alle Arbeiten vollenden konnte.

Die folgenden Stunden blieb alles unverändert, bis auf das Barometer, dessen Quecksilbersäule immer weiter abwärts ging. Dann schoben sich auf einmal graue Nebelmassen heran, so daß Dick ohne seinen einzigen Kompaß völlig die Orientierung verloren hätte. Dick Sand rechnete minütlich mit Sturmstärke an der Gefahrengrenze, weil die Längsdünung der gewaltigen Brecher weitaus höher ging, als die Windstärke derzeit noch war – sie konnte bloß der Ausläufer eines bereits sich nahenden Orkans sein!

Einzige Hoffnung lag in der nach wie vor "stimmenden" Windrichtung. Sie trieb den Segler mit Höchsttempo vor sich her, genau auf die amerikanische Küste zu – ja, falls der Orkan vorbeizog, ohne die „Pilgrim" zu berühren, oder auch nur noch länger auf sich warten ließ, dann bestand nach Dicks Berechnung durchaus die Möglichkeit, die rettende Küste ungeschoren zu erreichen!

Zunächst aber war noch nirgends Land in Sicht. Dick mußte alle Sorgfalt daran verwenden, das rasende Schiff richtig durch die Dunstmassen zu steuern. Plötzlich aber begann das Barometer wieder zu steigen!

Je höher die Meereswogen wurden, desto mehr fürchtete Dick, seine ungelernte Mannschaft könne genau wie Frau Weldon seekrank und damit dienstunfähig werden. Doch erstaunlicherweise schienen die Neger gegen Seegang unempfindlich zu bleiben, ja, je wilder das Wetter wurde, desto bereitwilliger gingen sie ihrem jungen Schiffsführer zur Hand.

Obgleich fast gar keine Segel mehr standen, schoß die „Pilgrim" wie ein Pfeil durch die Wellen. Immer wieder suchte Dick Sand mit dem Glas des toten Kapitäns den Horizont ab, wo nach seinen Berechnungen die südamerikanische Küste bald auftauchen mußte. Doch auch als jetzt der Dunst voraus sich aufhellte und klare Sicht eintrat, war nichts von einer Küste zu sehen.

„Dick – wann endlich kommen wir nach Amerika?" wollte Frau Weldon wissen.

„Ich warte stündlich darauf!" antwortete der junge Kapitän.

„Wieviele Seemeilen haben wir hinter uns gebracht?"

„Als unser Kapitän umkam", sagte Dick Sand, „standen wir genau 4500 Seemeilen von der amerikanischen Küste entfernt.

„Und seit diesem Unglück sind jetzt 27 Tage vergangen!" fuhr Frau Weldon fort und sah ihren jungen Schiffsführer erwartungsvoll an.

„Das stimmt, Frau Weldon", antwortete dieser. „Und wenn wir pro Tag durchschnittlich 180 Seemeilen vorankamen – was durchaus möglich erscheint –, hätten wir jetzt insgesamt 4860 Seemeilen geschafft, müßten also längst in Küstensicht sein! Da stimmt doch etwas nicht!"

Er eilte zu Herkules und ließ diesen das Log auswerfen. Doch kaum hatte es abzulaufen begonnen, als der Neger erschreckt aufschrie: Die Leine war in seiner Hand erschlafft!

„Zieh sie ein!" befahl Dick Sand sofort.

Wenig später standen sie beide ratlos vor dem abgerissenen Ende der Logleine, die ohne das schwere Logblei zerfranst aus dem Wasser zum Vorschein kam, offensichtlich durchgewetzt. Niemand konnte sich erklären, wie und woran angesichts des sonst überall intakten dicken Seils.

Alles Nachdenken half aber nichts: Das Log war verloren und damit die Möglichkeit, sich mit ihm zu orientieren. Nun war der junge Kapitän Dick ganz allein auf den ihm noch verbliebenen Kompaß angewiesen. Er beruhigte sich aber damit, daß er die Geschwindigkeit des Schiffes notdürftig am jetzigen schaumigen Kielwasser abschätzen konnte.

Da fiel das Barometer rapide zurück auf 716 mm, und für Dick und seine Mannschaft hieß das, ihr Schiff auf den nahenden Orkan vorzubereiten.

Während Herkules das Ruder übernahm, refften Dick und seine Helfer alle Segel, bis auf ein kleines Focksegel, für die dringend notwendigsten Steuermanöver.

Die Fahrtgeschwindigkeit der „Pilgrim" verringerte sich aber auch hierdurch nicht im mindesten – nein, sie nahm eher noch zu vorm immer stärkeren Sturm. Auf einmal kam von achtern eine ungeheure Bö als Vorbotin des Orkans und zerfetzte mit einem Knall das letzte gesetzte Segel des Schiffes. Ein Matrose der Mannschaft brüllte auf vor Schmerz: Eine zerreißende Schotleine hatte seinen Kopf getroffen.

Und da – durch das Tosen des nahenden Orkans hindurch, glaubte Dick Sand das Rauschen der Brandung zu vernehmen! Entsetzt war er jeden Moment darauf gefaßt, daß sein Schiff gegen ein Riff geschleudert werden konnte. Land jedoch war nicht zu erkennen!

Einmal – von Kapitän Dick unbemerkt – erschien auch der Portugiese Negoro an Deck. Der Koch hielt sich im Windschatten der Kombüse versteckt und spähte aufmerksam nach Backbord. Dann grinste er höhnisch und verschwand wieder, ohne mit jemandem gesprochen zu haben.

Schiffbruch

Während der Nacht trieb die „Pilgrim" nahezu lenkungsunfähig durch Sturm und Wogen des Ozeans. Zum Setzen eines Sturmsegels aus extra starker Leinwand war es bei der Dunkelheit zu spät. Der Orkan, der jetzt mit etwa 160 st/km röhrend dahinbrauste, fand an Rumpf und Takelage des Schiffs genug Widerstand, um es wie eine Furie vor sich herzutreiben.

Längst hatte Kapitän Dick Frau Weldon, ihren Vetter und den kleinen Jack unter Deck in die Kabinen verbannt und alle Luken dichtmachen lassen. Er selbst hatte sich auf der Brücke festgebunden, und auch seine Matrosen hatten sich mit langen Tauen, welche sie um die Hüften zurrten, sturmfest gemacht.

Haushohe Brecher überrollten das dahinrasende Schiff. Zwei Mann mußten mit Dick das wildgewordene Ruder festhalten, während die Brigg in die Wellentäler hinunterschoß, um im folgenden Augenblick schon wieder steil nach oben auf einen Wellenkamm geschleudert zu werden.

Fast 36 Stunden hintereinander blieb Dick auf den Beinen, dann überfiel ihn in der folgenden Nacht bleierne Müdigkeit. Er konnte eben noch Herkules seinen Platz am Steuer übergeben und fiel dann erschöpft auf sein Lager in der Kapitänskajüte. Der Seegang rollte ihn hin und her wie ein leeres Faß – doch Dick spürte davon nichts, so fest war er augenblicklich entschlummert.

Er erwachte nur schwer, weil ihn jemand rüttelte. Zwei Matrosen standen vor ihm, und von Deck war Geschrei zu hören. Was ging dort vor sich? Mit einem einzigen Satz war Dick Sand an Deck!

Zu seiner Überraschung entdeckte er neben dem Neger Herkules den Schiffskoch Negoro, der sich mit ihm herumstritt.

„Was geht hier vor?“ fragte Dick.

„Negoro hat sich am Kompaß zu schaffen gemacht!“ schimpfte Herkules.

„Verdammter Lügner!“ brüllte Negoro dazwischen. „Ich bin an Deck ausgerutscht und hielt mich zufällig an der Kompaßsäule fest!“

Dick blickte sofort auf den Kompaß. Er schien nach wie vor unversehrt. Dennoch kam ihm die Lage verdächtig vor.

„Was haben Sie eigentlich auf dem Deck in der Nähe des Kompasses verloren?“ fragte er den Koch.

„Muß ich mich mit einem Halbwüchsigen vorher darüber unterhalten?“ fragte Negoro spöttisch.

„Dann wird sich das nächste Mal mein ausgewachsener Revolver mit Ihnen unterhalten!“ rief Dick Sand und riß seine Waffe aus der Tasche. „Wenn Sie sich nochmals nachts ohne triftigen Grund oder ausdrücklichen Befehl hier an Deck herumtreiben, dann wundern Sie sich nicht, wenn Sie ohne Warnung übern Haufen geschossen werden!“

„Sparen Sie sich die Munition, Kapitän!“ fiel Herkules ein. „Sagen Sie mir ein Wort, und ich werfe den verdächtigen Kerl sofort über Bord!“

„Verdammter Nigger!“ schimpfte Negoro haßerfüllt, als er kehrt machte und unter Deck verschwand.

Dick Sand übernahm jetzt wieder selbst das Ruder. Als er den Kompaß überprüfte stellte er fest, daß die „Pilgrim“ um volle 45 Grad vom Kurs abgewichen war. Sofort steuerte er die Brigg wieder zurück in den richtigen Kurs, doch das war in dem Sturm und dem hohen Seegang alles andere als einfach. Und endlich wurde es sogar unmöglich: Die Wogen brachen immer öfter schräg über Backbord herein und zwangen Dick entsprechend aus der Richtung; der Orkan mußte umgesprungen sein, und die „Pilgrim“ trieb jetzt nach Nordosten anstatt nach Osten.

Dick Sand wurde den Verdacht nicht los, daß zwischen diesem undurchsichtigen Schiffskoch Negoro und der Zerstörung des ersten Kompasses irgendein Zusammenhang bestand. Wollte er diesmal auch den zweiten Kompaß vernichten?

Doch was hätte er davon gehabt? Aus welchem Grunde sollte er das Schiff, das ja auch ihn durch den Ozean trug, führungslos machen wollen?

Drei volle Tage und Nächte dauerte die Sturmjagd des Schiffes noch fort, und nach Dicks Schätzung legte die „Pilgrim“ in dieser

Zeit mindestens 300 Seemeilen zurück, insgesamt seit dem Ausbruch des Sturmes etwa 1500 Seemeilen. Dennoch zeigte sich noch kein Land. Längst hätte man auf die amerikanische Küste treffen müssen, jene viele tausend Kilometer lange Scheidewand zwischen dem Pazifischen und Atlantischen Ozean.

Dick Sand wußte sich keinen Rat mehr. Tag und Nacht hatte er gewissenhaft den Schiffskurs eingehalten, bei klarem Wetter den Lauf der Sonne verfolgt, gelotet, solange das Lot noch vorhanden war – und doch schien die ersehnte Küste wie aus der Welt verschwunden. Seinen Berechnungen nach mußte man längst an Land sein.

Am Ende all seiner Grübelei blieb bloß jener Schluß für ihn, daß der Kompaß falsch angezeigt und ihn also samt seinem Schiff in die Irre geführt hatte. Dies war jedoch für den jungen Kapitän ein ganz unglaublicher Gedanke.

Da – bei Sonnenaufgang über den Sturmwolken am Morgen des dritten Tages – hörte Dick Sand Herkules laut vom Vordeck rufen:

„Land in Sicht!"

Dick übergab sofort das Ruder und rannte selber nach vorne. Nur mühsam erspähte er, offenbar hatte der Neger viel schärfere Augen, die schwachen Umrisse eines Berges im Frühdunst weit voraus.

„Land, Land – endlich!" stieß er heraus.

Doch dann konnte er erkennen, daß der unverminderte Sturm sein Schiff an diesem Stück Land, das wohl ein Vorgebirge der amerikanischen Küste war, vorbeitreiben würde, ohne daß es eine Möglichkeit gab, schräg vom Wind abzudrehen und die Küste anzulaufen. Der Winddruck hätte das segellose Schiff sogleich wieder in seine alte Bahn zurückgezwungen.

Während die jetzt deutlicher werdenden Linien einer scharf gezackten Küste vorbeiglitten, war Dick erleichtert, daß man dieses Land nicht anlaufen mußte, womöglich wäre man hier gnaden- und hilflos gegen Unterwasserriffe geschleudert und vom tobenden Ozean verschlungen worden. Bald wurde wie zur Bestätigung durchs Fernglas sichtbar, daß sich die Wogen des aufgewühlten Meeres schon weit draußen vor der Landlinie an unsichtbaren Hindernissen mit haushohen Gischtfontänen brachen.

Rasch lag jenes ungastliche Stück Küste schräg hinter der „Pilgrim". Unablässig suchte Dick weiter den Horizont nach Land ab, überzeugt, daß sich nun endlich die amerikanische Küste zeigen müsse. Doch nachdem diese wilden Küstenberge achtern hinter dem Schiff verschwunden waren, dehnte sich wieder nach allen Seiten der wogende Ozean.

Gemeinsam mit Frau Weldon studierte Dick Sand die Seekarte.

„Was mag das für ein Eiland gewesen sein?" fragte die Reedersgattin den jungen Kapitän.

„Sicher die Osterinseln, gnädige Frau, oder auch Sala-y-Gómez!" antwortete Dick wie aus der Pistole geschossen.

„Und wie weit haben wir's dann noch bis zur amerikanischen Küste?"

„Nur noch etwa 2000 Seemeilen!"

„Zweitausend Meilen – aber Dick, das kann doch nicht sein!?" entsetzte sich Frau Weldon. Dann sind wir in den vielen Wochen, welche wir bis jetzt unterwegs waren, im Kreise gesegelt!"

„Frau Weldon!" hub Dick Sand da verzweifelt an. „Ich kann nichts dafür, gar nichts! Ich habe immer streng den Kurs nach unserem Kompaß eingehalten, Tag und Nacht kontrolliert, und ein Imkreissegeln damit ganz sicher ausgeschlossen. Es gibt nur die eine Möglichkeit, daß uns der Kompaß genarrt hat – wie und warum, ist mir ein Rätsel. Doch jetzt kann ich unseren weiteren Kurs nach der Karte bestimmen, weil ich weiß, wo wir sind!"

„Dick – wenn du uns nur alle lebend an Land bringst!" sagte Frau Weldon bescheiden. „Mehr wünsche ich mir gar nicht von dir!"

Da faßte Dick Sand neue Zuversicht: War man nicht in der Nähe der Küste? Hatte sich das wackere Schiff bisher nicht gut im

Sturm gehalten, ohne auch nur einen Tropfen Wasser einzulassen? Und waren nicht alle Passagiere an Bord bislang wohlauf? Das müßte doch mit dem Teufel zugehen, wenn er, der Schiffsführer, jetzt die ,,Pilgrim" nicht zuletzt sicher an die Küste bringen könnte.

Das Barometer begann kräftig zu steigen, der Orkan flaute ab, der Himmel hellte sich auf und die Windrichtung stand nun wieder genau auf Osten.

Kapitän Dick Sand erlaubte seinen Passagieren, wieder an Deck zu kommen, um frische Luft zu schöpfen. Bleich und steifbeinig kamen sie nach oben, überglücklich nach so langem Verbanntsein in die dumpfe und feuchte Luft unter Deck bei geschlossenen Luken.

,,Dick!" rief Frau Weldon begeistert vor allen aus. ,,Wenn du das schaffst, unser Leben zu wahren und uns gesund an Land zu setzen, werde ich mich bei meinem Mann dafür einsetzen, daß du die Kapitänsausbildung bekommst und für unsere Firma ein Schiff fährst!"

Dick schwieg, so stolz, aber auch so beunruhigt war er, solange man die Küste noch nicht vor Augen hatte.

Als der Sturm immer weiter zurückfiel, entschloß sich Dick, anstelle des zerfetzten Marssegels ein Reservesegel zu setzen, was auch tatsächlich gelang. Dicks dunkelhäutige Mannschaft hatte so viel von ihm gelernt, daß sie recht und gut ihre Pflichten erfüllte. Kaum war das Segel oben, als die ,,Pilgrim", das unverwüstliche Schiff, sich wieder lenken und dirigieren ließ.

Dann riß die tagelange Wolkendecke auf und wärmender Sonnenschein kam. Gleichzeitig nahm die hohe Luftfeuchtigkeit ab, so daß Dick alle Luken aufreißen und den feuchten Mief aus den Laderäumen und Kabinen lassen konnte.

So zuversichtlich wurde der junge Kapitän, daß er bereits erwog, die Kabinen auskehren und das Deck schrubben zu lassen, um sein Schiff in sauberem Zustand in irgendeinen Hafen zu lenken.

„Wo werden wir landen?" fragte Frau Weldon.

„Irgendwo zwischen Peru und Chile", antwortete Dick selbstgewiß. „Die Hauptsache, wir finden einen Hafen!"

„Was willst du tun, wenn wir keinen Hafen finden und vom Wind an die rauhe Küste getrieben werden?" fragte Frau Weldon angstvoll!

„Dann . . .", Dick verhielt einen Moment erschrocken, „ja dann bleibt nichts anderes übrig, als die „Pilgrim" auf Grund zu setzen und uns mit dem Boot an Land zu bugsieren!"

„Dick! Unser schönes Schiff!" schrie Frau Weldon auf, doch gleich verstummte sie wieder. „Wenn wenigstens alle Menschen auf diesem Schiff gerettet werden, dann will ich den Verlust klaglos hinnehmen!"

Gegen diese einleuchtende Begründung war nichts einzuwenden, zumal eine unmittelbare Gefahr in dieser Richtung nicht zu drohen schien. Das Wetter wurde zusehends günstiger, und die „Pilgrim" mit ihren zwei Segeln machte gute Fahrt. Einige Male sprang der Wind allerdings noch hin und her, einmal nach Norden, dann wieder nach Südosten – aus Osten kam er glücklicherweise jetzt nicht mehr.

Die Passagiere hatten sich in den mehr als zwei Monaten Seefahrt, die man jetzt hinter sich hatte, so gründlich an das Bordleben gewöhnt, daß ihnen der Gedanke beinahe fremd erschien, in Kürze vielleicht schon ihre Füße wieder auf festes Land zu setzen.

Am nächsten Tag war es so weit: Als Kapitän Dick Sand im Morgengrauen eher beiläufig einen Blick über den Horizont warf, löste sich dort langsam gerade der Morgendunst auf und gab die Sicht auf Land frei.

„Land ahoi, Land ahoi!" brüllte Dick los.

Nach und nach stürzten noch schlaftrunken alle Passagiere bis auf Negoro, den Koch, an Deck: In nur fünf Seemeilen Abstand hob sich deutlich ein flacher Küstenstreifen von der Wasserfläche ab.

„Daß man an dieser südamerikanischen Küste die Anden nicht sieht?“ wunderte sich Frau Weldon.

„Dieses hohe Gebirge steckt noch in den Wolken!“ tröstete sie Dick. Und dann segelte die „Pilgrim“ geradewegs bei mäßigem Seegang in eine zunächst einladende ausgedehnte Bucht hinein, welche aber in einem schroffen Vorgebirge endete. Schon waren Bäume und Felsen zu erkennen, doch keinerlei Hafen oder Ansiedlung.

Es blieb gar keine andere Wahl, als diese Küste so rasch wie möglich auf gut Glück anzulaufen – wohin hätte man sich denn sonst wenden und worauf noch warten sollen? Daß der Wind wieder zum Sturm wurde und jede Landung unmöglich machte? Oder daß diese Küste noch schroffer und gefährlicher sich zeigte als hier an dieser Stelle? Nein – jetzt hieß es die Gelegenheit beim Schopf packen!

Je weiter Dick in die immer schmaler auslaufende Bucht einfuhr, desto unwiderruflicher war die Landung: Hinter dem Schiff drückte der Wind an Land, und vor ihm brachen sich die Wogen an einem zwar niederen, doch sicher von unsichtbaren Unterwasserriffen gespickten Ufer. Immer größer wuchs das Landgebirge auf, und die Brigg war endlich nur mehr eine knappe Meile entfernt von der gischtsprühenden Küste.

Dick entdeckte einen Einschnitt im Ufer, in welchem er möglicherweise ruhiges Fahrwasser zum Ankern fand, griff sogleich ins Steuerrad und hielt genau darauf zu. Plötzlich erschien an Deck der riesige Wolfshund, welchen man die ganze Zeit über gar nicht mehr gesehen und fast schon vergessen hatte. Er legte seine Vorderpfoten auf die Reling und heulte dem Land entgegen, daß es schauerlich übers Wasser hallte und das Rauschen der nahen Brandung übertönte. Auf einmal erkannte auch Dick, was der instinktsichere Hund offenbar längst bemerkt hatte: Genau in der

Schneise, auf welche er zuhielt, ragten mehrere gischtumtoste Felsenriffe, denen man wohl kaum ausweichen konnte.

„Frau Weldon!“ rief er sofort der Reedersgattin zu. „Ich muß, obgleich ich getan habe, was in meiner Macht stand, nun mit dem Verlust des Schiffes rechnen, kann nur noch versuchen, die ‚Pilgrim‘ so sanft wie möglich auf Grund zu setzen.“

„Wenn du uns nur rettest, Dick! Bitte, bitte – versuche alles, um uns das Leben zu erhalten!“ jammerte die Frau.

Allen Passagieren befahl Dick nun, sich die neumodischen Schwimmwesten anzuziehen, die die „Pilgrim“ als neu erbauter Fernsegler erstmals an Bord hatte. Dann teilte er jedem Nichtschwimmer einen Schwimmer zu, der ihn unterstützen sollte, wenn es zum Äußersten käme. Herkules hatte sich um Frau Weldon und ihr Söhnchen zu kümmern, während es sich zu aller Überraschung erwies, daß der weltfremde Wissenschaftler Vetter Benedict behauptete, ausgezeichnet schwimmen zu können!

Dann ließ Dick alles Walöl aus dem Frachtraum herausschaffen und die Fässer an der Reling griffbereit aufstellen. Aus den Handbüchern der Seefahrt wußte er, daß sich dickflüssiges Öl beruhigend auf den wildesten Wogengang legt und ihn für kurze Zeit mildert.

Dann waren es bloß noch zwei Kabellängen bis zum Ufer, und Dick Sand konnte gerade noch das Ruder herumreißen, sonst hätte das Schiff mit seinem Vordersteven ein zerklüftetes Riff gerammt, das plötzlich aus dem Wasser ragte. Dem jungen Kapitän schlug das Herz bis zum Hals: Jeden Augenblick konnte die „Pilgrim“ auf Grund laufen, ohne daß er es durch Ausweichen vermeiden konnte, da er kein Lot mehr besaß. Rätselhafterweise hatte sich nämlich in der Gerätekiste auch kein Reserve-Senkblei gefunden. Das war alles wie verhext!

Immer näher rückte der rettende Einschnitt im Donner der Brandung, doch auch der Ring der Bucht wurde immer enger.

Plötzlich entdeckte Dick zwischen zwei Riffen eine deutliche

Durchfahrt, kaum breiter als sein Schiff zwar, doch wohl die einzige Chance, in ruhiges Ankerwasser zu gelangen. Dick riß das Ruder herum, hielt genau darauf zu und rief seinen Helfern zu, alle Öltonnen klar zu halten.

Da tauchte der Bug der „Pilgrim" in die schäumende Durchfahrt. „Öl los!" befahl Dick, und der Inhalt der Fässer floß wie Honig ins Wasser.

Aber während sich die Wogen vorn und beidseitig vom Schiff sogleich glätteten, schwappten sie am Heck um so höher hinauf. Das Achterschiff wurde von ihnen buchstäblich in die Höhe getrieben, und die „Pilgrim" schoß mit voller Fahrt in den Durchlaß hinein.

Kaum befand sich das Schiff darin wie in einer Röhre, wurde sein Rumpf von einem fürchterlich krachenden Stoß erschüttert. Masten brachen ab, die Menschen wurden durcheinandergewirbelt. Nur Dicks Vorsicht, jedem zu befehlen, sich festzuhalten, verhinderte, daß die Passagiere ins Wasser fielen.

Dicks schönes Schiff saß mit aufgeschlitzter Steuerbordseite auf einem messerscharfen, naßglänzenden Felsen fest. Brausend strömte auch schon das Wasser in die Frachträume ein. Nur weil die darüberliegenden Kabinen noch dicht hielten, konnte man eilends das Notwendigste an Deck schaffen: Waffen, Munition, Kleidung und anderes Zubehör. Da sich die beiden Beiboote nicht sicher durch die enge Durchfahrt bringen ließen, befahl Dick, die Sachen zu verschnüren, gab jedem Passagier ein Bündel und ließ die Jakobs(Strick)leiter auswerfen.

Dem Himmel sei Dank! dachte ein jeder. Das Riff entpuppte sich als ununterbrochene Felsenbrücke, auf der man trockenen Fußes bis etwa hundert Meter an das entfernte Ufer gelangte. Zehn Minuten nach der schrecklichen Strandung saßen alle Passagiere der „Pilgrim" wohlbehalten auf sicherem Boden.

Ein undurchsichtiger Fremder

An welcher der südamerikanischen Küste waren die „Pilgrim"-Passagiere wohl gelandet? Hinter dem flachen, steinigen Strand erhob sich ein dicht bewaldeter Bergrücken, aus dessen Tälern ein Fluß ins Meer mündete.

Heiseres Geschrei unzähliger Möwen, die sich offensichtlich von den plötzlich erschienenen Menschen in ihrer Einsamkeit gestört fühlten, erfüllte die Luft.

„Wenn ich bloß wüßte, wo wir sind!" rief Dick Sand gespannt aus.

„Einwohner sind keinesfalls in der Nähe. Die hätte der Hund längst verbellt!" antwortete Frau Weldon.

Tatsächlich trottete der Wolfshund unlustig hierhin und dorthin, senkte die Nase zu Boden und hob sie wieder. Er blieb ganz ruhig, ja fast uninteressiert, was niemals der Fall gewesen wäre, hätte er in der Nähe Menschen oder gar fremde Hunde gewittert. Zu seiner Gelassenheit trug aber vielleicht auch bei, daß der Schiffskoch Negoro verschwunden schien.

„Wo mag er hin sein?" fragte Frau Weldon. „An Land habe ich ihn noch gesehen!"

„Je eher und weiter er sich entfernt", brummte Dick, „desto lieber ist's mir!"

„Aber Dick!" rügte ihn die Reedersgattin. „Auch Negoro ist ein Angestellter von meinem Mann." Doch dann hatten die Schiffbrüchigen andere Sorgen und den Portugiesen rasch vergessen.

Dick hatte beobachtet, daß die Ebbe, bei deren Eintritt die „Pilgrim" strandete, bald ihren Tiefstand erreichen mußte. Das Wrack hatte sich inzwischen so stark seitwärts geneigt, daß alles, was darin nicht niet- und nagelfest war, aus seinen offenen Luken polterte und über die zerbrochene Reling ins flache Wasser fiel.

Als wenig später wieder die Flut einsetzte, wurden mehrere Tonnen Zwieback, Konservenfleisch und allerlei Zubehör aus dem

Frachtraum an den Strand gespült. Sogleich schleppten die Schiffbrüchigen alles auf höher liegendes Gelände in Sicherheit.

Auf einmal kam Vetter Benedict, der bereits mit dem unstillbaren Wissensdurst des Naturforschers die Umgebung erforscht hatte, triumphierend zurück: Er hatte eine Felsenhöhle, geräumig und trocken, nicht weit vom Ufer entfernt, entdeckt. Sie schien bestens geeignet, den Obdachlosen vorerst eine Behausung zu geben.

Bald darauf streckten sich die müden Gestrandeten auf einer weichen Lage getrockneten Tangs aus, den die Matrosen herbeigeschafft hatten, kauten Zwieback und Fleisch und tranken frisches Süßwasser aus dem Bergfluß. Frau Weldon begann mit einer Dankansprache an Dick, der sehr verlegen wurde.

„Wir alle müssen uns jetzt und hier, da wir gerettet sind, ganz herzlich bei unserem Kapitän Dick Sand bedanken, der uns trotz seiner erst fünfzehn Lebensjahre wie ein erfahrener Seemann sicher an Land gebracht hat, obwohl ein Orkan zu durchfahren war und der Kompaß ausfiel . . . wenn auch das Schiff dabei verloren ging. Ich schlage vor, daß wir auch jetzt an Land unserem erprobten jungen Kapitän folgen!"

Allgemeine Zustimmung wurde laut, und einige Matrosen klatschten sogar in die Hände. Dick Sand, der sich dieses Lob gewiß verdient hatte, wurde rot im Gesicht wie eben ein Junge von fünfzehn Lebensjahren das manchmal noch wird. Doch gleich darauf richtete er sich auf und bedankte sich herzlich für das allgemeine Vertrauen.

„Ich habe bisher nur meine Pflicht getan und will versuchen, sie auch weiter zu tun!" Dann erklärte er, man müsse jetzt so rasch wie möglich zu erkunden versuchen, wo man sich auf dem südamerikanischen Festland befände, in Peru, Bolivien oder Chile. Dann könne man sich weiter orientieren, denn er habe die Karten der „Pilgrim" gerettet, auf denen auch dieses Land eingezeichnet sei.

„Keinesfalls aber darf unsere ganze Gruppe auf gut Glück losziehen und sich müde suchen. Wir bleiben alle bis auf weiteres in dieser trockenen Höhle, und nur zwei Mann – stets abwechselnd – durchstreifen die Umgegend in immer weiteren Kreisen, bis wir Menschen oder andere Orientierungsmöglicheiten finden."

„Bravo!" riefen alle und fühlten sich bei diesem jungen Kapitän bestens aufgehoben.

Dick Sand wollte als erster gehen in Begleitung des Negers Herkules. Er ergriff die Flinten und hängte sich sein Fernglas um.

„Mir ist unheimlich bei dem Gedanken, daß die Gruppe sich trennt!" meinte Frau Weldon. „Wenn nun wilde Eingeborene angreifen?"

„Keine Sorge!" tröstete sie Vetter Benedict. „Die südamerikanischen Eingeborenen, sofern hier überhaupt welche wohnen, sind allgemein viel zu scheu, um Fremde zu belästigen."

Bevor Dick und sein Helfer sich aufmachten, marschierten sie mit den Schiffbrüchigen nochmals an den Strand. Unweit im Wasser lag das trostlos anzusehende Wrack der einst stolzen „Pilgrim" auf einer Seite, nahezu gekentert und mit aufgerissenem Rumpf.

Wieder war Ebbe und nochmals strebten Dick und die Matrosen durch das flache Wasser hin zur „Pilgrim". In wenigen Minuten waren sie an Deck, und während Dick und Herkules zur Kapitänskajüte kletterten, räumten die anderen Negoros Küche aus.

Als erstes schloß Dick den Waffenschrank auf, doch er war leer, obgleich Frau Weldon hier drei Gewehre ihres Mannes aufbewahrt hatte. Auch die Geldkassette war leer, worin Kapitän Hull – das wußte Dick genau – mindestens 5000 Dollar verwahrt hatte. Irgend jemand mußte inzwischen auf dem Wrack gewesen sein und die Waffen und das Geld geraubt haben.

„Ich vermute auch, wer es war!" sagte Dick Sand, als er zurückkehrte, zu Frau Weldon. „Dieser Negoro ist zu allem fähig!" Doch das nützte jetzt gar nichts, denn der Schiffskoch war und blieb spurlos verschwunden.

Leider konnten Dick und Herkules nun nicht mehr auf ihren ersten Erkundungsmarsch gehen, weil ein Gewitter aufzog und es ungewöhnlich heftig und plötzlich zu regnen begann. „Für südamerikanische Verhältnisse erstaunlich plötzlich", staunte Dick. Alle Schiffbrüchigen eilten in die Höhle zurück und waren Vetter Benedict für seine „Spürnase" herzlich dankbar. Kaum waren sie alle in ihrer Unterkunft, da schlug plötzlich der Hund an und war kaum zu bändigen.

„Vielleicht ist Negoro in der Nähe?!" sagte Frau Weldon, während ein greller Blitz, gefolgt von krachendem Donner, die Küste erhellte.

Das werden wir gleich wissen!" rief Dick Sand und winkte dem hühnenhaften Herkules. Beide griffen sich ihre Gewehre, und trotz des prasselnden Regens begannen sie ihren Marsch.

Wie eine Rakete schoß der Hund auf und davon, kaum daß die Männer ihn von der Leine gelassen hatten. Als die beiden unweit der Höhle um die Flußmündung bogen, sahen sie den Wolfshund zähnefletschend am Ufer stehen und einen Mann anbellen, der sich angesichts des wütenden Tieres nicht weiter getraute.

Kaum hatte der Fremde die sich nähernden Männer entdeckt, riß er trotz des wütend nach ihm schnappenden Hundes seine Flinte in die Höhe und wollte schießen.

Als Dick und Herkules ebenso schnell ihre Gewehre hochrissen, sah der Unbekannte wohl ein, daß er gegen die Übermacht zweier Jäger mit ihrem Hund unterlegen sein würde. Er hängte seine Waffe wieder um und rief freundlich herüber:

„Meine Herren, wenn Sie ihren Raubköter nicht zurückpfeifen, dann fall' ich ins Wasser und ertrinke."

Dick pfiff den immer noch kläffenden Hund zurück, der tatsächlich folgte. Mit immer noch im Anschlag gehaltenen Flinten näherten sich sodann Dick und Herkules dem Fremden. Es war nicht Negoro!

Vor ihnen stand ein verlegen grinsender, etwa 40 Jahre alter

Mann mit sonnenverbranntem Gesicht und zerrissenem Jägerdreß. Sein breitrandiger Hut schien landesüblich, und seinem Gesicht nach zu urteilen war der Unbekannte wahrscheinlich Engländer oder Nordamerikaner, keinesfalls Spanier, Franzose oder gar Indio.

Auf Dicks englischen Gruß antwortete er denn auch sogleich mit einer typisch amerikanischen Floskel. Dick wollte ihn eben nach seinem Woher und Wohin fragen, da wandte sich der Fremde um und nahm höflich den Hut ab. Als auch Dick Sand sich umdrehte, gewahrte er Frau Weldon, die ungeachtet des starken Gewitterregens durch das Gestrüpp keuchte, das am Flußufer stand.

„Guten Tag, meine Gnädigste!" sagte der Fremde und wurde Dick sofort unsympathisch, weil er das ölig und falsch grinsend aussprach. „Sie gehören wohl zu einer Reisegesellschaft?"

„Wir sind Schiffbrüchige!" verriet Frau Weldon voreilig, während ihr Dick zum ersten Mal böse war, weil sie sich hier so unbedacht einmischte.

„Oh, das tut mir aber leid!" sagte der Fremde. „Kann ich Ihnen irgendwie behilflich sein?"

„Sagen Sie uns zuerst einmal, wer Sie sind und wo wir hier sind!" verlangte Dick wenig höflich.

„Hier sind Sie an der Westküste Südamerikas!" gab der Fremde grinsend zur Antwort, als sei dies ein Spaß. „Und ich heiße Harris nach guter amerikanischer Art. Aber ich lebe schon 20 Jahre in dieser Gegend!" Dabei sah er Frau Weldon an. Dick würdigte er keines Blickes mehr.

„Kennen Sie sich hier demnach aus?!" meinte Frau Weldon.

„O ja – gewiß!" grinste der Fremde wieder, und Dick Sand konnte dieses ewige Grinsen schon nicht mehr sehen. „Mein Bruder besitzt etwa dreihundert Kilometer von hier eine Farm, von wo aus ich auf die Jagd gegangen bin. Wenn ich Ihnen ein Angebot machen darf, dann vertrauen Sie sich meiner Führung an und ich bringe sie dorthin. Da wir sehr einsam liegen, wird sich mein Bruder über Ihren Besuch sicher freuen und alles unternehmen, damit Sie sich gut erholen können, bevor Sie weiterreisen."

Ohne Dick Sand zu fragen, ja ohne auch nur einen Moment zu überlegen, willigte Frau Weldon ein. Dick war sprachlos: Was war in diese sonst so überlegene Geschäftsfrau gefahren? Er konnte sich ihre Vertrauensseligkeit dem Fremden gegenüber, welcher ganz gewiß der erstschlechteste war, wie ihm schien, nur durch die Erschütterung über den Verlust ihres Schiffes erklären. Wortlos gingen sie alle, Dick mit dem knurrenden Hund an der Leine, zur Felsenhöhle zurück.

Kaum sah der Fremde dort die schwarzen Matrosen der „Pilgrim", da grinste er besonders breit und fragte:

„Oh – die Herrschaften sind mit ihren Sklaven unterwegs!"

„Das sind keine Sklaven, mein Herr!" rief da Frau Weldon entrüstet. „Liegt Südamerika denn hinter dem Mond hier in dieser Gegend, daß Sie nicht wissen, daß auch hier durch die Vereinigten Staaten nach einem mörderischen Krieg die Sklaverei abgeschafft wurde?"

„Verzeihung, gnädige Frau!" wand sich da Harris. „Aber Sie werden auch sicherlich wissen, daß es in der Praxis hier und da noch Sklaven gibt und ich dachte deswegen . . .!"

„Diese Neger in unserer Begleitung sind freie Bürger und waren uns als Matrosen unentbehrlich, bevor unser schönes Schiff dort drüben gestrandet ist!"

Damit wies Frau Weldon in die Richtung, wo wenige Meter im flachen Wasser draußen die „Pilgrim" liegen mußte. Doch es war wie verhext: So sehr Dick und Herkules auch spähten, das Wrack war spurlos verschwunden. Hatte es auf einmal die See abgetrieben, deren Wogen doch aber jetzt gar nicht so hoch gingen?

Doch zum Nachdenken blieb keine Zeit. Der Fremde Harris bemerkte Jack, den kleinen Sohn von Frau Weldon, und begann süßlich zu schwärmen, er habe daheim einen solchen Enkelsohn – ob er diesen lieben kleinen Burschen in Gedanken an seinen Enkel nicht mal ein wenig streicheln und herzen dürfe?

Frau Weldon war prompt besänftigt, ja gerührt, und erlaubte dem ungewaschenen und bärtigen Unbekannten unbegreiflicherweise – fand Dick – ihr Kind auf den Arm zu nehmen, zu tätscheln und endlich sogar zu küssen.

„Ach was wirst du begeistert sein, mein lieber Kleiner", säuselte Harris, „wenn du erst bei meinem Bruder all die schönen Pferde sehen kannst!"

Der kleine Jack krähte vor Vergnügen, was Dick nicht mehr länger hören konnte, und so fragte er den neuen Günstling von Frau Weldon eindringlich:

„Mister Harris – gibt es nur einen einzigen oder mehrere Wege zur Hazienda Ihres Bruders?"

„Man kann an der Küste hin marschieren", antwortete dieser, „doch das ist ein Umweg. Wenn es Ihnen nichts ausmacht, und er grinste dazu wieder, können wir die Farm auch viel besser, weil kürzer und schattiger, quer durch den Wald erreichen. Dabei kann man fast hundert Kilometer abkürzen, so daß wir in nur zwölf Tagen bei meinem Bruder sein können!"

„Durch den Urwald?" zweifelte Dick. „Auch zweihundert Kilometer sind doch noch eine weite Strecke, auf der man sich verlaufen kann. An der Küste entlang ist's ebenso kühl wie im Wald, man kann sich nicht verirren, und vielleicht findet sich unterwegs sogar ein Schiff, das einen mitnimmt!"

„Nichts davon stimmt!" antwortete Harris ungnädig. „Wenn die Herrschaften sich schon meiner Führung anvertrauen wollen, so können Sie mir erfahrenem Waldläufer auch vertrauen. Überdies ist die ganze Küste hier vollständig unbewohnt und zerklüftet . . . man käme also nur schwer voran!"

„Ich bin dafür, daß wir das großmütige Anerbieten von Herrn Harris annehmen sollten!" sagte da Frau Weldon, keinen Widerspruch mehr duldend. „Ach wenn wir doch schon die Hazienda Ihres Herrn Bruders vor Augen hätten!" seufzte sie dann.

„Meinetwegen also!" brummte Dick, zum ersten Male unhöflich zu seiner jetzigen und künftigen Chefin.

„Na also!" entfuhr es Harris triumphierend, so daß sich der mißtrauische Dick Sand insgeheim fragte, warum er wohl triumphierte? Wollte er sie alle im Walde ermorden? Nun, er, Dick Sand, würde wachsam bleiben!

„Gnädige Frau!“ verkündete Harris wieder von einem Ohr bis zum anderen grinsend, „dort drüben habe ich mein Pferd angebunden. Ich würde mich freuen, wenn Sie es zum Weitermarsch benutzen würden. Mein Reittier wird Sie und Ihren süßen kleinen Sohn bequem bis zur Farm meines Bruders tragen!“

„Oh – Sie sind zu gütig!“ sagte doch Frau Weldon tatsächlich.

Wütend fragte Dick den Amerikaner, als Frau Weldon im Sattel saß:

„Haben Sie zufällig unterwegs einen Fremden getroffen, einen Portugiesen namens Negoro?“

„Nein. Was ist mit diesem Negoro?“

„Er war unser Schiffskoch und ist seit gestern verschwunden, ohne sich zu verabschieden!“ knurrte Dick.

„Er kommt nicht weit!“ grinste Harris. „Ohne Führer ist er im Urwald verloren.“

Von den sanften Waldwegen, welche er empfohlen hatte, konnte allerdings jetzt keine Rede sein: Mitunter ging es vielmehr so steil bergauf, daß die Karawane in einer Stunde nicht mehr als einen Kilometer zurücklegte.

„Ich ahnte ja nicht, welch herrliche Bäume es in Südamerika gibt“, staunte Frau Weldon.

„Sie kennen Südamerika offenbar nicht!“ grinste Harris.

„Nein“, gab Frau Weldon zu. „Mein Mann hat mich immer nur nach Neuseeland mitgenommen.“

Es wurde nun bodenlos sumpfig, und die Wandernden hatten bald dicke Schlammklumpen an ihren Füßen, so daß es Frau Weldon als Geschenk des Himmels pries, so bequem im Sattel dieses gastfreundlichen Harris reisen zu dürfen. Zwischendurch mußten Bäche durchquert und Unterholz voller Stacheln überwunden werden. Die Baumkronen des Urwaldes ließen bei alledem keinen Strahl Sonne in die feuchte Luft hinein, die die Reisenden schweißtreibend umgab und das Atmen erschwerte.

Kurz vor Anbruch der Nacht blieb Harris vor einem gewaltigen

Mangobaum stehen und schlug vor, hier auszuruhen. Kaum hatten sich die müden Reisenden versammelt, als irgendwelche unbekannten fetten Vögel am Boden Reißaus nahmen. Dick riß die Flinte hoch, um einige von ihnen zum Abendbrot zu schießen, denn das ewige Pöckelfleisch samt dem Zwieback war ihnen allen überdrüssig. Doch Harris legte seine Hand auf das Gewehr und sagte:

„Nicht schießen, junger Mann! Wir wollen hier keinen verräterischen Lärm machen. Je unauffälliger wir durch diesen Wald ziehen, desto sicherer gelangen wir ans Ziel."

Dick war wütend, zumal er diesen Harris nicht ausstehen konnte. Abermals mußte man sich also mit Zwieback und altem Fleisch begnügen.

„Sollen wir hier nicht über Nacht ein Feuer anzünden, als Schutz vor wilden Raubtieren?" fragte er Harris.

„Keinesfalls – auch das würde auffallen!" wehrte Harris ab. „Hier gibt's keine Raubtiere!"

„Dann stellen wir wenigstens eine Wache auf!" meinte Dick entschieden, wogegen Harris nichts haben konnte. „Und ich fange gleich als erster damit an! Der nächste ist Herkules, und alle zwei Stunden wird abgelöst!"

Todmüde sanken die anderen Wanderer zu Boden und schliefen, kaum daß sie etwas gegessen hatten, augenblicklich ein.

Verraten und verlassen

Nach einem kümmerlichen Frühstück mit Zwieback und Konservenfleisch marschierten die Schiffbrüchigen am nächsten Morgen in aller Frühe wieder weiter. Noch immer war der Boden ringsher sehr feucht und warm. Durch das dichte Blätterdach konnte auch während der Nacht keine Wärme entweichen, so daß es keine frische Luft gab.

Am ersten Marschtag hatte Dick Sand noch kein Auge gehabt für die wuchernde, tropische Pflanzenwelt ringsum. Jetzt aber begann er sich über die Farne, Schlingpflanzen und gewaltigen Palmen zu wundern, nachdem er im Erdkundeunterricht, an den er sich noch genau erinnerte, gerade das Gegenteil gelernt hatte: Südamerika sei zumindest in dieser Gegend karg mit Pampasgras bewachsen!

„Ich hatte mir diesen Erdteil ganz anders vorgestellt", sagte er endlich zu Harris, der wieder an der Spitze des Zuges marschierte, „mit ausgedörrten Ebenen, schroffen Gebirgsketten und kaum einem Wasserlauf. Dagegen quillt schon der Boden hier fast über vor Feuchtigkeit, und überall wachsen fleischige Sumpfpflanzen mit dem größten Feuchtigkeitsbedarf!"

„So, wie Sie es beschreiben, sieht unser Erdteil genau hinter den Anden aus!" erklärte Harris schlau.

„Und wann überqueren wir endlich dieses Gebirge?"

„Überhaupt nicht!" grinste Harris. „Die Hazienda meines geliebten Bruders liegt schon an ihrem diesseitigen Fuß."

„Haben Sie eigentlich gar keine Bedenken, daß wir uns in diesen riesigen Urwäldern mal verlaufen und verirren könnten?" forschte Dick Sand weiter.

„Keineswegs, junger Freund!" grinste Harris noch immer. „Ich als erfahrener Waldläufer sehe überall Orientierungsmarken und Wegzeichen, die kein ungeübtes Auge erspäht!"

Dick mühte sich daraufhin, irgendwo einmal wenigstens eins von diesen geheimnisvollen Wegzeichen zu erkennen, doch so viel er sich auch umsah, nirgends entdeckte er irgend etwas Auffälliges, das man dafür halten konnte.

Stunde um Stunde marschierten sie so durch endlose Dämmerung, unter unendlich scheinenden Blätterdächern himmelhoher Urbäume tropischer Arten, welche bloß Vetter Benedict sämtlich kannte und erkannte. Am Abend rastete man erschöpft abermals unter Bäumen, um anderentags halbtot wieder weiter zu wandern.

Nach einer Woche mußte der Trupp nach Dicks Schätzung schon fast 200 Kilometer zurückgelegt haben, und bis zu der ersehnten Farm von Harris' Bruder konnten es nur noch zwei Tagesreisen sein. Doch nichts änderte sich in der wild wuchernden Umwelt, im Gegenteil: Je weiter man marschierte, desto häufiger begegnete man jetzt ausgesprochenem Dschungelwild: Affenbanden aller Größen, Tropenfüchsen und Stachelschweinen.

Als sich die Reisenden um die Mittagszeit zu einer erschöpften Rast niederließen, erscholl ganz in der Nähe ein durchdringendes Pfeifen.

„Was war das?" erschrak Frau Weldon.

„Eine Schlange!" antwortete Dick Sand und packte sein Gewehr. „Vielleicht eine Boa, die sich gestört fühlt!"

„Um Himmelswillen!" rief Frau Weldon aus.

Eben wollte Dick mit seinem Gewehr im Anschlag durch das hüfthohe Gras schleichen, da hielt ihn Harris zurück.

„Das war im Leben keine Schlange, junger Mann!" tadelte er. „Was da gepfiffen hat, waren Vierfüßler und äußerst scheu, sie tun keiner Menschenseele ein Leid."

„Was heißt hier Vierfüßler, Mister Harris?" fragte Dick.

„Antilopen – genau gesagt!" antwortete der.

„Was – Antilopen?" rief Dick. „Diese Antilopen hier möchte ich sehen!"

„Aber machen Sie doch nicht so einen Lärm!" wandte Harris ärgerlich ein. „Auf diese Weise werden die Tiere sofort verscheucht!"

Doch Dick Sand ließ sich nicht davon abhalten, gegen den Widerspruch Harris' sich ins Gebüsch zu stürzen. Plötzlich knackten vor ihm Zweige, und ein Rudel langbeiniger Gazellen mit kurzen spitzen Hörnern und rötlichem Fell stob elegant davon.

„Da haben Sie's!" brummte Harris. „Mit Ihrer ewigen Unruhe schrecken Sie bloß die Tiere des Waldes auf und machen dadurch am Ende noch die räuberischen Indios auf uns aufmerksam!"

Dick schwieg, doch nicht lange. „Was ist denn das?“ schrie er auf und deutete auf eine Waldlichtung, durch welche drei oder vier riesige Tiere brachen und mit solcher Geschwindigkeit davongaloppierten, daß nur noch die wirbelnden ellenlange Beine zwischen den Büschen zu sehen waren. Als Dick sein Gewehr hob, um womöglich eine leckere Fleischbeute zu schießen, schlug es ihm Harris wütend nach unten.

„He – was fällt Ihnen denn ein, Sie . . .!“ schimpfte der verhinderte Jäger voll Zorn.

„Habe ich Sie nicht immer wieder höflich gebeten, daß Sie während unseres Marsches durch diesen Wald nirgends schießen sollen?“ fragte Harris.

„Mir kann niemand verbieten, für meine hungrigen Kameraden endlich mal Frischfleisch zu jagen, und wenn es Giraffen sind!“

„Was, Giraffen?“ schrie Frau Weldon, und auch ihr Vetter Benedict wurde ganz Ohr. „Seit wann gibt's in Amerika Giraffen?“

„Natürlich gibt es hier keine Giraffen, gnädige Frau“, sagte Harris entrüstet. „Höchstens im Zoologischen Garten!“

„Aber ich bin doch nicht blind, verdammt nochmal!“ schimpfte da Dick. „Was dort über die Lichtung setzte, das waren hundertprozentig Giraffen!“

„Vielleicht haben Sie Strauße gesehen und sie mit Giraffen verwechselt?!“ grinste Harris unverschämt.

„Ach – haben denn amerikanische Strauße seit kurzem *vier* Beine?“ gab Dick Sand zurück.

„Das natürlich nicht!“ antwortete Harris. „Aber Sie haben dann eben zwei Strauße hintereinander laufen gesehen!“

„Und diese Strauße hier hatten anstelle von Federn ein braunes Haarfell. Was sagen Sie zu diesem Naturwunder, Harris?“ fragte Dick weiter.

„Beruhigen Sie sich doch, junger Herr!“ meinte dieser darauf unerschüttert. „Auch der beste Jäger kann sich mal täuschen. Unter diesen Urwaldbäumen Südamerikas ist es halt immer ein wenig zu dunkel für exakte Wildbeobachtung!"

„Also gut – meinetwegen Strauße. Aber seit wann gibt's denn diese Strauße in Südamerika? Die sind doch hier genauso unbekannt!" höhnte Dick Sand.

„Immer mit der Ruhe, Sie Heißsporn!" ärgerte sich Harris. „Strauß und Strauß sind hier zweierlei. Unsere Strauße hier heißen Nandu und können aus der Ferne durchaus wie Giraffen wirken, wenn man ungenau hinsieht. Ungeachtet dessen muß ich Sie als Anführer dieser Marschkolonne aber zum letzten Mal ganz entschieden davor warnen, hier herumzuknallen. Der Urwald in Bolivien hat nämlich stellenweise unerwünschte Ohren!"

Dick schwieg, weil er nicht streiten wollte. Aber er glaubte fortan diesem Harris kein Wort mehr. Ja, er hielt ihn jetzt für einen ausgemachten Schwindler und Betrüger. Er konnte sich nur noch nicht vorstellen, wo er mit seinen Täuschungen hinaus wollte, was er beabsichtigte. Dick nahm sich vor, künftig diesen undurchsichtigen Harris auf Schritt und Tritt unauffällig zu überwachen.

Der nächste Tag sollte der letzte Marschtag sein. Nach Harris' eigener, immer wiederholter Aussage mußte die Gruppe noch vor dem Abend die Hazienda seines Bruders erreichen!

Besonders Frau Weldon erkundigte sich immer wieder, wie weit es denn noch sei, denn in ihren Armen lag klagend und leise wimmernd ihr kleiner Sohn.

„Ist er krank?" erkundigte sich Harris scheinheilig.

„Er hat plötzlich Fieber!" sorgte sich die Mutter.

„Jaja – die Gegend hier ist nicht besonders zuträglich für so kleine Lebewesen", salbaderte Harris. „Aber sorgen Sie sich nicht, mein Bruder hat ein zuverlässiges Fiebermittel!"

„Meinen Sie etwa Chinin?" erkundigte sich Dick.

„Ich weiß nicht genau, wie das Zeug heißt!" sagte Harris abweisend.

„Also das ist doch die Höhe!" erboste sich Dick Sand. „Bolivien, worin wir uns angeblich befinden sollen, ist von Anbeginn der Erde die Heimat der Chinabäume, von denen man hier dieses Fiebermittel gewinnt und in alle Welt exportiert – und Sie, Herr Harris, als erfahrener Waldläufer, kennen diesen Namen nicht?"

„Regen Sie sich doch nicht schon wieder auf, Herr Dick!" grinste Harris verlegen. „Alles kann man als erwachsener Mann, wenn man nicht gerade Arzt oder Apotheker ist, ja auch nicht im Kopf haben!"

„Ich sage nichts mehr!" brummte Dick und spuckte verächtlich aus.

„Ach bitte, Mister Harris – sobald Sie hier einen Chinabaum sehen . . . wollen Sie mich bitte darauf aufmerksam machen?" ersuchte ihn da Frau Weldon.

„Aber mit dem größten Vergnügen!" verpflichtete sich der Fremde. „Wenn ich auch nicht im voraus mit Handschlag versprechen kann, daß wir ausgerechnet auf einen Chinabaum stoßen!"

Fast alle Marschteilnehmer fühlten sich längst kränklich oder zumindest unwohl. Die Regenzeit kündigte sich bereits an, die Feuchtigkeit trat an die Oberfläche des Bodens und verdunstete in der heißen Luft. Doch nach einem ganzen, unendlich beschwerlichen Marschtag lag die angekündigte Farm des Bruders von Harris noch immer nicht vor den Enttäuschten.

„Wir haben jetzt aber wirklich bloß noch eine halbe Tageszeit zu marschieren!" tröstete Harris. „Morgen ganz bestimmt sind wir an Ort und Stelle!"

Als der Abend kam, sanken die Marschierer auf dem nächstbesten halbwegs trockenen Platz zu Boden. Niemand sagte vor Müdigkeit ein Wort und kaum jemand aß etwas. Nur von der eisernen Trinkwasserreserve wurde getrunken.

Doch kurz bevor auch der Wächter Herkules einnickte, erscholl ein erstaunter Ausruf von Veter Benedict:

„Aber das ist doch glattweg ein Weltwunder!" rief er aus.

„Was . . . ist . . . ein Wunder?" fragte Dick schlaftrunken.

„Mich hat – jawohl, einwandfrei, denn hier hab' ich das Biest erschlagen – eine Diptere oder Tsetsefliege zu stechen versucht!"

„Na und?" gab Frau Weldon uninteressiert von sich.

„Aber begreift ihr denn nicht, welch' Wunder damit geschehen ist?" ereiferte sich Benedict. „Eine Diptere oder Tsetse auf dem Boden Amerikas – sie muß glatt von Afrika herübergeflogen sein! Vielleicht mit einem Schiff . . .?" Hier verstummte auch Veter Benedict, der Insektenkenner, denn er war eingeschlafen.

Auch Dick taumelte in einen Erschöpfungsschlaf. Doch kurz zuvor, bevor ihn die Bewußtlosigkeit umfing, meldete sich noch ein widerspenstiger Gedanke in seinem Kopf: „Wie kam eine Tsetsemücke, die es nur in Afrika gibt, über das Weltmeer nach Amerika?"

Zerschlagen und mühselig erhoben sich die entkräfteten Marschierer am nächsten Morgen von ihrem feuchten Lager. Frau Weldons Sohn schien ganz apathisch vor Fieber, wimmerte nur leise und hatte ebenso großen Durst wie fiebrig glänzende, weit aufgerissene Augen.

Als Dick Sand das kranke Kind betrachtete, nahm er sich fest vor, diesmal den Heuchler Harris fest in die Zange zu nehmen, wenn sich ihre angekündigte Ankunft auf der Farm seines Bruders abermals verzögern sollte.

Schleppend setzte sich die Kolonne in Trab. Keiner redete ein Wort. Nur der Hund, der die ganze Zeit fast ebenso lustlos dahingeschlichen war wie die Schiffbrüchigen, rannte auf einmal in weiten suchenden Sprüngen durch den Urwald und bellte unablässig.

„Sehen Sie bloß, Hauptmann Dick!" flüsterte der Neger Herkules. „Der Hund bellt genau so mit gesträubtem Fell, wie er's immer tat, wenn dieser Schiffskoch Negoro in unserer Nähe war!"

„Vielleich schleicht sich dieser Tunichtgut gar heimlich hinter uns her?" antwortete Dick.

„Was will er denn von uns?"

„Das weiß allein der Himmel – aber ich mach' mal 'nen Test!" gab Dick zurück. Und dann kommandierte er dem scharfen Wolfshund mit schneidender Stimme:

„Faß! Los, faß Negoro!"

Und schon folgte ein wütendes Geheul aus der Kehle des Wolfshundes. Das große Tier setzte mit eiligen Sprüngen davon.

„Was haben Sie da eben mit dem Hund gemacht?" fragte Harris beunruhigt.

„Ich? Der Hund benahm sich von ganz allein genau so wütend, wie er es stets tat, sobald er diesen entlaufenen Schiffskoch sah!"

„Aber Sie haben ihn auf ihn gehetzt!"

„Herkules ist mein Zeuge!" schwindelte diesmal auch Dick. „Ich hab' dem Hündchen im Gegenteil befohlen, da zu bleiben. Doch leider folgte er nicht!"

Während Dick zum Schein zurückblieb, als wolle er auf den Hund warten, da schritt Harris' Pferd mit Frau Weldon und ihrem Sohn im Sattel an ihm und Herkules vorbei. Da stutzte Dick, als er die müden, gänzlich unerregten, wie automatischen Bewegungen des Reittieres sah: Er kannte sich bei Pferden genug aus, um zu wissen, wie aufgeregt und eilig sich diese Tiere verhalten, sobald sie in die Nähe ihres gewohnten, vertrauten Stalles kommen.

„Mit dem Gaul stimmt was nicht!" flüsterte Dick zu Herkules. „Der trottet genau so müde wie immer dahin, ja er schnaubt nicht einmal vor Heimkehrfreude. Nein, Herkules, ich sage dir – diese Farm ist auch heute noch weit von uns weg, und dieser Harris ist ein ganz hinterlistiger Schwindler!"

„Sie haben gewiß recht, Hauptmann Dick!" gab der Neger zu. „Auch mir ist nämlich was aufgefallen: Wenn es bis zu dieser verdammten Hazienda wirklich bloß noch wenige Kilometer sind, wie Harris behauptet hat – warum sehen wir dann hier nicht schon überall Pflanzungen, Arbeiter oder doch zumindest Fuhren und Zugtiere?"

Daraufhin behielten Dick und Herkules den Anführer Harris

strikt im Auge. Der blickte sich aber nicht einmal um, sondern strebte weiter in derselben Richtung, die er seit Tagen einhielt. Ja, er trieb die Karawane sogar noch zu größerer Eile an.

Auf einmal bemerkte Dick etwas Seltsames: Vor ihnen, in einer Waldschneise, waren alle Zweige in Mannshöhe über dem Boden geknickt und abgebrochen und das Gras überall zertreten. Dann erspähte das scharfe Auge des Negers an einer sumpfigen Stelle sogar die Abdrücke von mehr als tellergroßen Füßen.

„Soll ich Mister Harris fragen, was dort für Tiere vorbeimarschiert sind?“ fragte Herkules Dick Sand.

„Hat keinen Zweck!“ spottete dieser. „Der macht uns doch bloß wieder vor, daß die hiesigen Wildschweine oder Faultiere meterhoch sind und so große Trittlinge besitzen wie – ja, wie eben Elefanten! Herkules, da vor uns sind mehrere Elefanten vorbeidefiliert!“.

Damit stand es für Dick Sand nun endgültig fest, daß es die Absicht von diesem Harris war, die Schiffbrüchigen über ihren Aufenthaltsort zu täuschen, ihnen einzureden, sie wären in Amerika, wo sie doch in Afrika weilten. Nur warum, warum? Das konnte sich auch Dick Sand nicht erklären.

Doch er und Herkules waren fest entschlossen, beim geringsten Anlaß, irgendeiner offensichtlich werdenden Gefahr oder ähnlichem, zuerst diesen Harris festzunehmen. Sie sagten sich, solange man diesen Betrüger in Haft hatte, würden eventuelle Spießgesellen von ihm der Karawane nichts tun.

Als nun der Marsch am Ufer eines Flusses vorbeiführte, da hätten Dick und Herkules beinahe vor Schreck aufgeschrien: Halb verdeckt von Farnen und herabhängenden Schlingpflanzen ragten aus dem Uferschlamm die reglosen Rücken gewaltiger Tiere. Es waren Flußpferde. Sie waren es also gewesen, welche die großen Trittspuren im Boden hinterließen. Und Flußpferde, das wußte Dick nun ganz genau, die gab es ausschließlich in Afrika!

Doch weder Dick noch der Neger verloren ein Wort über ihre

Entdeckung. Einmal wollten sie Harris nicht vor der Zeit warnen und dann auch die Gefährten nicht unnötig beunruhigen. Frau Weldon hielt nämlich längst nur noch die Sorge um ihr Kind aufrecht im Sattel, und selbst die kräftigsten Neger schleppten sich bloß noch mit Mühe weiter.

Obgleich auch Dick sich längst die Füße wundgelaufen hatte, biß er die Zähne zusammen und marschierte mit großen Schmerzen dahin. Er verlor auch kein Wort, als abermals Herkules mit einer neuen Entdeckung zu ihm trat. Er hielt ein Messer in den

Händen mit breiter, gekrümmter Klinge und einem plump verzierten Elfenbeingriff.

„Wem gehört das?" wollte Dick von Herkules wissen.

„Ich hab's gefunden!" antwortete dieser. „Hier sind Eingeborene vorbeigezogen, Neger, afrikanische Neger!" flüsterte er.

„Also ich hätte doch die größte Lust, jetzt diesen Harris . . .!" fuhr Dick Sand auf.

„Lassen Sie ihn noch!" zischelte Herkules. „Nichtsahnend verrät er sich eher, damit wir endlich erfahren, was der Kerl mit uns vorhat!"

„Immer noch keine Hazienda in Sicht?" fragte statt dessen Dick den Anführer.

„Sie muß jeden Moment vor uns liegen!" gab der zurück. „Außer wir haben uns . . ."

„Verlaufen, meinen Sie wohl, Mister Harris? Oder?"

„Aber ich bitte Sie, das wäre das allererste Mal in meiner jahrzehntelangen Waldläuferpraxis!" gab Harris zurück.

Aber es war so oder schien wenigstens so zu sein. Denn es wurde abermals Nacht und damit unumgänglich für die apathischen Reisenden, ein Lager aufzuschlagen. Wieder fielen sie wortlos vor Erschöpfung nieder, denn längst waren sie viel zu entkräftet, um noch mit Harris zu streiten, wieso denn noch immer nicht, wie er unaufhörlich versprach, diese Farm seines Bruders auftauchte.

„Wenn das Kind stirbt, dann tragen Sie die Verantwortung!" sagte lediglich Dick in scharfem Ton zu Harris.

Doch der antwortete nicht, weil in diesem Moment abermals der Wolfshund, der schon einmal lange verschwunden war, wieder kläffend im Urwald verschwand. Noch lange hörte man sein empörtes Bellen durch die Dunkelheit schallen. Was mochte er nur gewittert haben?!

Doch diesmal brauchte man nicht auf eine Erklärung zu warten: Wie zur Antwort auf das Geheul des Hundes erscholl plötzlich ein tiefes, majestätisches, langgezogenes Gebrüll durch die Nacht, welches den Neger Herkules, dessen Heimat ja Afrika war, sogleich aufspringen und aufschreien ließ:

„Löwen, Löwen! Rette sich, wer kann!"

Es gab ein unbeschreibliches Durcheinander. Die schon halb eingeschlummerten Wanderer sprangen von diesem Alarmruf erschreckt in die Höhe und liefen angstvoll durcheinander. Dabei war es stockdunkel, weil am Himmel über den Bäumen die ersten Regenwolken dahinzogen. Jeder Luftzug fehlte, und bleiern ruhte die Schwüle über dem Boden. Das wirkte besonders unheimlich, und alle lauschten angespannt, ob sich die Löwen noch einmal hören lassen würden. Doch offenbar hatte sie der Hund abgelenkt.

Dick Sand, die Pistole gezogen, stürzte nunmehr zu dem Platz, wo er Harris sich hatte zur Ruhe legen sehen. Doch in der Finsternis taumelte er bloß im leeren Gras.

Der Amerikaner Harris war spurlos verschwunden und mit ihm sein Pferd!

„Wir sind verraten!" schrie Dick auf, der sich nicht länger beherrschen konnte. „Harris ist geflohen, mit seinem Pferd. Es gibt gar keine Hazienda!"

Ein noch größeres Durcheinander als eben beim Gebrüll der Löwen war die Folge. Frau Weldon brach in Schluchzen aus, und selbst die Träger, die sich im Umkreis gelagert hatten, ließen ein wütendes Heulen hören.

„Herkules!" sagte Dick leise. „Ich bin mir jetzt ganz sicher, daß wir nicht in Südamerika sind, sondern in Afrika. Deshalb diese afrikanischen Tiere, die Giraffen, die uns dieser Schuft für Strauße verkaufen wollte, die Tsetsefliege, die Flußpferde und jetzt die Löwen. Oh, wenn ich diesen Harris in die Finger bekomme . . .!"

Zwei üble Verschwörer

Nur wenige Stunden später trafen bei Sonnenaufgang, keine zehn Kilometer weiter, zwei verwildert aussehende Männer im Urwald unter einem riesigen Brotfruchtbaum zusammen und hockten sich, nachdem sie sich begrüßt hatten, gemächlich ins Gras.

„Warum hast du bloß die Leute nicht tiefer ins Gras hineingelockt, Harris?" fragte der eine.

„Das ging nicht mehr, Negoro!" antwortete der andere. „Unser spezieller Freund, dieser Dick Sand, hatte zu sehr Lunte gerochen und war zu sehr aufsässig geworden!"

„Also die lumpigen hundert Kilometer weiter hättest du sie sicher noch bugsieren können. Dann hätten wir sie bequem in der Falle gehabt."

„Das sagt sich so leicht, war aber ganz unmöglich!" antwortete wieder Harris. „Der komische Gelehrte hatte sich über die afrikanische Tsetsefliege im angeblichen Südamerika gewundert, diesem Dick fielen andauernd Giraffen, Elefantenspuren und Flußpferde auf die Nerven, und als dann noch die echten afrikanischen Löwen brüllten, da war's allerhöchste Zeit für mich, um gerade noch verschwinden zu können! Ich sprang in den Sattel und bin froh, daß man mir keine Kugel in die Haut geknallt hat . . . von diesem frühreifen Leichtmatrosen muß man auf alles gefaßt sein!"

„Angsthase du! Hundert Kilometer weiter, wenn du die durchgehalten hättest, dann wären wir auf sicherem angolanischen Boden zusammengetroffen, anstatt hier im unwegsamen Strauchwerk!"

„Jetzt hör' schon endlich auf, dumm daherzureden!" erboste sich Harris. „Ausgerechnet du, der einmal beinahe alles verraten hätte!"

„Ich, verraten . . .?!"

„Jawohl, du! Bist du nicht einmal so ungeschickt dicht bei meinen Marschierern vorbeigeschlichen, daß dich dieser Köter, der bei ihnen ist, gewittert und wie verrückt angebellt hat?"

Negoro schwieg betroffen, dann schnaufte er: „Wenn ich diesem Mistvieh noch einmal begegne, dann . . .!"

„. . . beißt er dir den Kopf ab!" lachte Harris. „Wieso ist dieser verwilderte Hund eigentlich so wütend auf dich?"

„Das ist eine lange Geschichte, die ich dir ein anderes Mal erzählen will. Jetzt haben wir Wichtigeres vor: Also ich fühle mich ausgesprochen ungemütlich, bis diese Dummköpfe von Schiffbrüchigen nicht unter Dach und Fach gebracht sind!"

„Schade, daß du's mir nicht jetzt sagen willst, Negoro!" meinte Harris. „Nachdem du dieses führerlose Schiff hast an der Longamündung auflaufen lassen, haben wir keine Zeit mehr für ein vernünftiges Gespräch gefunden. Seit zwei Jahren warst du ja hier wie vom Erdboden verschluckt, so daß wir alle, auch der Boß Alvez, schon geglaubt haben, die Engländer hätten dich geschnappt!"

„Wär' auch um ein Haar passiert!" grunzte Negoro.

„Schade, für die gesamte Menschheit wär's wahrhaftig ein Segen gewesen."

„Werd' nicht frech, du mit deiner kilometerlangen Straftatensammlung!"

„Also Schwamm drüber! Aber wie konnten dich diese Briten denn aufspüren?"

„Irgend jemand hat mich angeschwärzt!" brummte Negoro.

„Und . . .?"

„Zum Glück wurde auch ich gewarnt! Ich ließ die besten Sklaven, die ich je eingekauft hatte, Knall und Fall stehen und machte mich buchstäblich im selben Moment gerade noch aus dem Staube, als die englische Polizei vorn schon ins Haus trat!"

„Und seitdem hast du den Handel wieder angefangen?"

„Nicht die Bohne! Der Verlust meiner Ware machte mich bettelarm, und ich mußte arbeiten gehen!" klagte Negoro.

„Das wird dir aber schwergefallen sein, was?!" spottete Harris.

„Leicht bestimmt nicht. Aber ich konnte eine Stellung finden, wo es wenigstens immer zu essen gab, als Schiffskoch auf dieser ‚Pilgrim'!"

„Jetzt geht mir ein Licht auf!" wollte Harris gerade sagen, da ergriff Negoro erschrocken seinen Arm. „Still!" zischte er angstvoll. „Hat es da nicht eben in den Büschen geraschelt?!"

Harris ergriff sein Gewehr und lauschte.

„Mir scheint, mein Bester, deine Nerven sind zum Teufel gegangen, seit du auf diesem blödsinnigen Segler mit dem fünfzehnjährigen Kapitän Koch warst! Was da drüben raschelte, war der Wind, der sich hier immer mittags ein wenig erhebt!"

„Hoffentlich hast du recht!" knurrte Negoro. „Ich hätt' eben mal 'nen Urlaub nötig!"

„Sage mir nur noch, wie und wodurch du dies Kunststück vollbringen konntest, daß dein Kahn, der ja nach Amerika wollte, auf dem ganz entfernten Erdteil Afrika strandete?"

„Ganz einfach!" sagte Negoro. „Ich hab' ein bißchen am Kompaß gedreht!"

„Und du hast dir nichts anmerken lassen?" fragte Harris durch die Zähne pfeifend.

„Wo werd' ich denn. Dann hätte mich doch dieser Halbwüchsige womöglich über Bord gehen lassen, ins Meer geschmissen von seinem Riesenneger Herkules, ein ganz gemeiner Kerl, sag' ich dir!"

„Ist der sein Freund gewesen?" fragte Harris, dem das offenbar gar nicht aufgefallen war, als er die Marschkolonne führte.

„Freund ist kein Ausdruck!" jammerte Negoro. „Für seinen lieben Herrn Kapitän Dick hätte dieser widerliche Nigger doch glatt jeden Mord begangen!"

„Na da hab' ich ja noch Glück gehabt!" meinte Harris, nachträglich eine Gänsehaut bekommend.

„Ich kochte für die Passagiere nach wie vor ganz harmlos den Kaffee!" fuhr Negoro stolz fort, „aber der Führer des Schiffes war in Wahrheit ich. Die Navigationsküste dieses Fünfzehnjährigen waren nämlich noch unterentwickelt, und er konnte seinen Kurs bloß mit Kompaß und Log bestimmen. Da ließ ich eines Tages das Log versinken, indem ich das Tau durchwetzte, und in einer finsteren Nacht gelang es mir, die Anzeige des Kompasses so zu verstellen, daß der junge Herr das Schiffsruder im besten Glauben um 45 Grad herumwarf und statt Südamerika Afrika ansteuerte. Doch bemerkt hat das niemand, denn als die Insel Tristan-da Cunha auftauchte, hielten die Dummköpfe sie für die Osterinsel. Und später glaubten sie auch bei der Strandung des Schiffes noch fest, in Amerika angekommen zu . . ."

„Leider haben Sie's aber jetzt gemerkt, daß und wie sie von uns geleimt wurden! Oh, Negoro – was fangen wir nun mit ihnen an?" seufzte Harris.

„Kommt Zeit, kommt Rat!" brummte Negoro müde. „Erzähl' jetzt du, wie die Geschäfte gehen und was der Boß treibt."

„Alvez hat seinen Stützpunkt jetzt nach Kazonndé verlegt!"

„Was du nicht sagst! Das ist ja nicht weit von hier! Und die Geschäfte florieren?"

„Eben nicht mehr so gut! Im Augenblick haben wir überall Transportsorgen, denn immer mehr englische und portugiesische Polizeischiffe lauern vor den Hafeneinfahrten und schnappen nach unseren Sklavenschiffen. Geschäfte können wir gegenwärtig daher nur noch über Land abwickeln, wodurch große Verluste durch Entkräftung entstehen und durch Flucht. Auch müssen die Marschkolonnen von teurem Militär bewacht werden, was abermals unseren Gewinn drückt. Siehst du, Negoro – und deswegen können wir uns kein langes Zögern und Herumwerkeln mit diesen Schiffbrüchigen leisten. Am Ende geht hier die Sache nach hinten los und wir sind die Dummen!"

„Ich sag' dir aber nochmals, daß Lösegeld immer noch leichter zu verdienen ist als die Gewinnspanne mit Sklaven!" meinte Negoro. ,,Und wenn ihr samt Alvez an diesem Geschäft kein Interesse habt, dann mach ich's eben allein!"

,,Schon gut, schon gut!" lenkte Harris ein. ,,Hab' ich dir nicht bereits bestens beigestanden, indem ich diesen strapaziösen Urwaldmarsch gemanagt habe? Unter Lebensgefahr für mich selbst?"

Negoro schwieg. Nach kurzem Überlegen meinte er dann mutlos: ,,Wie sollen wir bloß gegen diese Leute aufkommen! Sie sind gut bewaffnet und gewarnt, und wir beide sind in der Minderzahl."

,,Ich weiß es besser!" antwortete Harris zuversichtlich. ,,Nur fünfzehn Kilometer von hier, am Ufer des Kuanza, steht unser nächster Sklaventransport mit dreihundert Mann Bewachung. Die sind bis an die Zähne bewaffnet und werden jenem Kindskopf Dick Sand schon die Meriten austreiben!"

,,Willst du deinen Dick etwa höflich ersuchen, sich in die Arme unserer Wachbullen zu begeben?" spottete Negoro.

,,Er wird gar nicht anders können!" triumphierte Harris. ,,Überleg' mal, Negoro, was der Bursche jetzt unternehmen wird!"

,,Nun – er wird seine Leute zur Küste zurückführen wollen!"

,,Siehst du – aber er ist viel zu vorsichtig, um durch den Wald zu wandern. Er wird einem Bach bis zum nächsten Fluß folgen, um von dort die Küste zu erreichen. Dieser nächste Fluß aber heißt Kuanza! Und der kürzeste Weg dorthin stößt direkt auf unsere derzeitige Sklavenkarawane!"

,,Dann wollen wir aber so schnell wie möglich dorthin!" rief Negoro begeistert. ,,Sonst schnappt uns Alvez noch unsere kostbaren Schiffbrüchigen auf eigene Rechnung vor der Nase weg!"

,,Zuzutrauen ist ihm das!" bestätigte Harris grimmig! ,,Wer zuerst kommt, der mahlt zuerst!"

Damit sprangen beide Verbrecher hurtig vom Boden auf und verschwanden im Urwald, nachdem Sie vorher kurz um sich gelauscht hatten, als ob sie befürchteten, man könne ihnen auf die Sprünge kommen . . .

Kampf mit Kannibalen

Nachdem Dick das Verschwinden von Harris entdeckt hatte, war es mit dem Schlaf für ihn vorbei. Weniger die Angst vor möglichen Gefahren beunruhigte ihn als die Frage, wie er sich derart in Richtung und Entfernung verschätzt haben konnte, daß er die Küste Afrikas statt der von Amerika hatte anlaufen können. Wie stolz war er gewesen, als er die Schonerbrigg durch den Orkan gesteuert hatte, so daß die Passagiere sicher an Land gelangten.

Immer wieder spukte der Portugiese in seinem Kopf herum. Er und kein anderer mußte es gewesen sein, der die Logleine zerschnitt, den Kompaß zerstört oder durch einen Trick verstellt hatte. Es konnte einfach kein Zufall sein, daß Harris jetzt genau an der Stelle auftauchte, wo die „Pilgrim" Schiffbruch erlitten hatte. Negoro mußte mit ihm in irgendeiner Verbindung stehen, sonst hätte sich der Portugiese nicht so nahe an die Schiffbrüchigen heranwagen können, daß der Hund ihn witterte. Dick vermutete, daß die beiden Halunken irgendeinen Plan gegen die Schiffbrüchigen der „Pilgrim" ausgeheckt hatten und sie in eine Falle locken wollten.

Angesichts dieser Erkenntnis faßte der junge Anführer nun den zwar verzweifelten, aber auch verwegenen Plan, den weiteren Weg bis zur rettenden Küste mitten durch das Herz Afrikas zu Lande fortzusetzen . . . eine Strecke von wenigstens 1800 Meilen.

Die Marschierenden, folgten sie Dick Sands Plan, würden den Punkt der Tag- und Nachtgleiche zu passieren haben und daher mitten durchs Zentrum der heißesten Zone hindurch müssen, dazu im höchsten Grade verwilderten und barbarischen Eingeborenenstämmen ausgeliefert sein, wilden Tieren und tropischen Unwettern – kurz allen Schrecken, welche auch das tapferste Herz verzagen lassen.

Dessen ungeachtet entschloß sich Dick furchtlos, das Wagestück zu bestehen. Es gab für ihn gar keine andere Wahl, als seine Gefährten, trotz ihrer Erschöpfung und der Erkrankung Jacks, aus dem Gefahrenbereich weg und hinüber an die atlantische Küste zu führen. Mit seiner Schiffskarte in den Händen, hoffte er sich wenigstens in den notwendigsten Teilen richtig orientieren zu können.

Als der Morgen über den Wipfeln des Dickichts graute, sah Dick, daß auch Herkules keinen Schlaf gefunden hatte. Er setzte sich neben ihn und erklärte ihm seinen großen Plan.

„Werden wir an den Flüssen entlang gehen?" fragte Herkules.

„Nein", antwortete ihm Dick. „Die Verräter kennen die Flüsse besser als wir und können uns überall auflauern. Wir müssen uns einen Weg suchen, auf dem sie uns niemals vermuten."

Herkules ging zu seinen Kameraden hinüber, die in der Zwischenzeit aufgewacht waren, und erläuterte ihnen das Vorhaben Dicks. Er erklärte unterdes der Reedersfrau lediglich, daß die Schiffbrüchigen hinters Licht geführt wurden und nun so schnell wie möglich die Küste erreichen müßten.

Als Frau Weldon ihr vom Fieber geschütteltes Kind betrachtete, brach sie in Tränen aus. „Wir dürfen keinen Tag länger hier in dieser feuchten Gegend bleiben!" erklärte Dick entschlossen und streichelte den kleinen Kranken. „Sobald wir trockenes Klima erreicht haben, wird er sich schnell erholen!"

„Aber hier in der Nähe soll doch die Hazienda sein und Chinin gegen das Fieber?" rief Frau Weldon.

„Ach, es gibt gar keine Hazienda hier", sagte Dick mitleidig. „Dieser Harris hat uns von vorn bis hinten belogen!"

Zuerst schlug Frau Weldon ratlos die Hände zusammen, doch dann faßte sie sich energisch: „Dann also vorwärts zur Küste! Das Pferd ist weg – so werde ich mein Kind eben tragen!"

„Kommt überhaupt nicht in Frage!" fiel Herkules ein. „Her mit dem kleinen Jack. In meinen Armen reist er gut!"

Währenddessen prüften die Männer bereits ihre Gewehre und banden den restenlichen Proviant zu tragbaren Bündeln zusammen.

Dann brach die kleine Karawane auf zu ihrem endlosen Marsch ins Unbekannte. Zögernd kam man nur voran. Vetter Benedict trottete ganz im Gegensatz zu seiner sonstigen Gewohnheit folg sam hinter Frau Weldon her, weder nach rechts noch links blikkend. Doch schon bald nach ihrem Aufbruch blieb Dick, der an der Spitze des Zuges ging, jäh stehen.

„Hier fehlt doch jemand", sagte er. „ Der Hund ist nicht da!"

Die Männer riefen nur ganz leise nach ihm, damit es kein Feind hören konnte, doch der Hund blieb verschwunden.

„Es hat keinen Sinn, Männer", sagte Dick Sand, „wegen des Tieres Zeit zu verlieren. Der Hund ist schlau genug, unseren Spuren zu folgen, wenn er das will!" Und so nahmen die Versprengten, die es gegen ihren Willen nach Afrika verschlagen hatte, ihren Marsch abermals auf.

Man bahnte sich den Weg durch kniehohes Gras, zwischen Stämmen von Kopalbäumen und Palmen, in deren Rinden unzählige schillernde Insekten nach dem Harz sogen. An feuchten Bodenstellen leuchteten giftgrüne Pflanzen mit feuerroten Blütendolden und Scharen unbekannter Vögel, unsichtbar in den Kronen der Urbäume, verursachten ein betäubendes Stimmengewirr.

Nach einem Marsch von mehreren Kilometern querwaldein begann der Boden sanft anzusteigen, so daß man hoffen konnte, bald aus der feuchten Tiefe zu gelangen. Dick ließ die Neger vorausgehen, damit sie mit ihren langen Messern einen Weg durch die zähen und stacheligen Urwaldbüsche bahnten. Dabei verscheuchten sie Schwärme afrikanischer Hühnervögel, die wild kreischend davonflogen. Heimliche Zeugen dieses jähen Lärms mußten ganz einfach auf die Karawane aufmerksam werden.

Die Männer hüteten sich aber, etwa einen Schuß abzugeben, um ihre Anwesenheit auf keinen Fall zu verraten. So konnte auch eine Herde von langhalsigen Giraffen ungeschoren in geringer Entfernung vorbeiziehen – ganz ohne Angst und Hast, als hätten die intelligenten Tiere es begriffen, daß diese Menschen hier von ihren Waffen keinen Gebrauch machen konnten.

Auf einer sonnigen, an den Rändern angenehm kühlen Urwaldlichtung ließ man sich zur ersten Marschpause nieder. Keiner redete ein Wort – teils aus Müdigkeit, teils aus Vorsicht und Angst. Frau Weldon, die ihr jetzt ruhig schlummerndes Kind wieder in die Arme nahm, hatte es den Hunger verschlagen.

„Sie sollten aber etwas essen, Frau Weldon!“ riet Dick Sand. „Wir haben noch viele anstrengende Stunden vor uns, und ich weiß nicht, wann sich die nächste Ruhepause ergeben wird!“

Bei seinen Worten blickte er Frau Weldon fest in die Augen, und auf einmal lächelte sie beruhigt zurück und begann Zwieback zu essen, den Herkules ihr reichte. Als sie sich ihrem Kind zuwandte, erwachte der kleine Jack aus seinem Schlaf. Und was die geängstigte Mutter an ihrem Sohn bemerkte, das beruhigte sie vollends: Die Augen des Kindes waren fast gar nicht mehr glasig, und seine Stirne glühte nicht mehr. Das bedrohliche Fieber war nahezu abgeklungen.

Kalt und ohne Erregung konzentrierte Dick Sand sich zunächst auf die Ermittlung, auf welchem Punkt Afrikas sie sich gegenwärtig befänden, und vergewisserte sich mit Hilfe der Karte, Kompaß und Schiffsbesteck, daß man sich ziemlich genau unter 12° 35 südlicher Breite bewegte. Dann blickte Dick auf seine Karte, um den Punkt zu fixieren, der das Ziel des riesigen Marsches sein sollte. Er fand diesen, wenn sie auf die Küste von Angola losgingen, zwischen dem achten und elften südlichen, wollten sie aber dem Niger zu und nach der Küste von Guinea, zwischen dem zwölften und neunzehnten nördlichen Breitengrad.

Dick entschied sich für die Küste von Angola, die seiner Karte nach mit ihrem jetzigen Standort in ziemlich der gleichen Breite lag und genau westlich zu erreichen und nicht zu verfehlen war. Da die Karte außerdem zeigte, daß man unterwegs immer wieder Flüsse anträfe, so zweifelte der junge Karawanenführer nicht, daß diese die Reise erleichtern würden, besonders wenn man Mittel fände, über den „Großen See“ oder das Binnenmeer zu setzen, das die Karte Coalmucoa benannte. Das wäre eine ganz gewaltige Abkürzung des anstrengenden Fußmarsches.

Nun fragte er sich aber, wie die Marschierenden auf die Dauer ihre Lasten mit sich führen konnten. Allein die Proviantmenge, dazu die Gewehre, waren immer schwerere Lasten in der glühenden Hitze der Wüsten, in die man unweigerlich kommen würde.

Herkules war es, der hier eine verwegene Abhilfe vorschlug: Wir sollten mit irgendwelchen Eingeborenen, die man ganz gewiß träfe, Streit anfangen, sie gefangennehmen, sie als Träger mit Fesseln zur Mitreise zwingen und ihnen alles Gepäck aufladen. So ergebe sich außerdem noch der Vorteil, Wegweiser und Dolmetscher bei sich zu haben.

Dieser Vorschlag fand anfangs, weil viel zu phantastisch, bei keinem der Schiffbrüchigen Billigung. Doch seine Durchführung, einmal erwähnt, ergab sich dann ganz von selber, als man nämlich mitten im tiefen Urwald bei einer Quelle auf eine Gruppe von etwa zehn schwarzen Jägern traf, die dort schlummerten.

Herkules und die anderen waren so schnell über ihnen, daß sie sich mit ihren primitiven Waffen angesichts der Gewehre nicht zur Wehr setzten. Sie wurden, wie von Herkules gedacht, aneinander gebunden und ihnen versichert, daß ihnen kein Haar gekrümmt werde, solange sie Träger spielten und nicht aufmuckten. Als die Wilden dies nach langwieriger Zeichensprache begriffen hatten, da schickten sie sich widerspruchslos in ihre Zwangslage, luden sich die Lasten auf ihre Schultern und marschierten, von den Gewehren in Schach gehalten, wacker voran.

Sobald sie aber wieder ein wenig zu sich kamen, hob einer von ihnen ein gellendes Geschrei an, welches ein Signalruf zu sein schien, denn auch alle übrigen stimmten in gleicher Weise ein, während Dick und die Seinen, die die Bedeutung dieser Schreie nur ahnen konnten, hilflos stehenblieben und sich wie Verlorene unter Menschen von einem fremden Stern vorkamen.

Sie wurden jedoch rascher, als ihnen lieb sein konnte, aus ihrer Ungewißheit gerissen, denn ehe auch nur zwei Minuten verstrichen, hörten sie dasselbe Geschrei von weiter und ganz weit entfernt. Ja es erschallte wie ein Echo sogar von der fernen Kuppe eines Berges herab. Ehe sich die Wanderer versahen, gewahrten sie eine Menge nackter Wilder, die von allen Richtungen aus auf die Stelle zuströmten, von wo aus der erste Schrei jenes Signal gegeben hatte. In weniger als dreißig Minuten waren, glaubte Dick, fünfhundert Mann von ihnen beisammen, einige mit Bogen und Pfeilen, die meisten aber mit mörderischen Lanzen bewaffnet.

Die Umstellten hatten wenig Zeit zur Beratung, denn der Haufen mehrte sich mit jedem Augenblick. Dick war sicher, sie würden sich binnen kurzer Zeit auch zu Tausenden vermehrt haben, wenn er noch länger säumte.

Rasch ließ er alle Gewehre, die die Karawane bei sich führte, auf die Wilden richten, und zwar wie die Stacheln eines Igels; das heißt von einem Mittelpunkt aus nach allen Seiten.

Als die Genossen der von den Reisenden aneinander gefesselten Gefangenen Miene machten, deren Stricke zu durchschneiden, um ihnen die Freiheit wiederzugeben, nachdem die Gebundenen wie auf Verabredung alles Gepäck, das sie trugen, zu Boden geworfen hatten, da ließ Dick eine bewaffnete Linie bilden und auf die Angreifer vorgehen.

Bevor die Eingeborenen jedoch wagten, ihre Lanzen zu werfen, zog Dick seine Schützen auseinander und befahl mit kräftigen Schrotladungen anzugreifen. Im Feuer der Gewehre stürzten etwa zwanzig Wilde auf der Stelle zu Boden. Die anderen wichen zurück.

Sobald Dicks Schützen gefeuert hatten, erhob sich ein fürchterliches Schreien und Heulen unter den Wilden, wie es die im Urwald verlorenen Schiffbrüchigen noch niemals gehört hatten. Nach der ersten Gewehrsalve verhielten die Schützen sich ganz ruhig, bis ihre Gewehre abermals geladen waren. Als Dick erkannte, daß die Feinde zurückgewichen, aber nicht geflohen waren, ließ er wieder eine Schrotsalve auf ihre Verstecke im Busch abschießen. Diesmal feuerten jedoch nur die Hälfte der Schützen. Die anderen bekamen Befehl, ihre Munition erst dann zu verschießen, wenn die erste Hälfte laden mußte, So gab's zwei wirksame Salven auf die lauernden Wilden.

Doch nicht genug damit: Nach ihrem zweiten Salvenfeuer schrien Dick und seine Männer so laut sie konnten und begannen dabei, die Gewehre im Anschlag, einen mutigen Angriff auf die Verstecke. Dick hatte richtig kalkuliert: Als die Wilden ihre Angreifer so lauthals näherstürmen sahen, ergriffen sie, wie von Furien gejagt, mit wilden Schreien die Flucht.

Als Dick und die Seinen auf dem Schlachtfeld ankamen, sahen sie eine große Anzahl Schwarzer reglos am Boden liegen, viel mehr als sie nach ihrer Rechnung überhaupt Ladung aus ihren Gewehren abschossen, und sie wußten nicht, was sie davon halten sollten. Endlich verstanden sie jedoch, daß all die wie tot Daliegenden bloß der Schreck gelähmt hatte. Aus ihrer Betäubung waren die Wilden noch nicht erwacht.

Als die ersten von ihnen wieder zu sich kamen, krochen sie auf die Sieger zu und flehten, auf den Knien kriechend, um ihr Leben. Sie schienen die fremden Schützen für strafende Götter zu halten.

Dick und die Seinen nahmen sie gefangen und vervollständigten so ihre Gepäckträgermannschaft.

Insgesamt griffen sie sich sechzig muskulöse Wilde heraus, denen Dick klarmachte, daß sie seinen Leuten als Lastträger dienen sollten. Nur dann würde ihnen nichts geschehen.

Wie nicht anders zu erwarten, willigten alle widerstandlos ein. Abermals setzte sich die Karawane in Bewegung.

Obgleich Dick der jüngste von allen war, so hatte ihn der Vorfall und seine erfolgreiche Bewältigung überzeugt, daß es vielen seiner älteren Kameraden ziemlich an Entschlossenheit und Geistesgegenwart fehlte, wenn eine unvorhersehbare Gefahr drohte.

Obgleich sich seine Schützen sogleich für den entschlossenen Gebrauch ihrer Waffen entschieden hatten, begann doch ihr Mut zu sinken, als sie die Feinde nicht gleich nach der ersten Salve fliehen sahen. Dick war insgeheim überzeugt, sie würden endlich selber die Flucht ergriffen haben, falls die Wilden angegriffen hätten.

Nach der zweiten und den folgenden Schußreihen sah sich Dick sogar genötigt, seine bereits siegreichen Begleiter zum Triumphgeschrei und zum forschen Sturmangriff anzuhalten. Er selbst hatte beides zuerst vormachen müssen, ehe die anderen, zuerst zaghaft, dann mutig folgten . . .

Nun schlugen die erwachsenen Männer vor, Dick, den Halbmatrosen, fortan mit „Hauptmann" zu titulieren. Dick wehrte sich gegen diese Bezeichnung vergebens. Die von ihm so glücklich Angeführten riefen ihm diesen Titel nach der gewonnenen, so gefährlichen Schlacht immer wieder zu, bis er sich daran gewöhnt hatte.

Tatsächlich mußte „Hauptmann Dick" auch später noch mehrmals mutig eingreifen, wenn das Selbstvertrauen seiner Gefährten schwand. Im stillen wunderte er sich, woher ein Haufen kräftiger Männer, die in Augenblicken unvermuteter Gefahr nach seiner Führung riefen, sich getrauten, jenen ungewissen und lebensgefährlichen Marsch mitzumachen.

Keiner der Schiffbrüchigen fand es seltsam, den blutjungen „Hauptmann" nach jeder überstandenen Gefahr zu umarmen und wie einen Erretter zu küssen.

Als einziger unter den Matrosen der gestrandeten „Pilgrim" hatte ein älterer Maat eine gute Schule genossen. Er war ein trefflicher Seemann und ein beschlagener Geograph. Dick Sands Lernbegierde und leichte Fassungsgabe begeisterte ihn, und so beriet er Dick, wie ein Untergeneral den Feldherrn, bei jeder sich bietenden Gelegenheit. Er bewies Dick, daß nichts so wertvoll für eine aus dem Üblichen führende Laufbahn ist, wie eine eben jenes Übliche überragende Bildung. So schürte der Maat in dem jungen Matrosen den reichlich vorhandenen Ehrgeiz. Bald war Dick fest entschlossen, wenn er je nach zivilisierten Ufern zurückkehrte, alles von Grund auf zu erlernen, was ihn zu einem vollkommenen Schiffskapitän machen würde.

Als Götter verehrt

Unter den Gefangenen befand sich ein besonders hochgewachsener und edel wirkender Schwarzer, dem die übrigen sichtbar Verehrung zollten und der, wie Dick erfuhr, ein Sohn ihres Königs war. Sein Vater war, bei der ersten Salve aus den Gewehren der Schiffbrüchigen gefallen, und er selber hatte einen gefährlichen Armschuß erlitten.

Als ihn der Wundarzt der „Pilgrim“, so gut es hier nur möglich war, versorgt hatte, kam Dick der Gedanke, der „Königssohn“ könne der Karawane nur nützlich werden, wenn er ihn gewissermaßen zum Befehlshaber über die anderen Gefangenen ernannte.

Kaum hatte es sich erwiesen, daß der Schiffsarzt den Sohn ihres Herrschers nicht umbringen, sondern gesund machen wollte, da entstand in den Gemütern der Gefangenen neue Ehrfurcht vor dem weißen Fremden. Ja, sie glaubten sogar, diese „Halbgötter“ könnten auch die im Kampf Getöteten wieder lebend machen.

Sie knieten vor Dick und seinen Männern nieder und plapperten unablässig in bittendem Tonfall unverständliche Worte.

Der verwundete Prinz, Dick nannte ihn so, beteuerte als Anführer der Gefangenen deren Friedfertigkeit, indem er mit der linken Hand einen Speer aufhob und ihn hoch hinauf zum Himmel warf.

Es dauerte tatsächlich erstaunlich lange, bis dieser wieder herab kam; übrigens exakt mit der Spitze nach unten im Boden stecken bleibend – so groß war die Kraft des verwundeten Königssohnes.

Dies galt, wie Dick später erfuhr, als Schwur ewiger Gefolgschaft, den niemand brechen würde, es sei denn, er wolle vom Rachegott nachts erdrosselt werden ... So weit der Glaube der Neger.

Dick hatte nun viel Mühe den Schwarzen verständlich zu machen, was sie als Gefangene zu tun hatten. Sie waren jedoch äußerst bemüht, zu begreifen und wenigstens am Klang der ihnen unverständlichen Sprache der Weißen den Sinn zu erkennen.

Leichter begriffen die neuen Helfer von Dicks Karawane jedoch die Sorge des „Hauptmanns", genügend Mundvorrat zu finden. Sie bedeuteten ihm durch Zeichen sehr lebhaft, daß solche Angst überflüssig sei, weil etwa vierzig Tagesmärsche weit in der geplanten Richtung überall hinreichend Jagdbeute zu machen sei.

Dann wies Dick auf das schwere Gepäck der Karawane. Besonders Pulver, Blei, Eisen, Werkzeuge, Waffen, die Navigationsinstrumente und sonstigen nützlichen Dinge, die man aus dem Wrack geborgen hatte, wogen sehr viel. Mit Hilfe der Wilden ging man daran, all diese Lasten in möglichst genau gleiche Portionen zu teilen, so viele, wie man jetzt Träger hatte.

Als alles fertig umgeladen war, hielt der Prinz eine kleine Rede an seine Stammesgenossen, worauf sie, die Arme gegen die Sonne gestreckt, eifrig mit den Händen klatschten. Darauf sprach ein Gefangener zu den Weißen. Die Worte waren zwar für sie unverständlich, doch klangen sie deutlich betrübt und traurig.

Als Dick den Prinzen fragte, so gut er's mit Zeichen konnte, welcher Art dieses traurige Anliegen denn sei, stellte sich etwas sehr Rührendes heraus: Die Gefangenen waren unglücklich, daß nicht auch die Weißen den Schwur der Treue (denn um einen solchen handelte es sich) mit Händeklatschen zur Sonne hinauf bekräftigten. Darauf ließ Dick alle Karawanenteilnehmer dieses

Stammesritual sogleich ausführen, wonach sich die Mienen der Gefangenen aufhellten und erleichtert schienen. Einige ließen sogar einen Freudenschrei hören! Offenbar glaubten die Wilden jetzt erst, daß ihnen von den Fremden keine Gefahr mehr drohe.

Als diese wichtige Zeremonie vorüber war, dachte Dick wieder daran, wie er nun eine kräftigende Mahlzeit vor allem auch für seine neuen Helfer beschaffen könnte.

Der Prinz deutete sogleich an, daß er einen Stammesgenossen nach seinem Dorf gehen lassen wolle, um den erforderlichen Bedarf herbeizuschaffen. Auf Dicks Bedenken beteuerte er, man könne diesem Boten wohl trauen, da er gewiß nicht entfliehe. Dick ließ den Gefangenen gehen.

Schon nach einer Stunde kehrte der Abgesandte zusammen mit mehreren Negern zurück, die einige Kühe, Ziegen und Schafe mit sich zogen. Dick kaufte ihnen die Tiere ab. Ob die Wilden dabei den wahren Wert der Münzen kannten, die er ihnen für den lebenden Proviant aushändigte, blieb unklar. Wahrscheinlich reizte sie nur deren metallener Glanz.

So war die Karawane für ihren weiteren Marsch nun ausreichend mit Nahrung versorgt, wenn man sich auch anstelle von Brot mit Wurzeln behelfen mußte.

Unter Dicks Führung bewegten sich nun außer den bisherigen Schiffbrüchigen noch sechzig Gefangene vorwärts, wobei Frau Weldon, als einziger weiblicher Teilnehmer, zusammen mit Jack in einer Sänfte aus Ziegenfell von zwei Negern getragen wurde.

Ursprünglich hatte Dick darauf bestanden, alle Gefangenen untereinander mit langen Tauen zu binden, so daß sie wie eine lange Kette marschierten, deren einzelne Glieder bepackt und beladen waren. Doch schon nach dem ersten Marschtag war Dick von ihrer Treue und Gutwilligkeit überzeugt, daß er ihnen alle Fesseln abnehmen ließ.

Die Schiffbrüchigen marschierten, die einheimischen Lastenträger voraus, immer weiter nach Afrika hinein. Je unbekannter die

Gegend wurde, durch die man zog, desto dringender wurde es, sich um neuen Proviant zu kümmern.

Dick und die ihm Anvertrauten drangen nun, ohne zu wissen welche Gefahren für Leib und Leben stündlich und unvorhergesehen auf sie warteten, in eine tropische Landschaft vor.

Dick, der Maat und der schwarze Prinz erkletterten jede Bodenerhebung, ja einige Male sogar einzeln stehende hohe Bäume, um voraus die Gegend zu erkunden und abzuschätzen, wo man am leichtesten marschieren könne.

Fast zwanzig Tage ging es so durch eine wechselnd bewaldete Gegend, mit reichlich Gras, Bäumen und Wasserläufen. Dann kam man in ein trockenes, hohes Gelände mit offenen Sandstellen zwischen Gräsern. Dort trafen die Reisenden wieder auf Menschen.

Zunächst waren bloß einige Eingeborenenhütten daran zu erkennen, daß aus ihren Laubdächern Rauch kräuselte, denn hier kocht man in den Behausungen, nicht davor.

Weder die Gefangenen noch Dick oder einer seiner Leute wußten, mit welcher Art Volk man es hier zu tun bekam. Vorsichtig schlängelte sich die lange Marschkolonne weiter; sorgfältig Bäume und Büsche zur Deckung benutzend. Plötzlich war es so weit: Drei schwarze, völlig nackte Wilde, mit Pfeilen und Bogen bewaffnet, standen vor den Schiffbrüchigen und ihren Begleitern.

Der erste Schreck darüber war auf beiden Seiten. Deutlich zeigten auch Dicks gefangene Neger Furcht vor den ihnen fremden Einwohnern. Doch dann begann der Negerprinz zu lächeln, trat auf die ruhig verharrenden Jäger zu und versuchte, sich verständlich zu machen. Währenddessen suchte Dick seine Schwarzen damit zu beruhigen, daß er sie fragte, ob sie nicht glauben würden, die Gewehre von ihnen könnten auch diese Fremden abwehren, falls sie feindselig seien.

Das wirkte. Dick erklärte, man befinde sich nun einmal inmitten eines weiten unbekannten Landes und brauche die Einwohner als Freunde nicht als Feinde. Er trug allen seinen schwarzen Helfern auf, keinen Anlaß zur Gegnerschaft zu bieten und alles zu versuchen, die Fremden günstig zu stimmen.

Dick ließ den schwarzen Prinzen vorausgehen, der nun versuchte den drei Negern, deren fremde Sprache er jedoch nicht kannte, durch Zeichen begreiflich zu machen, daß sie von dieser Karawane nur Gutes zu erwarten hätten. Die Anführer seien weiße Götter aus der Sonne, welche sie nach Belieben ebenso töten wie wieder lebendig machen könnten.

Sobald die drei Jäger dies verstanden hatten, warfen sie noch scheue Blicke auf Dick und die anderen Weißen, besonders auf Frau Weldon und ihren kleinen Sohn und verschwanden.

Gleich darauf aber wurde die Karawane von ungefähr fünfhundert, sämtlich kohlschwarz wie die Teufel, schweißglänzenden und splitternackten Männern und Frauen umringt, die feierliche Gesänge vollführten, sich verneigten und waffenlos näher kamen. Offensichtlich glaubten sie an die Göttlichkeit dieser Fremden.

Ein muskulöser Riese war unter ihnen, welchen Dick zuerst für den König hielt, doch es war der „Medizinmann", der, wie sich später herausstellte, schon viele Tage um Regen gefleht und die Niederkunft der Regengötter beschworen hatte. Nun fand er leichtes Spiel für seinen Hokuspokus: Hier, so verkündete er den Stammesgenossen, kämen die Götter endlich!

Die Karawane wurde feierlich ins Dorf geholt und konnte dort nach Herzenslust essen und trinken. Dick, ebenso wie Frau Weldon, welche die Neger gewiß für eine besondere Gottheit ansahen, mußten mehrmals Neugeborene und Kranke durch Handauflegen segnen, was bei einer älteren Frau, die kaum gehen konnte, eine derartige Wirkung hervorrief, daß sie urplötzlich ohne ihre Krükke schreiten konnte. Allgemeines Bewunderungsgeheul war die Folge. Der Dorfälteste verlangte von Dick als dem Anführer, daß er von ihm persönlich zwei fette Hammel als Wegzehrung zum Geschenk nahm.

Leider begann es nicht auf Befehl zu regnen, doch zeigten sich am Horizont zufällig dunkle Wolkenstreifen, was abermals glückseliges Dankesgeheul bei den Wilden erzeugte. Sie umarmten und küßten die Fremden, die ihnen als vom Himmel geschickte Götter erschienen.

Trotzdem trieb Dick die Seinen zur Eile. Er wollte unbedingt aus der Zone des Dorfes heraus sein, wenn sich vielleicht zeigen sollte, daß es trotz der vielversprechenden Wolken nicht regnete.

Als man bei Anbruch der Dämmerung außer Sicht der abergläubischen Wilden war, kam Dick auf einen glänzenden Gedanken. Er entdeckte nämlich, daß die von dem Häuptling geschenkten Hammel als Tragtiere abgerichtet waren. Er erkannte das an den Schwielen auf ihren Rücken, weil die Eingeborenen sich keiner Sättel für ihr Lastvieh bedienen. Die beiden Tiere schafften nicht nur den Lastträgern willkommene Erleichterung, sondern ermöglichten sogar, mehr Proviant mitzuführen, was der ganzen Karawane eine größere Überlebenssicherheit gab.

Die Todeswüste

Nach fünfzehn Marschtagen kamen Dick und die Seinen zu einer hohen, fürchterlich anzusehenden Bergkette, die sie übersteigen mußten. Da man keinen anderen Wegweiser als einen kleinen Schiffskompaß besaß, fehlte es den Reisenden an Hinweisen für den geeigenten Weg.

Nach den Berechnungen des Maats mochte man bisher von der Stelle des Schiffbruchs an siebenhundert Meilen zurückgelegt haben. Als die ganze Karawane dann mit unsäglicher Mühe endlich die Berge auf einem Paß überstiegen hatte, gewahrte man einen schrecklichen Ausblick in die jenseitige Landschaft. Ein Blick genügte, um auch das kühnste Gemüt verzagen zu lassen: In unabsehbarer Ferne kein Baum, kein Fluß, kein Gras – nur Sand. Eine unendliche, erbarmungslose Wüste, so weit das Auge reichte!

Als Frau Weldon durch das Fernrohr des Kapitäns blickte und nur glühende Sandwolken erkannte, die ein Sturm erzeugte, begann sie zu weinen.

Auch alle anderen Karawanen-Mitglieder erblickten mit bloßen Augen die schreckliche Öde, ohne Anfang und Ende, weder vor ihnen, noch nach rechts oder links. Ihr Mut sank, und es war immer öfter von Umkehren die Rede.

Der Anblick der Wüste wirkte auf Dick ebenso niederschmetternd wie auf alle anderen. Aber jeder Gedanke an ein Zurückweichen war ihm unerträglich. Er beschwor daher die übrigen, sie hätten bereits so viele hundert Meilen geschafft, daß eine Umkehr hier gar nicht in Frage käme.

Der Maat von der „Pilgrim", der in Sachen Standortbestimmung die Autorität besaß, meinte indessen ebenfalls, zu dieser Wüste wisse er nichts zu sagen und zu raten. Ihr Durchmarsch könne glatt 100 Meilen lang sein oder mehr. Auf der anderen Seite belehrte er Dick und den Prinzen an Hand der Karte, daß bei Einschlagen der nördlichen Richtung die Westküste von Afrika über tausend Meilen weit westlich gegen das Meer vorspränge, was einen viel längeren Marsch bedeute. Sein Vorschlag ging dahin, es trotz allem mit dieser Wüste zu wagen, die vielleicht doch nicht so weit wäre, wie es jetzt scheine. Man müsse sich eben zuvor ausreichend mit Vorräten und Wasser ausrüsten . . .

Ohne Begeisterung, mehr aus Ratlosigkeit, stimmten die anderen ein. Dick berechnete, daß sie für etwa 40 Tage Speisen, aber nur für 20 Tage Wasser mitführen könnten, das sogar noch früher ungenießbar würde. Mehr brauchte man sich also gar nicht erst aufzuladen, um nicht die Kraft an verdorbenen Proviant zu verschwenden.

Nach dieser Übereinkunft trat man also nun den Weg talwärts an, erreichte jedoch erst am zweiten Tag das Flachland, wo die

Wanderer zu ihrer grenzenlosen Überraschung eine saftig grüne Oase fanden mit einem kühlen und frischen Süßwasserbach nebst Fischen und Mengen von jagdbarem Wild aller Art. Dieses rings von der Wüste eingefaßte Idyll hatte man von oben aus der Bergeshöhe nicht sehen oder zumindest leicht übersehen können, weil die vorspringenden Felsen es teilweise verdeckten.

Die Expedition ging nun mit allen Gewehren auf Proviantjagd und versah sich mit einer ganz speziellen, wohlschmeckenden und zu Mehl verreibbaren Wurzel, die Herkules ausfindig gemacht und anstelle des Brotes empfohlen hatte.

Auf Dicks exakte Ausrechnung hin wurde in Tierhautschläuchen so viel Wasser mitgenommen, daß man auf zwanzig Tage hin täglich jedem Karawanenmitglied genau eine Viertelgallone gewähren konnte. Alle begannen den Wüstenmarsch mutig und guter Dinge.

Doch kaum war die lebensstrotzende Oase am Horizont verschwunden und vom Flimmern glutheißer Sonne abgelöst, sank aller Mut rasch dahin: Der Wüstensand erwies sich als derart tief und heiß, daß die Wanderer schon nach einem Marsch von nur sechs bis acht Meilen völlig erschöpft waren und selbst die starken Träger sich hinwarfen und überanstrengt keuchten.

Leider fand man jetzt in der offenen Einöde ohne Bäume und Sträucher auch des nachts keine Ruhe. Nach dem beschwerlichen Tagesmarsch störten das unheimliche Geheul von Hyänen, das Brüllen blutdürstiger Löwen, die Schreie einer Unzahl den Schläfern unbekannter wilder Tiere derart, daß man kein Auge schließen konnte.

Dick ließ eine Art Schutzlager errichten, das den Rastenden wenigsten den Glauben an Sicherheit gab und worin sie den so notwendigen Erholungsschlaf fanden. Man stapelte alle von den Trägern abgestellten Lasten in einem Halbkreis um den Schlafplatz und legte davor zwei, drei Feuer an, woran immer drei Wächter saßen, die sich alle drei Stunden ablösten; die entsicherten Gewehre bereit.

Diese Maßnahme erwies sich als einstweilige Hilfe, denn die Wüste war tatsächlich, wenn schon von keinem pflanzlichen und menschlichen, so doch von tierischem Leben erfüllt. Einige der räuberischen Bewohner schlichen nachts immer wieder an dem verlockenden Rastplatz vorbei. Die Wachen hatten jedoch strikten Befehl von Dick, nur in Notfällen zu schießen.

Nach drei Tagen mühseligen Vorankommens meldete sich Herkules bei dem Anführer Dick Sand mit dem Ratschlag, sofort umzukehren. Er sagte, sonst würden sie alle auf diesem Wüstenmarsch umkommen. Herkules riet, sogleich zu der Oase zurückzukehren, wo man sich das letzte Mal verproviantiert hatte und dort so lange zu verharren, bis die Karawane sich „Häuser" angefertigt habe, die man mit sich führen und in denen man in der Wüste sorglos die Nächte verbringen könne.

Der wildniserfahrene Herkules meinte mit „Häusern" zusammenrollbare große Matten, bei der Rast zu Zelten entfaltet, die man in jener Oase, wo es viel Schilf und Röhricht gab, daraus flechten solle. Nur mit derartigen „Mattenhäusern" in ihrem Gepäck wagten sich nach Herkules Worten Eingeborene auf einen Wüstenmarsch.

Obgleich dieser Rat spät kam und einen vergeblichen Hin- und Hermarsch bedeutete, stimmten ihm alle Karawanenwanderer zu und entschlossen, auf der Stelle kehrt zu machen. Erstaunlicherweise legte man in der umgekehrten Richtung die Entfernung nun viel rascher zurück. Einen Tag und eine halbe Nacht kam man früher an der Oase an. Ob es an ihrer ersehnten Lieblichkeit lag oder einfach an der inzwischen größeren Wüstengewöhnung der Marschierenden, war nicht zu ergründen.

Dick und die Seinen gingen nun eifrig an die Arbeit, über die der Neger Herkules – selbst ein hervorragender Mattenmacher – die Leitung führte.

Da er die Handreichungen, die nicht schwer waren, auch den anderen Negern erklärte, so hatte die Karawane bald an die hundert Matten zusammen. Und jeder Träger nahm nun ein solches „Haus", wie es Herkules immer noch nannte, zu seinem Gepäck, weshalb es nicht notwendig wurde, deswegen die Mundvorräte auch nur um eine Unze zu schmälern.

Als die Karawanenwanderer auf diese Weise sich schützende Zelte geschaffen, sich von dieser Arbeit erholt und alle Vorräte nochmals überprüft hatten, brach man abermals in die unermeßliche Wüste auf.

So wanderten die Schiffbrüchigen, Frau Weldon und ihr Kind in der Mitte tragend, neun Tage dahin, ohne daß von der Wüste irgendein Ende, ja nur eine Veränderung sichtbar wurde. Die trostlose Öde sah immer noch ganz genau so aus wie am ersten Marschtag, und wenn man es nicht gezählt hätte, so hätten die Marschierer ebenso gut glauben können, sie seien noch keinen Schritt vorwärts gekommen.

Das Dorf „Pilgrim"

Am zehnten Tag hatte die Karawane es endlich geschafft. Die Wüste lag hinter ihnen.

Man war jetzt schon fünf Monate unterwegs und die Jahreszeit begann zu wechseln; die Regenzeit nahte.

Schon am nächsten Tage begann es wie bestellt, zunächst strichweise zu regnen.

Dick, der alte Maat, Vetter Benedict, Herkules und der Prinz überlegten gemeinsam, ob es sinnvoll ist, weiter zu marschieren oder – auf erhöhtem Punkte – zu „überwintern". Man einigte sich darauf, während der Regenzeit nicht weiterzuziehen.

Auf den Flüssen trieben zahlreiche Bäume, und daraus ließen

sich leicht feste Hütten bauen. Fische konnte man fangen, und Wild gab es in der Umgegend genug.

Sogleich machten sich alle an die Arbeit, Bäume zu fällen und daraus Blockhütten an dem höchsten Punkt der Gegend zu bauen. Man fand soviel Bauholz, daß man sogar noch einen wehrhaften Palisanderzaun um die Siedlung stellte und einen kleinen Wachtturm dazu, von wo aus man Tag und Nacht Ausschau halten wollte.

Kaum hatte man auch die Dächer auf allen Hütten mit Matten wasserdicht abgedeckt, da begann ein solcher Wolkenbruch herabzuprasseln, daß kaum noch Zeit blieb, die Vorräte trocken zu bergen.

In der Mitte des Dorfes, das Frau Weldon den Namen „Pilgrim" gab, bauten die Neger noch ein großes Gemeinschaftshaus. Außerdem fertigten sie noch eine Menge Stühle, Tische und Schränke.

Die „Pilgrim"-Bewohner waren kaum mit all diesen Arbeiten fertig, als der ohnehin starke Regen in eine solche Sintflut überging und tagelang so anhielt, daß nur die Neger ihre Hütten verließen. Sie schienen sich nur wenig um den Regen zu kümmern: Splitternackt gingen sie ihrer Wege.

So lebte man vier Monate in dem Dorf, von Mitte Juni bis Mitte Oktober, und hatte gar manche Abenteuer zu überstehen. Zunächst kamen mit fortschreitender Regenzeit Nacht für Nacht die wildesten Raubtiere in solchen Massen zu den Flüssen und damit zum Dorf „Pilgrim", daß die Einwohner glaubten, alle Löwen, Tiger, Leoparden und Hyänen von ganz Afrika drängten ausgerechnet zu ihnen. Einmal wollten die ständig wachenden Posten von ihrem Turme im Schein des Feuers sogar tausende dieser Bestien sich heranschleichen gesehen haben. In jeder dieser Nächte gehörte ein unablässiges Brüllen, Raunzen, Schreien und Fauchen zur „Nachtmusik" für Dick und die Seinen.

Rettung eines Verlorenen

Als im Oktober der Regen nachließ und das Hochwasser sich in die Flußbette zurückzog, traten die Wanderer ihren Marsch aufs neue an.

Die festen Häuser, in denen man die Regenzeit gut überstanden hatte, ließ Dick nicht abbrechen. Vielleicht, so dachte er, waren sie anderen Menschen noch einmal dienlich.

Gleich am ersten Marschtag legte die Karawane, die Teilnehmer waren ausgeruht und guter Laune, nach der Berechnung des Maats fünfundzwanzig Meilen zurück und kam in Sicht einer hohen, unabsehbar langen Bergkette, vor der sich eine weite Ebene dehnte.

Erst hatte es den Anschein, als käme man den Gipfeln überhaupt nicht näher, so lange man auch marschierte, doch das trog: Auf einmal wuchsen die Hänge und wurden deutlicher sichtbar. Als Dick und die Seinen an ihrem Fuß ankamen, ging es steil bergauf.

Der Boden war nicht zerklüftet, und so stand man bald auf der Höhe eines Passes. Aber wer beschreibt die Überraschung der „Bergsteiger", als sie auf der anderen Seite der Berge nicht Land, sondern eine unabschätzbare Wasserfläche sahen, so daß die Neger laut in Entzückensrufe ausbrachen „Buturi, Buturi!" (Das Meer!).

Dick Sand und der Maat waren am meisten überrascht. Sie hatten erst am Morgen genau errechnet, daß sie noch über tausend Meilen von der Küste entfernt seien. Kein Wunder, daß Dick ärgerlich wurde und die schreienden Schwarzen für Dummköpfe erklärte.

Tatsächlich aber war da eine unendliche Wasserfläche zu sehen, die dem Meer so gleich sah mit ihren schaumgekrönten Wogen, daß niemand sie für etwas anderes ansehen mochte. Die Schiffbrüchigen stiegen nicht wenig verwirrt talwärts, und niemand wußte, wo sie sich befanden. Unten führte sie ein Weg von fast drei Meilen bis an die Küste.

Die Wanderer wußten nun nicht, welche Richtung sie einschlagen sollten, weil sie dieses Meer von ihrem westlichen Marschkurs abhielt. Die erste Frage lautete jetzt, sollte man sich rechts oder links wenden. Und weil man die Ausdehnung des Gewässers nicht wußte, wendete man sich nun nach Norden (gen Süden wäre man nur noch weiter von der Heimat abgekommen).

Zwanzig Tage marschierten die Schiffbrüchigen an der Küste jenes rätselhaften Meeres entlang, bis endlich ein vorausspähender Neger Land ausrief. Es war kein falscher Alarm, denn alle erblickten in weiter Entfernung deutlich und klar Bergspitzen jenseits des Wassers.

Obgleich man nun wußte, doch nicht am Ozean, sondern nur an einem ungeheuer ausgedehnten See entlang zu marschieren, war dennoch kein Ende des Wassers gegen Norden zu erkennen. Dicks Leute brauchten noch einmal acht Tage, ehe sie den oberen Rand dieses „Binnenmeeres“ erreicht hatten, das in einen riesigen Strom auslief.

Der Weitermarsch an dessen linkem Ufer wurde anstrengend, da man immer wieder auf kleine, durch die Regenzeit angeschwollene Zuflüsse stieß, die man überschreiten mußte.

Der feuchte und schlammige Boden barg überall häßliche und wahrscheinlich giftige Schlangen, die den Wanderern immer wieder wütend nachsetzten und dabei so laut zischend, daß man es weithin vernahm. Ihr Aussehen und Benehmen war derart unheimlich, daß die abergläubischen Schwarzen wieder an böse Geister dachten und erst nach gutem Zureden weitergehen wollten.

Auch den aufgeklärten Weißen schien die Sache unheimlich. Zumindest war es seltsam und unglaublich, daß man auf dem ganzen Weg von mehr als tausend Meilen noch keinen Menschen getroffen hatte auf einer Wanderung quer durch Afrika, das, wie man wußte, von unzähligen Eingeborenen bevölkert war.

Der Maat der „Pilgrim“ stellte mit seinem Jakobsstab (Navigationsinstrument) Berechnungen an und erklärte, daß man sich hier unter 6° 22' südlicher Breite befand.

Das Trinkwasser ging zu Ende, und die Wanderer waren betrübt, daß auch der Ausfluß jenes großen Gewässers reines Salzwasser führte. Der weise Benedict jedoch tröstete die Enttäuschten. Ganz gewiß werde man auch wieder auf Süßwasser treffen müssen, andernfalls wollte er eine Methode praktizieren, mit der man Salz- in Süßwasser umwandle. Alle freuten sich mächtig über diese Nachricht, ohne sich denken zu können, wie Vetter Benedict solches bewerkstelligen wolle.

Inzwischen hatten sich unaufgefordert mehrere Neger auf den Weg gemacht, um süße Quellen zu suchen. Der Erfolg blieb aus.

Um so mehr war man jetzt auf die angekündigte „Zauberei“ des neunmalschlauen Benedict gespannt und verlangte nach diesem Kunststück. Obgleich der Vetter von Frau Weldon solches bisher nur aus Büchern wußte, ging er doch jetzt bei der Verwirklichung sicher zu Werke.

Zwei der größten Matten ließ er zu einem Sack nähen, diesen mit Sand füllen, ihn fest zusammentreten und oben eine Höhlung hineinschaufeln. Dieses Loch goß er voll Salzwasser und schüttete immer die Menge nach, die im Sande versickerte. Den Sack hatte er einen Fuß überm Boden auf Hölzer gesetzt und zunächst einen der leeren Trinkwasserschläuche darunter gelegt.

Und wirklich, nach einer Stunde schon, begann immer mehr Wasser unten aus dem Mattensack zu fließen, füllte den Trinkwasserschlauch und schmeckte zum Entzücken aller, die davon probierten, süß und vollkommen salzfrei.

Aus jedem leeren Wassersack wurde nun ein solcher Sandsack gefertigt, und am Abend hatte man alle gefüllt – mit frischem gutem Süßwasser. Der Beifall, den Vetter Benedict für sein Kunstwerk erhielt, war ein so lauter Jubel, daß er die Wasservögel in Scharen in die Höhe scheuchte, die auf dem Salzfluß schwammen.

Gleich nachdem man weiterwanderte und um eine Fluß-Schleife kam, riefen die Neger, die den Vortrupp bildeten, aufgeregt, daß sie einen weißen Mann gesehen hätten.

Dick und die Seinen waren ungläubig und vermuteten irgendeine Täuschung. Als sie aber um die Biegung gelangten, da sahen sie zu ihrer großen Überraschung einen nackten weißen Menschen, der in der Nähe einer primitiven Hütte sehr eifrig mit einem Werkzeug den Boden zu bearbeiten schien. Weil er nach vorn gebückt stand und der Karawane seinen Rücken zuwandte, sah er die Ankömmlinge zunächst nicht.

Dick bedeutete seinen Leuten keinen Lärm zu machen und ging leise auf den Weißen zu. Da wandte sich der hellhäutige Mann um und verharrte ebenso sprachlos vor Erstaunen, wie es Dick Sand selbst tat.

Der fremde weiße Mann wußte zunächst lange nicht (wie er Dick später eingestand), ob er bleiben oder fliehen solle, doch er blieb stehen, bis ein Träger der Karawane ihn erreichte und mit welchem er ein paar Zeichen wechselte. Als jener Neger zurückkehrte, rief er schon von weitem in seiner Sprache, welche inzwischen Herkules erlernte, der Weiße sei ein „Inglese".

Daraufhin begab sich Dick mit dem Maat und Benedict zu dem einsamen Fremden. Sie standen wirklich einem Engländer gegenüber. Man begrüßte sich herzlich, und dem Weißen rannen Tränen übers wildbärtige Antlitz. Er weinte vor Glück über seine ganz unwahrscheinliche Befreiung, auf die er nun hoffen konnte.

Es stellte sich gar bald heraus, daß der einsame Weiße ein Mann von Stande und ausgezeichneter Bildung war. Trotz seiner verkommenen und ausgehungerten Erscheinung trat jede seiner Bewegungen klar zu Tage.

Er mochte knapp über vierzig Jahre alt sein, wobei ihm Bart und Haupthaar bis zur Hüfte herabreichten. Er trug keine Kleider und ernährte sich, wie er sagte, schon seit Jahren nur von Früchten und Wurzeln.

Es dauerte nicht lange, da wußte er, woher die Wanderer kamen und was sie erfahren hatten, bevor sie hierher gelangten. Ebenso erfuhren nun Dick und die Seinen, wen sie hier gefunden und aus einem unfreiwilligen Einsiedlerleben befreit hatten.

Der Engländer war Professor, ein bekannter Naturforscher in seiner Heimat, den auf seiner letzten Afrikareise Wilde überfallen und, nachdem sie ihn und seine Begleiter ausgeraubt hatten, mitten im Urwald splitternackt ausgesetzt hatten. Er sei krank geworden, worauf seine Gefährten ihn im Stiche ließen und ihr Heil im Weitermarsch suchten. Wohin sie gekommen waren, wußte der Professor nicht, hatte aber seit jener Zeit, nach seiner Schätzung fünf Jahre, sich hier notdürftig am Leben erhalten, was er nur seinen naturkundlichen Kenntnissen von den Pflanzen Afrikas zu danken habe.

Der Professor sprach nicht nur vorzüglich Englisch, sondern auch Latein mit Vetter Benedict und französisch und portugiesisch mit dem und jenen der Mannschaft. Alle waren entzückt und eingenommen von seinem freundlichen und freisinnigen Benehmen.

Leider wußte der Engländer ebensowenig wie die Afrikawanderer, wo man sich hier befand, ja er hatte es lange aufgegeben, aus dieser Wildnis herauszufinden.

Er besaß nämlich keinerlei Waffen, um sich der Raubtiere zu erwehren, konnte also sein Haus nur tagsüber verlassen, wenn die Räuber meist schliefen. Aber er hatte Feuer, seit ein Blitzschlag einen Baum in der Nähe entzündete und er den dadurch gewonnenen Brand immer aufs neue mit Hölzern speiste . . . durch all die Jahre eine stumpfsinnige Arbeit.

So lud nun Dick Sand als der Führer der Befreier den Professor zum Mitgehen ein, nachdem der mit Schere und Rasiermesser versehene Arzt der „Pilgrim“ ihn vom wildwuchernden Haar befreit hatte. Man gab ihm Seife, womit er sich im Flusse badete, und kleidete ihn sodann in zwar geflickte, doch gut anstehende Matrosenkluft, die ihn um Jahre jünger aussehen ließ. Schuhe freilich hatte man nicht für den „Findling", wie Dick ihn insgeheim taufte, doch er brauchte auch keine. Seine Fußsohlen waren von einer dicken Hornschicht überzogen. Von da an hatte nun die Karawane der Schiffbrüchigen ein Mitglied mehr in ihren Reihen.

Von Eingeborenen überwältigt

Nach einer Weile brach die Gruppe zur nächsten Etappe auf. Zwei der Neger mußten mit ihren Messern wieder den Weg freischlagen. Für die ersten zwei Kilometer brauchten die Reisenden fast drei Stunden. Am späteren Nachmittag folgten sie aber in zügigem Tempo einem breiten Pfad, den Elefantenherden in das Ufergebüsch getrampelt hatten. Bald wurde der Boden aber zusehends feuchter, und in manchen ausgetretenen Spuren hatte sich Wasser angesammelt.

Unterdessen wurde der Wald immer lichter. Die Neger hatten nur noch mit Buschwerk und Lianen zu kämpfen, und bald bahnten sie sich ihren Weg durch ausgedehnte Bambusstauden. Den Negern, die pausenlos Äxte und Messer schwangen, lief der Schweiß in Strömen von den Gesichtern, aber auch die anderen fühlten sich gepeinigt von der schwülen Luft. Weit am westlichen Horizont quollen dicke Gewitterwolken empor.

Eine halbe Stunde später erreichte der Trupp freies Gelände. Der Boden war mit üppigem Gras bedeckt, aus dem hohe Farnkräuter aufragten.

„Vorsicht!" rief der errettete Einsiedler seinen neuen Kameraden zu, „schon bei Livingstone steht, daß der Boden unter solchen Gräsern sehr leicht nachgibt." Kaum hatte er ausgesprochen, da schrie Vetter Benedict schrill auf, und Sekunden später war er bis zum Gürtel eingesunken, während er seine Entomologentrommel hoch über den Kopf hielt.

Dick und die Neger waren sofort bei ihm und zogen ihn aus dem Sumpfloch. Während der Gelehrte vollständig zum Vorschein kam, blubberte es in dem schwarzen Schlammbrei, unzählige Bläschen platzten und verbreiteten einen infernalischen Gestank.

Dick ging von nun an voraus und bezeichnete seinen Kameraden die gefährlichen Stellen. Auf diese Weise kamen die Reisenden aber so langsam vorwärts, daß sich Dick wieder dem Bachufer zuwandte, wo das Wasser eine feste Unterlage angeschwemmt hatte. Aber auch dort versank er oft bis zu den Knöcheln im Morast.

Gegen Abend zeigten sich immer mehr Tonspuren in dem schwärzlichen Boden: Die Reisenden konnten nun wieder sicherer auftreten. Aber auch der Tonboden war mit Wasser vollgesogen. Dick schloß daraus, daß der Fluß nicht mehr weit sein konnte, der soviel Wasser an dieses riesige Gelände abgab. Während der Regenzeit wurde wahrscheinlich die gesamte Ebene überschwemmt. Die Reisenden hielten öfter nach Bodenerhebungen Ausschau, denn es war nicht ausgeschlossen, daß sich die immer dichter aufziehenden Wolken in allernächster Zeit entluden und das Gelände unter Wasser setzten. Aber soweit das Auge reichte, dehnte sich die topfebene Grasfläche.

Dick beschleunigte seine Schritte. Nach einigen Kilometern hoben sich allmählich Hügel vom Horizont ab, und beim Näherkommen waren einzelne Bäume auf ihren langgestreckten Rücken zu unterscheiden.

„Wenn es auch schwerfällt, Leute", rief Dick Sand, „ geht ein bißchen schneller. Ich persönliche möchte den Hügel lieber zu Fuß als schwimmend erreichen." Es wurde Zeit, daß die Reisenden aus dem tieferliegenden Gelände herauskamen. Schon zuckten die ersten Blitze vom bleigrauen Himmel und schlugen in die Erde. In Minutenschnelle verdunkelte sich die Sonne, und die grellroten Blitze leuchteten noch gespenstischer als zuvor. Je höher die Reisenden auf der baumlosen Fläche kamen, desto größer wurde die Gefahr, daß einer vom Blitz getroffen wurde. Gleichzeitig drohten sie im Morast zu versacken, falls der Regen in den nächsten Minuten herunterprasselte.

„Was sollen wir jetzt bloß machen?" seufzte Dick, der stehengeblieben war und auf Herkules wartete.

„Weiter, weiter", antwortete der Neger, „hier unten werden wir bald ersaufen."

„Dort oben erschlägt und aber allesamt der Blitz!"

Herkules wußte darauf keine Antwort. Müde trottete er weiter über den aufgeweichten Boden. Plötzlich zuckte ein ungeheurer Blitz ein paar hundert Meter vor den Reisenden vom Himmel und erleuchtete die Hügelkette.

„He, habt ihr das gesehen!" rief Dick. „Da oben stehen ja Hütten." Die anderen mußten sich erst an das Dunkel nach dem Blitzschlag gewöhnen, ehe sie etwas erkennen konnten. Dann entdeckte man am Fuß des Hügels eine Ansammlung von kegelförmigen Bauten, die sich kaum vom dunkelgrünen Hintergrund des Hügels abhoben. Dick ließ den Trupp anhalten.

„Dort drüben ist ein Eingeborenendorf, in dem wir Unterschlupf finden können."

„Sollen wir uns zum Angriff fertig machen?" fragte Herkules.

„Um Gottes willen, nein!" sagte Dick. „Zuerst will ich mit den Leuten verhandeln. Erst wenn sie nicht mit sich reden lassen, gebe ich Feuerbefehl."

„Ich gehe mit", sagte der Neger.

„Nein, du bleibst bei den anderen. Erst wenn ich rufe, folgt ihr mir. Verstanden!"

Dick rannte los und war nach wenigen Augenblicken in der Finsternis verschwunden. Da prasselten auch schon die ersten schweren Tropfen auf die Wartenden nieder. Doch ehe das Rauschen des Regens jeden anderen Laut übertönte, hörten die Reisenden Dick rufen:

„Kommt! Das Dorf ist verlassen!"

Mit letzter Kraft eilten die Reisenden in die Richtung, aus der Dicks Ruf gekommen war. Nach wenigen Minuten standen sie vor Dutzenden von kegelförmigen, massiven, etwa vier Meter hohen Bauten in regelloser Anordnung. Vetter Benedict ging auf den ersten dieser Bauten los.

„Das ist kein Menschendorf!" rief er. „Termitenbauten sind das! Und zwar die Burgen der berühmten tapferen Termiten, Priscilla."

„Halten Sie keine Vorträge, Herr Benedict, sagen Sie uns lieber, wie man da hineinkommt."

„Davon würde ich dringend abraten, Dick Sand", meinte der Entomologe, „ein Termitenhügel ist kein Wohnhaus!"

Herkules hatte inzwischen mit seinem Messer eine mannsdicke Öffnung in den rötlichen Ton des ersten Termitenbaus gegraben. Ohne lange zu fragen, packte er Vetter Benedict und schob ihn durch das Loch, die anderen krochen rasch hinterher. Als sich Herkules selbst durch die Öffnung zwängte, war er schon bis auf die Haut durchnäßt.

Dick zündete schnell eine Lampe an und leuchtete das Innere des Kegels ab. Der Raum war etwa 3,50 Meter hoch, an der Basis 3 Meter breit und ansonsten vollkommen leer. „Ihre berühmten tapferen Termiten sind vor Ihrem Gelehrtenblick davongelaufen", sagte Dick spöttelnd zu Vetter Benedict.

„Das hat nichts zu bedeuten", antwortete der Insektenforscher.

Schauen wir nur einmal diesen Bau an. Mit welcher Energie, welcher Ausdauer, und nicht zuletzt, mit welch vollendetem Kunstverstand haben diese bewundernswerten Hexapoden Tonklumpen auf Tonklumpen geschichtet und eine regelrechte Kathedrale errichtet. Mit welchem Gefühl für Proportion und Symmetrie ist dieser Gliederfüßlerpalast entworfen!"

Die Reisenden waren so froh, daß sie dem Wolkenbruch gerade noch entkommen waren, daß sie den innenarchitektonischen Aufbau des Termitenhügels noch keines Blicks gewürdigt hatten. Erst jetzt bemerkten sie, daß das Innere nicht aus einem durchgehenden Hohlraum bestand, sondern in zahlreiche Segmente unterteilt war, die wie offene Schubladen übereinander angeordnet waren. Jede dieser Etagen war so geräumig, daß sich die Reisenden wie in Schiffskojen darin verkriechen konnten.

Frau Weldon, Jack und Vetter Benedict wurden in die oberen Stockwerke gesteckt. Dick und Herkules blieben vorerst auf dem Boden.

„Ich glaube, ich kriege nasse Füße", sagte Herkules plötzlich.

„Tatsächlich", antwortete Dick, „der Boden saugt sich voll Wasser.
Wir kratzen am besten Ton von den Wänden und schütten den Boden damit auf."

„Der Eingang muß aber offenbleiben", meinte Vetter Benedict, „sonst bekommen wir bald keine Luft mehr."

Die drei Männer begannen mit ihren Messern die Wände abzukratzen.

„Ich für meinen Teil fühle mich hier wohl", sagte Dick nach einer Weile. „Ich schlage vor, wir bleiben hier. Das erste Mal seit zehn Tagen, daß wir ein Dach über dem Kopf haben!"

Vetter Benedict wanderte unterdessen mit der Laterne umher und prüfte jeden Winkel. Ein Pfiff verkündete bald darauf, daß er eine besondere Entdeckung gemacht hatte.

„Haben Sie etwas gefunden?" fragte Dick.

„Das Schlafzimmer der Königin mitsamt dem Vorratslager der Termitenarmee!"

Er hielt ein paar Harzstückchen und eingedickten Pflanzensaft in der Hand und zeigte es herum.

„Wißt ihr auch, was mir diese Gummiharzbällchen sagen? Dieser Termitenbau ist erst vor ganz kurzer Zeit geräumt worden?"

„Uns kann das gleichgültig sein, solange diese Biester nicht wiederkommen und von ihrem Hausrecht Gebrauch machen", sagte Dick.

„Für den Entomologen ist niemals etwas gleichgültig, und es wäre sogar hochinteressant, zu wissen, warum diese klugen Tiere Hals über Kopf ihren Prachtbau verlassen haben."

„Ihre akademischen Fragen bringen uns auch nicht weiter", meinte Dick.

„Falsch, grundfalsch! Wenn die Termiten derart zum Äußersten gegangen sind, daß sie sogar ihren gesamten halbentwickelten Nachwuchs mitgenommen haben, müssen sie von einer ahnungsvollen Angst getrieben worden sein, deren genaue Kenntnis uns insofern von Nutzen wäre, als wir den Fortgang unserer Handlungen mit einer den Neuropteren gleichkommenden Intelligenz bestimmen könnten."

Dick hatte schweigend zugehört und machte sich eigene Gedanken über die Ausführungen Vetter Benedicts. Falls die Termiten tatsächlich erst vor kurzem vor einer drohenden Gefahr geflohen waren, so mußten auch die Reisenden eher früher als später mit dieser Gefahr rechnen. Woher diese Gefahr aber kam, das wußte auch Vetter Benedict trotz seiner Kenntnis der Termitenpsychologie nicht zu sagen.

Den Reisenden blieb nichts anderes übrig, als sich schlafen zu legen. Eine Zeitlang redeten sie noch vor sich hin, dann aber fielen ihnen die Augen zu.

Bald schnarchte man melodisch vor sich hin. Nur Dick konnte nicht einschlafen. Zwar drangen die Donnerschläge nur gedämpft von draußen herein, und das Rauschen des Regens hörte sich drinnen wie entferntes Blätterrascheln an, aber der junge Schiffs- und Reiseführer spürte instinktiv, daß er den künftigen Ereignissen nicht gewachsen sein würde, und daß diese Nacht im Termitenbau vielleicht die letzten ruhigen Stunden brachte.

Immer wieder griff er im Dunkeln nach seinem Revolver und fühlte nach dem Abzug.

„Hätte ich damals auf dem Schiff nur gleich abgedrückt", flüsterte er vor sich hin, „dann hätte uns Negoro nicht auf den falschen Kurs bringen können.

Irgendwann muß ich Frau Weldon jetzt sagen, daß wir nicht in Südamerika, sondern in Afrika gelandet sind. Aber wie sag ich's ihr bloß?"

„Darüber brauchst du dir keine Gedanken zu machen", sagte Frau Weldon plötzlich mit sanfter Stimme, „ich weiß es längst."

Dick erschrak über die Worte der Reedersfrau, gleichzeitig fühlte er sich aber auch erleichtert. Wenn selbst eine schwache Frau der schrecklichen Wahrheit furchtlos ins Auge sah, mußte sich der junge Gruppenleiter um so mehr zusammenreißen. Er wünschte sich jetzt nur, es möge schnell Tag werden, damit er die Umgebung des Termitendorfes in Augenschein nehmen konnte. War der Fluß nur erst einmal gefunden, dann konnte sein Trupp in wenigen Tagen wieder an der Küste des Atlantischen Ozeans sein. Dick hatte das sichere Gefühl, jenen Fluß gleich hinter der Hügelkette zu finden.

Stunde um Stunde wartete er auf den Anbruch des neuen Tages. Immer wieder sah er zum Einstiegsloch hinunter, aber nicht der geringste Widerschein drang von draußen herein. Als er sein Ohr an die Wand legte, hörte er ganz deutlich, wie die Regentropfen auf Wasser klatschten: Die Umgebung des Termitenhügels mußte demnach überschwemmt sein.

Trotz seiner Müdigkeit kletterte Dick von der oberen Abteilung hinunter und sprang auf den mit Ton aufgefüllten Boden. Der Untergrund war immer noch trocken, und als er den Kopf aus der Öffnung streckte, spürte er die kalte Nachtluft vorbeistreichen. Aber es war so finster, daß er keine Handbreit vor Augen sah. Er holte sein Gewehr und seine Schlafdecke von oben, dann streckte er sich auf dem Tonboden aus, mit dem Gesicht zum Einstiegsloch, um sich vom ersten Tagesschimmer wecken zu lassen.

Dick wußte nicht, ob oder wie lange er geschlafen hatte, als er sich nach einiger Zeit verhalten räusperte, um ein Kratzen im Hals loszuwerden. Plötzlich spürte er Kaltes unter sich, und als er sich aufrichtete und mit der Hand am Boden aufstützen wollte, griff er in Schlamm hinein. Gleichzeitig hörte er es neben sich plätschern und rauschen.

In fieberhafter Aufregung suchte er nach der Laterne. Als er sie endlich gefunden und angezündet hatte, entfuhr ihm beinahe ein Schrei. Durch den Eingang strömte schmutziggelbes Wasser herein und weichte den Boden unter seinen Füßen auf. Dick zog sich zur ersten Etage hoch und weckte Herkules. Das Wasser stieg schnell: Erst in einer Höhe von 1,50 m über dem Erdboden blieb es stehen.

„Was ist?" fragte Frau Weldon, die in sicherer Höhe über dem Wasserspiegel lag.

„Ein Bach ist übergelaufen", antwortete Dick, „und hat das Erdgeschoß unter Wasser gesetzt."

„Vielleicht ist das unser Fluß!" rief Herkules.

„Ich glaube es fast auch. Seien Sie unbesorgt, Frau Weldon, bis da oben zu Ihnen steigt das Wasser nicht."

Während die Neger mit der Laterne leuchteten, brachte Dick Sand die Vorräte und Waffen in Sicherheit. Mit einem Wanderstock maß er nochmals die Wassertiefe.

„Es stieg nicht mehr", sagte er leise zu Tom.

„Ist das Wasser durch den Eingang gedrungen?"

„Ja. Das Dumme ist nur, daß wir jetzt keine Luft mehr von draußen bekommen."

„Warten Sie, Herr Dick, ich bohre schnell ein neues Loch in die Wand."

„Halt. Ich fürchte, draußen steht das Wasser noch höher als hier drinnen, wo es nur deshalb nicht weitersteigt, weil es die zusammengepreßte Luft im Kegel zurückhält. Wenn wir jetzt aber ein Loch in die Wand machen, dann entweicht ein Teil der hier eingeschlossenen Luft, und das Wasser im Innern steigt so weit, bis es das Niveau der Überschwemmung draußen erreicht hat. Wir sind hier in der gleichen Lage wie Brückenarbeiter in einer Taucherglocke", meldete sich Vetter Benedict.

„Sollen wir hier vielleicht warten, bis das Hochwasser den ganzen Termitenbau fortschwemmt?"

„Keine Angst, die Termitenhügel sind so stabil wie Biberburgen."

Dann saßen die drei Männer stumm nebeneinander und starrten auf die Wasserfläche zu ihren Füßen. Dick leuchtete sorgsam die Wände ab, entdeckte aber nirgends eine undichte Stelle. Wenn innen alles ruhig war, hörten die Männer schwach ein dumpfes Rollen von draußen, und wenn sie das Ohr an die Wand legten, spürten sie den Aufprall der dicken Regentropfen. „Herr Dick", sagte Herkules nach einer Weile, „ich glaube, das Wasser steigt wieder ein bißchen."

„Verdammt, vielleicht ist die Wand doch irgendwo durchlässig."

„Das beste wäre, einer würde durch den Eingang tauchen und draußen nachsehen, was eigentlich los ist", sagte der Neger.

„Eine gute Idee", meinte Dick, „ich werde mich gleich einmal hinunterlassen."

„Nein, Herkules soll es versuchen", sagte Frau Weldon. „Er ist ein ausgezeichneter Schwimmer und kann sich in jedem Fall retten. Sie aber werden hier drinnen gebraucht."

„Von mir aus. Also paß auf: Ist der Termitenbau ganz überschwemmt, dann kannst du gleich draußen bleiben. Wir kommen nach, so gut es eben geht. Wenn aber die Spitze noch aus dem Wasser schaut, haust du mit dem Beil kräftig an die Wand, wir werden den Termitenbau dann von innen aufbrechen und nachkommen. Kapiert?"

„Jawohl", sagte der Neger und holte tief Luft. Dann stürzte er sich mit dem Kopf voran in die gelbliche Brühe, die über seinen Füßen aufschäumte. Gebannt lauschten die Männer nach draußen.

Eine halbe Minute war schon verstrichen, aber noch immer war kein Klopfzeichen zu hören.

Plötzlich erschien Herkules Kopf wieder über Wasser.

„Was ist los?“ fragte Dick.

„Das Loch“, stieß er hervor und schnappte nach Luft, „das Loch ist verstopft.“

„Was?“ entfuhr es Dick.

„Ich habe ringsum die Wand abgetastet“, sagte der Neger, nachdem er wieder bei Atem war, „die Öffnung muß von außen zugeschwemmt worden sein.“

„Dann schlagen wir ein neues Loch in die Wand!“ rief Dick und packte eine Axt.

„Langsam. Laßt uns erst überlegen. Wenn der Termitenhügel unter Wasser steht und wir dann eine Öffnung in die Wand schlagen, wird die Luft an einem Stück entweichen, und wir müssen allesamt ersaufen. Ich schlage deshalb vor, wir bohren zuerst ein Probeloch, das wir notfalls sofort wieder zustopfen können“, wandte Benedict ein.

„Wartet mal“, sagte Dick. „Ich glaube, mein Rohrputzer ist lang genug, um die Wand zu durchstoßen. Zuerst probieren wir es einen halben Meter über dem inneren Wasserniveau, und wenn diese Öffnung immer noch nicht an die frische Luft führt, versuchen wir es ein Stück darüber und so weiter.“

Er nahm den Gewehrrohrputzer in die rechte Hand und drehte seine korkenzieherförmige Spitze behutsam in die Tonwand hinein. Herkules leuchtete ihm mit der Handlaterne. Schon nach einer Minute rutschte der dünne Stock frei durch die Wand. Als ihn der Leichtmatrose zurückzog, begann es außerhalb zu gurgeln, zischend fuhr Luft nach draußen, und gleichzeitig stieg der Wasserstand bis zur Höhe der kleinen Öffnung an. „Da haben wir's“ sagte Dick, „das Wasser draußen steht höher als hier drinnen.“

Während man das Loch mit einem langen Tonpfropfen zustopfte, setzte Dick seinen Bohrer 20 cm oberhalb noch einmal an. Der

Sauerstoffgehalt der Luft verminderte sich spürbar. Das Atmen fiel schwer, und die Flamme der Laterne brannte allmählich herunter.

„Ich hab's. Die guten Termiten haben lange vor uns gespürt, daß die Überschwemmung kommt. Deshalb sind sie mit Kind und Kegel davongelaufen. Und wir überentwickelten, instinktlosen Affen haben das nicht gerochen!" rief da der Wissenschaftler.

In diesem Augenblick stieg das Wasser den aufrecht stehenden Männern bis zum Bauchnabel. Schnell machte Dick das Loch wieder zu, durch das die kostbare Luft ausströmte. Die Laterne flakkerte nur noch trüb, der kleine Jack stöhnte in den Armen seiner Mutter.

„Wenn der Kegel ganz überflutet ist, dann gute Nacht", sagte Dick. „Dennoch müssen wir einen dritten Versuch machen und den Bau an der Spitze anbohren. Wenn dann aber zuviel Luft entweicht, kann sich jeder von uns aussuchen, ob er ersticken oder ertrinken will."

In diesem Moment erlosch die Laterne. Man konnte jetzt zählen, wie lange es noch dauern würde, bis der lebensnotwendige Sauerstoffgehalt in der Luft verbraucht sein würde.

Keuchend stieg Dick auf die Schultern von Herkules, der schon bis zum Hals im Wasser stand. Atemlos hörten alle zu, wie sich der Ladestock langsam in die feste Tonmasse bohrte. In der nächsten Minute mußte die Entscheidung über Leben und Tod gefallen sein.

Plötzlich hörten sie über ihren Köpfen das schon bekannte Zischen, das aber sogleich wieder aufhörte. Der Wasserspiegel stieg noch eine Handbreit und blieb dann stehen. Jetzt sahen sie auch einen winzigen hellen Punkt an der Decke. Das Tageslicht schimmerte von draußen herein.

Rufend und weinend fielen sich die Eingeschlossenen in die Arme. Dick ließ sich ein Messer reichen und verbreiterte die Öffnung. Andere halfen mit. Dicke Tonbrocken klatschten ins Was-

ser. Tief und frei atmeten die Reisenden die frische Luft, die durch die schon kopfgroße Öffnung hereindrang. Sobald das Loch genügend breit war, stemmte sich Dick mit den Ellenbogen gegen die Wände und zog sich langsam empor. Mit einem Schrei ließ er sich wieder auf die Schultern Herkules zurücksinken. Wenige Schritte von dem Termitenbau entfernt warteten mehrere vollbesetzte Eingeborenenkanus. Kaum hatte der Leichtmatrose den Kopf eingezogen, da hörten die Reisenden einen Pfeilhagel über das Luftloch hinwegzischen.

Herkules und Dick luden in Windeseile ihre Gewehre, stellten sich auf die Schultern ihrer Kameraden und schoben sich langsam mit den Gewehren im Anschlag, über den Rand der Öffnung.

Doch während sie noch auf die Insassen des ersten Kanus feuerten, das mit dem Bug schon an den Termitenhügel stieß, sprang ein Dutzend Eingeborener von der anderen Seite auf den Kegel und drückte die Decke ein. Die Reisenden wehrten sich verzweifelt mit Gewehren, Äxten und Messern. Aber in Sekundenschnelle brach der ganze Termitenhügel auseinander, und einer nach dem anderen wurde in die Kanus gezerrt.

Dick erkannte Negoro und Harris unter den Eingeborenen und sah gerade noch Frau Weldon, Jack und Vetter Benedict in einem Boot verschwinden, da stieß man ihn zusammen mit den Negern in eine andere Pirogge. Während die Eingeborenen mit allen Kräften auf einen der Hügel zupaddelten, wehrten sich die Gefangenen verzweifelt gegen die Übermacht.

Kaum war die Pirogge an Land gestoßen, sprang Herkules mit einem gewaltigen Satz heraus, packte sein Gewehr am Lauf und schlug zwei Eingeborenen, die sich mit ihren Messern auf ihn stürzten, beiseite. Im nächsten Augenblick war er in einem Gebüsch verschwunden, während ihm die Pfeile um die Ohren zischten. Dick und seine Kameraden wurden aus dem Boot gezerrt, zur Erde geworfen und gefesselt.

In der Gewalt von Menschenhändlern

Da sich die Überwältigten weder wehren noch bewegen konnten, ließ man sie vorerst allein liegen. Von ihrem Hügel aus konnten sie die ganze Umgebung überblicken.

Als Dick sich umsah, bemerkte er auf dem Nachbarhügel, unter einer ausladenden Sykomore, fast fünfhundert Menschen, die gefangen dort lagen. Mit Schaudern dachte er daran, daß er sie im trüben Licht des Regenabends für Buschwerk gehalten hatte, das sich im Sturmwind bewegte.

Nach einer Stunde wurden Dick und die Seinen ins Hauptlager gezerrt. Immer mehr Eingeborene erschienen. Insgesamt waren nach einiger Zeit rund 200 eingeborene Wächter und 700 Sklaven zusammengetrieben, zwischen denen sich weitere Einzelgestalten eifrig bewegten: schwarze Lastträger, arabische Sklavenagenten, weiße Händler und Aufkäufer.

Die schwarzen Matrosen der „Pilgrim" wurden wie die anderen Sklaven jeweils zu zweit an eine Stange gefesselt. Dazu legte man ihnen eine Kette um den Hals und band so Vorder- und Hintermann doppelt aneinander. Ihre Hände ließ man frei, damit die Gefangenen zugleich als zusätzliche Lastträger benutzt werden konnten.

Dick bemerkte von seinem Platz aus, der etwas erhöht lag, daß die Ebene, durch die sie am vergangenen Tag gezogen waren, noch immer völlig unter Wasser lag. Von dem Termitendorf war überhaupt nichts mehr zu sehen. Nur die Spitzen der Hügelkette ragten wie Inseln aus dem Hochwasser heraus.

Dick wurde mit den Sklaven zusammengebunden, obgleich man ihn als Weißen etwas schonender behandelte als die Neger. Dafür hielt sich immer ein Aufseher mit schlagbereiter Peitsche in seiner Nähe.

Unaufhörlich droschen die arabischen und portugiesischen Aufseher auf die gefangenen Sklaven ein, sobald einer von ihnen sich rührte. Dicks Mitgefangener sprach als ehemaliger Diener eines weißen Missionars ein wenig Englisch. Von ihm erfuhr der Leichtmatrose, daß dieser Sklaventransport dem berüchtigten Agenten Alvez gehörte, und daß von ungefähr 1000 Sklaven schon ungefähr 400 auf der Strecke geblieben waren.

Unter dem Gebrüll der Agenten und dem Knall der Peitschen setzte sich die Karawane in Bewegung. Als sich die Schwarzen von ihren Plätzen erhoben, sah Dick, daß die meisten nur mit ein paar Fetzen bekleidet waren.

Dick sah sich mehrmals nach Frau Weldon um, aber er entdeckte kein bekanntes Gesicht in dem endlosen Zug. Dick war übrigens einer der wenigen, die keine Lasten tragen mußten. Seine

Hände konnte er frei bewegen. Er überlegte unentwegt, wie er sie benützen und sich befreien könnte.

Als er das Heer der Soldaten, Aufseher und Schlägertrupps überblicken konnte, mußte er sich eingestehen, daß jeder Fluchtversuch sinnlos war. Im Abstand von wenigen Metern gingen sie neben den Gefangenen her und schlugen sofort mir ihren Peitschen zu, wo immer sie eine verdächtige Bewegung bemerkten.

Plötzlich fiel Dick ein, daß zwei treue Verbündete noch auf freiem Fuß waren: Herkules und sein Hund. Besonders auf den Neger setzte er nun seine ganze Hoffnung. Mit etwas Geschick und Unverfrorenheit mußte es ihm doch möglich sein, sich nachts in das Lager zu schleichen, die Wächter zu täuschen und seine Kameraden zu befreien, oder wenigsten ihn, Dick. Zu zweit würden sie den anderen schon zu Hilfe kommen können. Hätten die Gefangenen erst einmal die Kuanza erreicht, die nicht weit vom Weg der Karawane entfernt war, wären sie schon fast an der Küste Angolas und damit in Sicherheit gewesen.

Die Sklavenkarawane hatte unterdessen die Hügelkette verlassen und zog auf einem schmalen Grat zwischen den Überschwemmungsgebieten nach Osten. Für welchen Markt diese Sklaven bestimmt waren, das wußte aber auch Dicks Mitgefangener nicht, so daß sich Dick darum bemühte, aus den arabischen oder portugiesischen Unterhaltungen der Aufseher etwas herauszuhören. Dabei fiel ihm auf, daß sie immer wieder mit bedeutungsvollem Gesichtsausdruck das Wort Kazonndé nannten. Er hatte diesen Namen noch nie gehört, aber sein Leidensgenosse wußte, daß dies ein bekannter Sklavenmarkt etwa 400 Kilometer weiter im Osten war.

Dick rechnete aus, daß die Karawane, wenn sie ihr bisheriges Marschtempo beibehielt, mindestens drei Wochen bis Kazonndé brauchen würde. Irgendwann während dieser Zeit mußten sich Dick und seine Gefährten befreien. Waren sie erst einmal weiter ins Innere Afrikas hinein verschleppt, würde ihnen eine Flucht nicht mehr helfen.

An einer Wegkrümmung rammte Dick dem Aufseher den Kopf mit aller Wucht in den Bauch und entriß dem überrumpeltem Araber das Gewehr. Dick konnte zwar nicht mehr feuern, dazu hatten ihn die anderen Aufseher zu schnell überwältigt, aber es gelang ihm noch, das Gewehrschloß herauszureißen und dem Araber ins Gesicht zu schleudern.

Wenige Augenblicke nach dem Zwischenfall tauchte der Führer der Karawane auf, ein Araber mit Namen Ibn Hamis, und wies die Aufseher mit scharfen Worten zurecht. Von nun an wurde Dick rechts und links von portugiesischen Soldaten flankiert.

Kurze Zeit später ereignete sich ein neuerlicher Zwischenfall. Als ein paar portugiesische Soldaten, die in Dick Sands Nähe marschierten, schlapp machten und sich auf die Erde setzten, sprang ein arabischer Aufseher hinzu und versuchte, ihnen mit ein paar Peitschenhieben auf die Beine zu helfen. Die Portugiesen ließen sich aber nichts gefallen, am wenigsten von einem Araber, und im Nu kamen ihnen Dutzende ihrer Landsleute zu Hilfe, während die arabischen Aufseher die schwarzen Soldaten aufzuhetzen versuchten. Nach einer Schlägerei und einem langen Palaver einigten sich Portugiesen und Araber, daß die portugiesischen Soldaten vom nächsten Tag an eine Soldzulage erhalten sollten. Daraufhin konnten sie sogleich wieder marschieren, und aus lauter Übermut schlugen sie auf die nächsten Sklaven ein.

Als die Karawane in Kazonndé eintraf, war über die Hälfte der Sklaven auf der Strecke geblieben. Die Händler waren aber ganz und gar nicht unzufrieden, denn nur die Kräftigsten hatten überlebt, die auch am teuersten verkauft werden konnten.

Gegen Mittag schleppte sich der Zug zwischen den Elendsvierteln der Stadt hindurch auf einen großen Platz. Rings um den Platz standen mehrere Baracken, in denen schon 12- bis 15hundert Sklaven zusammengepfercht waren. Die 250 Neuankömmlinge wurden mit einem Wutgeheul begrüßt. Die Peitschenhiebe der Aufseher aber schafften ihnen schleunigst Platz.

Dick Sand setzte sich in den warmen Sand. Er sah sich aufmerksam nach allen Seiten um, denn hier hoffte er Frau Weldon wiederzufinden. Aber keine bekannte Gestalt zeigte sich.

Allmählich begann er zu zweifeln, ob die Sklavenhändler Frau Weldon, Jack und Vetter Benedict überhaupt nach Kazonndé geführt hatten.

Dick wurde das drückende Gefühl nicht los, daß ihm noch manche traurige Überraschung bevorstand.

Am Nachmittag wälzte sich plötzlich eine riesige Menschenmenge mit Fanfarenstößen und unbeschreiblichem Geschrei auf dem Platz.

„Alvez! Alvez!“ brüllte die Masse.

Dick war sehr darauf gespannt, ob der berüchtigte Boß nicht vielleicht in Begleitung Harris' und Negoros erscheinen würde. Er stellte sich aufrecht und streckte seine abgemagerte Brust so weit wie möglich heraus. Die ruchlosen Sklavenagenten sollten ihn noch immer ungebeugt wiedersehen.

Inmitten der Menge wurde eine schäbige Sänfte auf den Platz getragen. Ein älterer Neger mit verlebtem Gesicht kletterte umständlich heraus. Den Rufen der Eingeborenen war zu entnehmen, daß dies der berühmte José-Antonio Alvez war. Dick hatte sich unter diesem Namen immer einen verschlagenen, spitznäsigen Portugiesen vorgestellt und war sehr verwundert, einen fast gemütlich aussehenden rundlichen Neger vor sich zu sehen.

Dem Boß folgte ein anderer Neger. Es war Coimbra, der heruntergekommene Sohn eines Eingeborenengenerals aus Bihé, den Alvez mehr aus Mitleid als aus geschäftlichen Gründen mit sich herumzuziehen schien. Coimbra, der in einem zerschlissenen Nachthemd mit Blümchenborte steckte, einen zerbeulten Strohhut auf dem Kopf trug und sich vor Betrunkenheit kaum aufrecht halten konnte, war in Wirklichkeit der unentbehrliche Assistent von Alvez. Er war es, der die Sklavenrazzien organisierte und immer neue Methoden ausklügelte, die portugiesischen Behörden an der Nase herumzuführen.

Als die beiden die Mitte des Platzes erreicht hatten, trat der Karawanenführer Ibn Hamis aus der Reihe der Aufseher hervor und begrüßte seine Auftraggeber durch zahlreiche Verbeugungen.

Dick hielt unterdessen verzweifelt nach Frau Weldon Ausschau. Weder sie noch Vetter Benedict zeigten sich in der Menge. Nicht einmal Negoro oder Harris waren auf dem Sklavenmarktplatz erschienen.

Alvez ließ sich kurz über den Erfolg der Expedition berichten. Bei der Angabe der Verlustziffern runzelte er zwar ein wenig die Stirn, dann beglückwünschte er den Araber aber zum guten Ausgang seines Unternehmens. Als der Boß auch noch befahl, die Soldaten und Träger unverzüglich auszuzahlen, ging ein begeistertes Raunen durch die Versammlung der Einwohner von Kazonndé.

Offenbar hatte man Alvez auch von der Gefangennahme der Amerikaner berichtet, denn er gab Anweisung, die Tür eines der Sklavenbaracken zu öffnen und die vier amerikanischen Neger vorzuführen. Dick mischte sich unauffällig unter die vordersten Reihen, um möglichst nahe an den Boß heranzukommen.

„Hello, boys", sagte er mit einem schauderhaften Akzent. Plötzlich trat Dick vor ihn hin und sagte mit fester Stimme:

„Ich verlange unsere sofortige Freilassung! Wir sind freie Bürger der Vereinigten Staaten von Amerika!"

„Welcome in Kazonndé", antwortete Alvez spöttisch. Coimbra legte die Hand an den Strohhut und ging auf die Gefangenen zu. Er prüfte ausgiebig Austins Arm- und Brustmuskulatur, schließlich zog er auch noch dessen Kinn nach unten, um sich die Zähne anzusehen. In diesem Moment holte Dick mit der rechten Hand aus und schlug so treffsicher zu, daß der Generalssohn erst ein paar Meter nach rückwärts taumelte und dann zu Boden ging. Ein paar Soldaten wollten sogleich auf Dick losgehen, aber der Boß hielt sie zurück. Coimbra wollte etwas sagen, spuckte aber statt dessen vier seiner restlichen sechs Zähne aus. Alvez hielt sich den Bauch vor Lachen und hörte auch dann nicht auf zu grinsen, als Coimbra auf schwankenden Beinen wieder neben ihm stand. Der Boß schien mit dieser Kraftprobe durchaus zufrieden. Alvez lächelte ihm freundlich zu und sagte voll Stolz auf seine Sprachkenntnisse:

„Hello, Yankee!"

„Jawohl, Yankee," antwortete Dick, „sagen Sie mir, wo Frau Weldon ist!"

„Welcome, welcome!" rief Alvez, der gar nicht wuße, worum es ging. Ibn Hamis erklärte ihm offensichtlich mit ein paar Worten, wer Dick war und was er wollte.

Dick schwieg, denn plötzlich legte sich ihm von hinten eine schwere Hand auf die Schulter. Blitzschnell fuh'r er herum. Harris stand vor ihm und bleckte die Zähne. »Wo haben Sie Frau Weldon hingebracht?« schrie Dick ihn an.

„Wir wollen doch in Ruhe von der gnädigen Frau sprechen, die ihre schweren Ereignisse nicht mehr verkraften konnte."

„Ist sie tot?" brüllte Dick. „Haben Sie auch ihr Kind getötet?"

„Das arme kleine Würmchen", sagte Harris und schaute zur Seite, „es hat die Anstrengungen und den tragischen Verlust seiner Mutter nicht überlebt."

Dick konnte nicht mehr sprechen. Sein Herz krampfte sich zusammen. Doch seine Gedanken arbeiteten weiter. Während ihm die Tränen die Backen hinunterliefen, entschloß er sich, diese Gelegenheit nicht verstreichen zu lassen.

Mit einer blitzschnellen Bewegung riß er den Revolver des Amerikaners aus dem Gürtel und schoß.

„Du Hund", stieß Harris hervor, begann zu taumeln und schlug auf den Boden, und schon nach wenigen Sekunden war er tot.

Dies alles ging so schnell vor sich, daß die Umstehenden erst allmählich begriffen, was geschehen war. Da wurde Dick auch schon zu Boden geworfen und wäre um ein Haar erschlagen worden, hätte Alvez seine Leute nicht zurückgepfiffen. Inzwischen war auch Negoro auf dem Platz erschienen. Gegen den Einspruch der Schwarzen, die den Tod von Harris auf der Stelle rächen wollten, ließ Alvez Dick binden und abführen. Dick ließ es willenlos über sich ergehen.

Man stieß ihn in eine fensterlose Hütte, in der sonst die von Alvez zum Tode verurteilten Sklaven eingesperrt wurden, verriegelte die Tür und stellte einen Doppelposten auf.

Flucht aus der Sklaverei

Am nächsten Morgen ließ Negoro sich die Arresthütte des Matrosen aufsperren. Dick sah bleich aber ruhig mitten in das verhaßte Gesicht seines einstigen Schiffskoches.

„Ahoi, Herr Kapitän!" spottete der Portugiese! „Wir brauchen hier Ihre kräftige Unterstützung . . . los, raus!" und er machte eine rüde Bewegung zum Fluß hin. Doch Dick blieb unbeweglich am Boden sitzen und starrte in Negoros Augen.

„Verdammt nochmal! Willst du wohl aufstehen und folgen, wenn ein Erwachsener mit dir redet?!" schrie Negoro erbost und machte Anstalten, sich auf Dick zu stürzen. Doch im selben Moment fiel ihm ein, daß dieser renitente Bursche, wenn er erst in Freiheit war, womöglich entfliehen könnte. Ohne ein weiteres Wort wandte er sich um, sprang aus der Hütte und schlug deren schwere Tür mit einem Knall ins Schloß, das er dreimal umdrehte. Dann holte er selber einen vierschrötigen Neger aus dem Dorf und befahl ihm, vor der Hütte Wache zu halten, weil darin ein „Schwerverbrecher" gefangen säße.

Dicks Todesangst war nach diesem Auftritt fast verflogen. Er war nun ohnehin ganz allein und wußte, daß er den Launen seiner Feinde nur mit Gleichmut begegnen konnte. Alle seine Bekannten

vom Schiff wähnte er längst getötet oder verschleppt. Die Hoffnung, daß wenigstens der Neger Herkules entkommen sei und ihn irgendwie erretten könne, schien ihm gleich null.

In wenigen Stunden brach seine letzte Nacht hier an, dann würde ihn die Sklavenkarawane auf und davon führen, einem ungewissen Schicksal entgegen. Als er sich auf die Seite drehte, schien es ihm so, als hätten sich seine Fesseln um Brust und Arme etwas gelockert – oder war es nur die Gewöhnung daran?

Mit Einbruch der Nacht kroch Dick lautlos an die Tür seines Gefängnisses. Durch einen Spalt konnte er gerade noch sehen, daß sein Wächter draußen fast unbeweglich lag und schlief – seinem unartikulierten Schnarchen nach im kräftigen Schnapsrausch. Plötzlich hatte Dick den verwegenen Gedanken, seine Fesseln abstreifen, den Wächter erledigen und entfliehen . . . Aber wie sollte ihm solches unbemerkt gelingen?

Während der sich wieder zu Boden legte und beharrlich versuchte, seine Fesseln zu lösen, da hörte er auf einmal an der gegenüberliegenden Rückwand der Hütte ein leises Scharren, als grabe eine Schaufel leise den Boden auf.

So war es auch. Während Dick halb angst-, halb hoffnungsvoll schweigend dem leisen Lärm lauschte, brach plötzlich der Rest des untergrabenen Bodens in der Hüttenecke zusammen und . . . der Neger Herkules zwängte sich geräuschlos ins Innere!

Zunächst glaubte Dick Sand, er träume. Doch als ihn sein Retter schweigend beim Arm faßte, ein Messer zückte und mit wenigen Schnitten die Fesseln durchtrennte, da wußte er, er würde gerettet werden!

Ohne einen verräterischen Laut krochen zuerst Herkules, danach Dick Sand aus der Gefangenenhütte hinaus in die Freiheit.

Ein rascher Blick überzeugte die Entfliehenden, daß der einzige Wächter tief schlummerte. In großen Sprüngen jagten sie an der abgewandten Hüttenseite durch das Strauch- und Buschwerk davon, ohne darauf zu achten, daß die Zweige und Dornen sie blutig rissen . . .

Die Erpressung

Nur etwa drei Kilometer weiter saßen Frau Weldon, ihr Söhnchen Jack und Vetter Benedict im verwilderten Garten des Hauses vom Sklavenboß Alvez. Sie hatte nicht die geringste Ahnung davon, was in weniger Entfernung von ihnen vor sich gegangen war. Vielmehr befanden sie sich in völliger Unwissenheit, was das Schicksal von Dick Sand und seinen getreuen Negern betraf, denn man hatte sie zwar unbehelligt hierher gebracht und verpflegt, ihnen darüber hinaus jedoch nichts verraten.

Frau Weldon setzte diese komfortable Gefangenschaft viel mehr zu, als sie sich anmerken ließ. Was hatte man mit ihr und den Ihren hier vor, nachdem sie ja als Sklavenware nicht in Frage kamen, schon wegen ihrer amerikanischen Staatsangehörigkeit. Aus zufällig belauschten Gesprächen des Sklaven-Großhändlers Alvez mit seinen Angestellten hatte sie heraushören können, daß die ganze Branche nichts mehr fürchtete als ein Vordringen der englischen und amerikanischen Seepolizei, um die unmenschlichen Sklavengeschäfte und ihre Geschäftemacher zu „liquidieren“ . . .

Da die Schonerbrigg „Pilgrim“ schon so lange überfällig war, mußte Frau Weldons Ehemann, der Reeder Weldon, sein Schiff längst vermissen. Unentwegt dachte Frau Weldon an Flucht. Es würde nicht allzu schwer sein, in einem unbeobachteten Moment über den Gartenzaun zu klettern und im nahen Urwald zu verschwinden. Doch welche Richtung hätte sie dort einschlagen sollen? Wer hätte sie wohlbehalten in die Freiheit führen können, da der kurzsichtige Benedict ja nicht einmal seine Hand vor Augen erkennen konnte, nachdem man ihm seine Brille weggenommen hatte.

Als Frau Weldon in trostloser Stimmung noch darüber nachgrübelte, erschien plötzlich Negoro, der einstige portugiesische Schiffskoch des untergegangenen Seglers „Pilgrim“, im Garten seines Freundes Alvez.

„Nun gnädige Frau“, begann er Frau Weldon ohne Umschweife anzureden, „das erstaunt Sie gewiß, wie rasch und gründlich sich die Zeiten ändern können?!“

„Was meinen Sie damit?“ fragte sie mißtrauisch zurück.

„Daß zur Zeit durchaus die Möglichkeit für mich bestünde, mich an Ihrem Gatten und Ihnen für Ihre Unterdrückung und Diffamierung zu rächen, die Sie mir immer angetan haben oder antun ließen durch Ihre widerlichen Kreaturen, diesen Kapitän Hull und seinen angemaßten Nachfolger, dieses Baby Dick Sand. Doch ich bin zu großzügig dazu!"

„Was wollen Sie damit sagen?" gab Frau Weldon kalt zurück.

„Daß Sie – erstens – von diesen Geschöpfen Ihres Mannes keine Hilfe mehr erwarten können, denn sie sind tot!"

„Tot? Auch Dick ist tot?" schrie Frau Weldon auf.

„Wundert Sie das?" gab Negoro zynisch Antwort. „Bei seiner Anmaßung erwachsenen Männern gegenüber?!"

Dann erklärte der schurkische Schiffskoch seiner einstigen Chefin, daß sie und ihre Familie für ihn durchaus einen „beachtlichen" Handelswert darstellten.

„Sie irren sich gewaltig!" wehrte Frau Weldon ab. „Ich und die meinen sind Amerikaner und Weiße dazu – niemand würde sie kaufen hier in Afrika!"

„Wer sagte Ihnen denn, daß ich Sie in Afrika verscherbeln will, he?" grinste der Schurke Negoro. „Vielmehr gibt's genau in Ihrem Heimatland Amerika jemanden, der mir ganz gewiß einen guten Kaufpreis für Sie und Ihre Sippschaft bezahlen wird!"

„Und wer sollte das sein?" fragte Frau Weldon ungläubig.

Da schleuderte ihr der Schiffskoch entgegen, daß dieser Käufer ihr eigener Mann sein werde, Mr. James W. Weldon, wenn er über dessen Vornamen recht informiert sei. Derselbe werde sich die Freilassung seiner Frau und zwei weiterer Familienmitglieder bestimmt ein hohes Sümmchen kosten lassen.

„Sie Schuft, Sie . . .!" war alles, was Frau Weldon darauf sagen konnte. Doch dann begann sie fieberhaft zu überlegen: Wie sie ihren reichen Mann kannte, würde er beinahe jede Summe bezahlen, bloß um seinen Sohn zu befreien, geschweige denn sie selbst, und ganz gewiß könnte er diese Summe unter „Verluste" von seiner hohen Geschäftssteuer absetzen.

„Nehmen wir an, mein Mann würde bezahlen!" sagte sie endlich zu Negoro im Ton einer nüchternen Geschäftsfrau, die einen

Handel abschließen möchte, „wer sollte ihm aber Ihr Angebot überbringen?!"

„Das lassen Sie nur meine Sorge sein. Ich selbst werde den Geschäftsboten zwischen Ihnen und Ihrem Ehemann machen!"

„Sie wollen zu meinem Mann nach Amerika fahren?"

„Aber warum denn nicht? Die Kosten der Reise lasse ich mir von ihm extra erstatten!"

Beinahe hätte die Geschätstüchtigkeit dieses Negoro Frau Weldon imponiert, und ungewollt gab sie ihm technische Tips:

„Wie aber soll mein Mann wissen und glauben, daß Ihr Angebot von mir lizensiert ist?"

„Sie werden die Freundlichkeit haben und mir einen Brief an Ihren Gatten mitgeben, den Sie eigenhändig schreiben und worin Sie ihn zum Zahlen derjenigen Summe ermächtigen, die ich für Ihre sofortige Freilassung nennen werde!" grinste Negoro.

Frau Weldon überlegte. So abwegig war das Ganze gar nicht, denn das Geld, welches in der Reederei ihres Mannes steckte, stammte ohnehin aus ihrer Mitgift. Sie würde also sozusagen ihren eigenen Freilassungspreis bezahlen.

„Was soll ich meinem Mann schreiben?" wollte sie von ihrem Erpresser erfahren.

„Ganz harmlos, daß Sie, Ihr Kind und Vetter nach einem Schiffbruch in die Gewalt von Negern geraten seien, die Sie nur gegen das genannte Lösegeld freigäben, daß Sie mich, Ihren treuen Vertrauten, den Schiffskoch Negoro, zu beschaffen gebeten hätten . . ."

Abermals dachte Frau Weldon nach. Wenn sie über ein Geschäft nachsann, war sie eiskalt wie ein Mann: Es mußte unmöglich gemacht werden, daß Negoro irgendwo Ihres Mannes Lösegeld einsackte, sie trotzdem nicht freiließ und ihren Mann, der wehrlos ins Landesinnere kam, noch dazu inhaftierte oder gar umbrachte. Jenem skrupellosen Schuft und Erpresser war alles zuzutrauen, nur keine Ehrenhaftigkeit und Zuverlässigkeit. Nein –

wenn überhaupt, dann durfte dieser das Schandgeld nur in einer belebten Küstenstadt ausgehändigt erhalten, vor Zeugen und in unmittelbarer Nachbarschaft seiner Geiseln . . ., das war die einzige Lösung!

„Hören Sie, Negoro, Sie können sicher sein, daß mein Mann Ihnen jede Summe auszahlt, die ich ihm nenne. Aber er verträgt kein tropisches Klima, weil er herzkrank ist. Ich empfehle daher, wenn Sie das Geld ernsthaft haben wollen, uns von hier in eine kühle Küstenstadt zu transportieren und meinen Mann mit dem Gelde dorthin kommen zu lassen – einverstanden?"

„Gut – einverstanden!" schlug Negoro, dem die klare, geschäftliche Art seines Opfers gleichfalls imponierte, nach kurzer Überlegung ein. „Schreiben Sie also Ihrem Mann, er solle – sagen wir, in der Hafenstadt Mossamedes – mit seinem Geld – sagen wir 500 000 Dollar für Sie und die Ihren – im Hotel Nubia auf mich warten. Dort lasse ich Sie erst dann aus der Stadt hinbringen, wenn bezahlt worden ist, anderenfalls nicht!"

Sofort setzte sich Frau Weldon hin und verfaßte ein entsprechendes „Geschäftsschreiben" an Ihren Gatten Mr. James W. Weldon, Reeder in den USA, das ihr der geldgierige Portugiese noch feucht aus der Hand riß, um es durchzulesen. Als er es in seinem Sinne für gut und wirksam befand, erklärte er Frau Weldon nicht unfreundlich:

„Gnädige Frau, besten Dank! Und herzlichen Gluckwunsch auch in Ihrem eigenen Interesse, denn mir liegt natürlich nichts an Ihrem Tod hier in Afrika! In drei Tagen, wenn das Flußboot kommt, werden wir uns zusammen einschiffen und etwa in zehn Tagen in Mossamedes eintreffen. Dort werde ich mit Ihnen und Ihrem Anhang zusammen das Kommen Ihres Mannes abwarten in einem durch mich und meine Leute streng bewachten Quartier, aus dem ich Sie erst entlasse, wenn ich bezahlt worden bin . . ."

Befreiung der Geiseln

Am nächsten Morgen bezog sich ganz überraschend der Himmel mit dicken schwarzen Wolken, und gegen Mittag prasselte ein Platzregen herunter, den die Eingeborenen niemals zu dieser Jahreszeit erwartet hatten. Der Regen hielt tagelang an. Jammernd und heulend liefen die Schwarzen auf ihren Feldern herum; die Ernte wurde größtenteils zerstört, so daß eine Hungersnot drohte.

Mit diesem Regen fanden sich auch die Stammeszauberer und Medizinmänner der ganzen Umgebung in Kazonndé ein und versuchten verzweifelt, dem unerwünschten Wolkenbruch Einhalt zu gebieten – doch nichts schien zu helfen.

Da tauchte ein besonders prachtvoll gekleideter und bemalter baumlanger Zauberer auf den Feldern von Kazonndé auf. Bei jedem seiner Schritte erklangen unzählige kleine Glocken, die an einem um seine Hüften reichenden silbernen Gürtel hingen. Er tanzte und hüpfte ungeachtet seiner riesigen Gestalt zierlich und selbstvergessen vor sich hin. Als er den Marktplatz erreichte, hatten sich fast alle Ortsbewohner um ihn geschart.

Zunächst umrundete er tanzend und springend den ganzen Platz, und immer mehr der Schwarzen ahmten seine geheimnisvollen Bewegungen unwillkürlich nach. Dann strebte er wieder auf die Straße hinaus, die zum Haus des Alvez führte.

Die ganzen drei Kilometer bis dorthin hüpfte und sprang der unheimliche Wetterzauberer, einen leisen Singsang ausstoßend, gefolgt von unzähligen der verzweifelten Einwohner, die sich eine Linderung des Regens erhofften.

Im Garten des Sklavenhändlers unter einem schützenden Strohdach hielten sich zu dieser Zeit Frau Weldon, ihr Kind und der Vetter Benedict auf. Während sie fassungslos das barbarisch wilde Schauspiel betrachteten, das der kohlrabenschwarze Zauberer ausführte, kam es Frau Weldon so vor, als habe sie diesen irgendwo schon einmal gesehen. Es fiel ihr aber nicht ein, wo das gewesen sein sollte.

Plötzlich sprang der Zauberer zu den verängstigten Weißen unter das Dach, packte Frau Weldon, Benedict und den kleinen Jack, der sich sofort an die Mutter klammerte.

In diesem Moment – war dies nun ein unwahrscheinlicher Zufall oder wirksamer Zauber – wurde es auf einmal im Osten hell, die nach Westen treibenden Wolken hörten immer mehr auf, und ... der Regen versiegte!

Ein allgemeines wütendes Aufschreien war die Folge, wütend deswegen, weil's für die Schwarzen hier nunmehr offenbar geworden schien, wer an diesem ungewöhnlichen Naturereignis die Schuld trug: Diese mißliebigen fremden Weißen waren es, die jener Sklavenboß in seinem Garten aufhob. Ganz klar: waren sie fort und dem Wettergott zum Opfer gebracht, dann, nur dann, würde es wieder für dauernd trocken bleiben.

Unartikulierte Triumpfschreie ausstoßend, bahnte sich jetzt der riesenhafte Wetterzauberer seinen Weg durch die heulende Menge. Alle, die ihm in den Weg traten, stieß er beiseite. Links hatte er den leichtgewichtigen Wissenschaftler Benedict und rechts diese bleichgesichtige Amerikanerin samt ihrem Kind unterm Arm.

Die Eingeborenen verstanden sofort, was er beabsichtigte. Ein zustimmendes Gemurmel, verstärkt durch wohliges Grauen, durchlief ihre Reihen: Dieser Zauberer würde kein Pardon geben und jenes Unglück über Kazonndé und Umgebung heraufbeschwörenden Weißen dem Wettergott opfern, um ihn endlich zu besänftigen.

Nur der Sklavenhändler Alvez war mit dem Gange der natürlichen und übernatürlichen Dinge nicht einverstanden. Er war von seinem Geschäftspartner Negoro streng angewiesen worden, in seiner – Negoros – Abwesenheit, die Gefangenen auf keinen Fall abhanden kommen zu lassen, wie und wodurch auch immer. Also stellte er sich dem Zauberer, der die Weißen davonschleppen wollte, allein in den Weg, um ihn daran zu hindern.

Doch das verstanden die Ortsbewohner von Kazonndé nicht. Mit drohendem Murmeln rotteten sie sich zusammen gegen Alvez, jagten ihn durch seinen Garten und gegen dessen Zaun, so daß der Bedrängte sich endlich nur dadurch retten konnte, daß er darübersprang und davonlief.

Der fremde Wetterzauberer stampfte inzwischen ungehindert mit seinen weißen Opfern, die alle drei jämmerlich schrien und um ihr Leben bettelten, auf und davon, und zwar in Richtung Urwald, worin er spurlos verschwand. Einige Einwohner wollten ihm zuerst auf den Fersen bleiben, um womöglich Zeuge der grausigen Opferszene zu werden – doch sie gaben es bald auf und begnügten sich mit dem Verschwinden der weißen Unglücksbringer.

Wären sie dem fremden Medizinmann nur noch wenige Minuten weiter in den Wald gefolgt, so hätten sie mit Erstaunen gehört, daß die entsetzlichen Schreie verstummten. Hatte der Unhold sie bereits ermordet?

Nein – er hatte mit seiner Last lediglich das Ufer des reißenden Stromes erreicht und Frau Weldon, ihren Sohn und den Vetter dort behutsam in eine überdachte Pirogge gleiten lassen, die dort unter Sträuchern verborgen am Ufer lag.

„Auftrag ausgeführt, Kapitän!“ sagte er dort halblaut zu Dick Sand, der vom Boden des Schiffes auffuhr. „Jetzt müssen wir uns aber beeilen, bevor sich der Nebel in den Köpfen meiner afrikanischen Brüder lichtet!“

Während das Boot sogleich in die Strömung hinausglitt, wusch der zaubrische Neger seine entstellende Kriegsbemalung mit Flußwasser ab, das er mit der hohlen Hand schöpfte, während neben ihm, es war kaum zu glauben, der große Wolfshund durstig aus dem Strom trank, indem er Kopf und Zunge über Bord hängen ließ.

„Aber das kann doch wohl nicht wahr sein!“ erwachte Frau

Weldon aus tiefer Bewußtlosigkeit, in die sie angesichts ihrer grausen Entführung gefallen war.

„Und doch ist's Wirklichkeit!" antwortete Dick Sand und lachte. „Damit sind Sie, Frau Weldon, Jack, der Herr Benedict, Herkules, der den Zauberer spielte, meine Wenigkeit und, nicht zu vergessen, der treue Hund vereint und vorerst befreit und gerettet!"

Tatsächlich hatte man das alles dem gerissenen Neger Herkules zu verdanken. Er hatte sich das Kostüm als Regenbeschwörer von einem echten Medizinmann ausgeliehen, was er nicht ohne Ehrfurcht und Aberglauben berichtete: Hatte die Wirkung nicht auf sich warten lassen und der Regen tatsächlich aufgehört! Dick hatte er aus seiner Gefängnishütte buchstäblich ausgegraben, und der Hund war, gleichfalls ein kleines Wunder, in dem Moment bei den Befreiten aus dem Nichts aufgetaucht. Hatte er gewittert, über viele Kilometer hinweg, wo sie sich aufhielten?

Pfeilschnell schoß jetzt das Flüchtlingsschiff mit der wilden Strömung dahin. Herkules, der Steuermann, äugte scharf voraus, und die übrigen Insassen verbargen sich im Boot. Die Bordwände waren mit gebundenen Ästen und Zweigen getarnt, und wer vom Ufer aus sah, wie es vorbeitrieb, mußte denken, es sei nichts als ein entwurzelter Baum.

„Wohin fahren wir eigentlich und wie heißt dieses Gewässer?" meldete sich jetzt zum ersten Mal Veter Benedict mit einer Frage.

„Wir streben zur Küste, so rasch wie möglich", antwortete Dick, „auf diesem Fluß, dessen Namen wir nicht wissen, der ja aber dorthin fließen muß".

„Dem Himmel sei Dank!" freute sich Frau Weldon. „So werden wir noch vor diesem Negoro dorthin kommen, das heißt, bevor er meinem Manne ein Lösegeld abpressen kann . . ." Und nun erklärte Frau Weldon, wie der einstige Koch sie gezwungen habe, einen Brief zu schreiben und nicht weniger als 500 000 Dollar für ihre Freilassung forderte.

„So ein Schuft!“ erregte sich Dick und ballte unwillkürlich die Faust. „Hast du's gehört, Herkules? Jetzt müssen wir uns noch mehr beeilen!“

Die Vergeltung

Gegen Abend wurde das schnell eilende Flüchtlingsschiff plötzlich aufgehalten: Eine dicke Mauer von Unterwassergewächsen, die in der Strömung gleich Schleiern wedelten, versperrte die Durchfahrt.

Mit einem Beil schlug Herkules ebenso auf das Hindernis ein wie Dick Sand mit einem Ruder.

Auf einmal zischte Herkules und ließ sich augenblicklich in das Boot fallen:

„Achtung, Eingeborenendorf rechts voraus. Alle in Deckung gehen!“

Und auf diesen Warnruf hin legten sich alle Insassen der Pirogge der Länge nach hin.

Zuerst glaubte Dick, der über den Bug in die Fahrtrichtung voraus spähte, das Dorf sei unbewohnt, doch dann vernahm man durch das Rauschen des wild dahineilenden Flusses hindurch schrille Rufe in einer unverständlichen Eingeborenen-Sprache. Im Mondlicht erkannten die Bootsinsassen beim Näherkommen mehrere dunkle Gestalten, die sich mit großen Netzen sehen ließen.

„Verdammt!“ fluchte Dick Sand, was er selten und nur bei Gefahr tat. „Wenn wir bloß noch rechtzeitig vorbei schwimmen, bevor diese Kerle ihre Fangnetze ausspannen. Bleiben wir da drin hängen, dann sind wir verloren!“

An Bord wurde es mucksmäuschenstill, während das Boot in Richtung der Netzspanner eilte. Immer deutlicher war zu sehen, daß etwa ein Dutzend Schwarzer von herkulischem Körperbau riesige Netze quer über den Fluß zu spannen begannen. Zwar schienen sie das heranschwimmende Boot aufgrund seiner Zweigtarnung für einen abgeschwemmten Baumstamm zu halten, doch auch einen solchen Baum trachteten sie als Gefahr für ihre Netze.

Mit Entsetzen bemerkten die Passagiere der Pirogge, daß ihr Fahrzeug von den Besatzungen zweier pfeilschneller Einbäume genau beobachtet wurde. Dann stießen die Eingeborenen die Einbäume vom Ufer und näherten sich schnell, um das störende Treibgut vor den Netzen aufzuhalten. Es war viel zu spät, um etwa das Boot noch durch einige Ruderschläge aus dem Gefahrenbereich zu steuern. Im nächsten Augenblick ging auch schon ein harter Ruck durch die Pirogge, und ihre Breitseite schrammte an einem der Haltetaue entlang, die die Netze der Eingeborenen über den Fluß ziehen sollten. Und dann war das Flüchtlingsboot auch schon als solches von den Eingeborenen erkannt worden!

Wütende Schreie erschollen, und die bereits im Fluß schwimmenden Einbäume machten alle Anstrengung, näher zu kommen. Auch Dick Sand und Herkules ruderten nun mit allen Kräften, so daß die Pirogge nicht eingeholt wurde und in der Dunkelheit entschwand.

Man schien noch einmal davongekommen, und auch die folgenden Tage und Nächte, die man ununterbrochen durcheilte, blieben ohne Bedrohung. Der Vorrat an Nahrungsmitteln schrumpfte allerdings gewaltig, und als er vollends zur Neige ging, da fanden die Flüchtlinge an den immer kahler werdenden Ufern weder Früchte noch jagdbare Tiere.

Einziges Essen der Bootsfahrer blieb das Mark der Papyrusstauden, die die sandigen Flußufer säumten. Immer wieder kletterte Dick oder Herkules bei einem kurzen Anhalten des Boote ans Ufer, um sie abzuschneiden.

Zum Hunger trat auf der nun schon tagelangen Bootsreise die Langeweile. Immer gereizter wurden die Insassen des kleinen

Bootes, schrien sich bei der geringsten Kleinigkeit wütend an und gingen sich insgesamt auf die Nerven.

Und dann, an einem diesigen Morgen, als Dick gerade das Ruder, an dem er die ganze Nacht gehockt, seiner Ablösung Herkules übergab, schrie Dick Sand plötzlich auf:

„Das Meer! Ich sehe das Meer!"

Sogleich sprangen alle Bootsinsassen so abrupt in die Höhe, um in die angegebene Richtung zu spähen, daß die Pirogge sich gefährlich schwankend zur Seite neigte.

„Das Meer ist es zwar nicht!" verkündete Frau Weldon erstaunlich gefaßt, „aber es könnte immerhin der Kongo sein, und das wäre ja auch schon ein Ziel!"

Statt auf dem unbekannten Nebenfluß trieben die hungernden Flüchtlinge nunmehr auf dem gewaltigen Kongostrom dahin.

Nur wenige Tage später zupfte Dick, der das Ruder führte, mitten in der Nacht Herkules am Arm.

„Horch!" sagte Dick leise zu ihm. „Diesmal ist's das Meer!"

„Ich höre etwas rauschen!" bestätigte Herkules. „Hoffentlich ist das die Brandung!"

Als die Sonne eine Stunde später hinter den Urwaldbäumen aufging, erblickten die Bootsfahrer vor sich undurchdringliche Nebelwände, die in allen Regenbogenfarben aufglänzten. Das Rauschen war jetzt unüberhörbar deutlich geworden und schwoll immer stärker zu einem Donnern an.

„Sofort an Land!" schrie Dick Sand plötzlich. „Das ist ein Wasserfall!"

Mit vereinten Kräften lenkten die Erschrockenen ihr Fahrzeug ans linke Ufer. Keine hundert Meter zu früh: Voraus konnten sie unterm sich hier langsam hebenden Nebel erkennen, wie sich der Kongo in voller Breite in einen unübersehbar tiefen Abgrund stürzte.

Gerade als der gewaltige Sog dieses Falls begann, erwischten Dick, Herkules und auch Vetter Benedict überhängende Lianenstränge am Ufer und packten sie alle gleichzeitig mit beiden Händen. Dann zog Herkules das Schiff in einen Uferspalt und vertäute es. Und da passierte etwas Auffälliges und Unerwartetes: Der Wolfshund, der die letzten Tage über apathisch fast unbeweglich im Boot gelegen war, erwachte, hob die Nase und verschwand nach einem gewaltigen Satz am Ufer im Gebüsch.

„Was er bloß gewittert haben mag!" fragte Frau Weldon geängstigt und schlug die Hände vors Gesicht.

Dick und Herkules folgten dem Hund. Dick entsicherte sein Gewehr. Trotz aller Vorsicht wagten sie es, immer weiter hinter dem Hund herzumarschieren.

Plötzlich, vor einer einsamen Lichtung mitten im Urwald, blieb Herkules stehen und hielt Dick zurück: Vor ihnen stand der Wolfshund mit gesträubten Haaren und starrte zu einer halb verfallenen Laubhütte hinüber.

„Vorsicht!" flüsterte Herkules. Mit Dick zusammen schlich er sodann um die Lichtung herum, um sich auf deren anderen Seite von hinten der Hütte zu nähern.

Der Hund, der sie ganz gewiß gewittert hatte, machte aber keinerlei Anstalten, seinen Beobachtungsposten zu verlassen. Da hob Dick das Gewehr schußbereit in die Höhe und sprang lautlos vor das Blatthaus, während Herkules im Gebüsch blieb, falls ein Angriff erfolgte.

Doch nichts geschah. Nur der Hund kam winselnd zu Dick, sobald dieser in die Hütte ging. Sie war leer, doch auch wieder nicht: Auf ihrem Boden lag das Knochenskelett eines erwachsenen Mannes.

Lediglich die silberne Gürtelschließe, die der Unbekannte einst trug, hatte die Zeit überdauert. Als Dick genau hinsah, trug diese die Buchstaben eingraviert „S.V." Im selben Moment kam der Hund herzu und rieb seinen Kopf, weiterhin leise winselnd, an dieser Schließe.

„Jetzt wird mir alles klar!" sagte da Dick zu Herkules.

„Vielleicht wird's noch klarer, Kapitän, wenn Sie mal diesen Zettel hier lesen!" flüsterte Herkules.

Es war kaum zu glauben, aber durch das trübe Glasfenster einer Blechkassette schimmerte das gelbliche Papier eines fast verfaulten Blattes, auf dem man Schriftzeichen erkennen konnte. Die Kassette lag neben der linken Hand des Gerippes – offenbar hatte der Tote sie bis zuletzt bei sich gehalten.

Dick öffnete vorsichtig den Behälter, zog den Zettel heraus und las halblaut vor:

„Mein schuftiger Reisegefährte, der Portugiese Negoro, hat mir Gift ins Essen getan und danach all mein Geld geraubt. Verlassen sterbe ich nun hier in der Hütte. Gott . . . räche das Verbrechen! S. Vern . . ."

Jetzt begriff auch Herkules ebenso wie Dick, weswegen der Hund dieses Gemordeten dem Mörder Negoro an die Kehle wollte, sobald er ihn sah. Denn niemand war Zeuge dieses schändlichen Giftanschlages gewesen als er, und mit dem enormen Erinnerungsvermögen der Wolfshunde, hatte er sich die Körperwitterung des Giftmörders gemerkt, bis er ihn wiedertraf.

Während Dick und ebenso Herkules mit traurig gesenkten Köpfen dastanden und überlegten, was sie nun anfangen sollten, da sprang urplötzlich der riesige Hund in die Höhe, jaulte auf und setzte wild aus der Hütte ins Freie. Sekunden später vernahmen die erschrockenen Männer den entsetzlichen Aufschrei eines Menschen. Als sie gleichfalls hinausstürzten, sahen sie, wenige Meter von der Hütte entfernt, Negoro auf der Erde liegend, verzweifelt versuchend, den Hund abzuwehren, der sich auf ihn geworfen hatte. Ein Schuß aus Dicks Gewehr tötete den wild zubeißenden Hund, doch auch für Negoro, den Schuft, war's zu spät: Sein Schreien war längst in ein unartikuliertes Röcheln übergegangen. Der Wolfshund hatte Rache genommen. Für den Mord an seinem geliebten Herrn hatte er dem Mörder die Kehle durchbissen!

Dick und Herkules begruben den tapferen Hund, den man aber

nach seinem Blutbiß nicht mehr hätte am Leben lassen können, zusammen mit den traurigen Überresten seines getöteten Herrn im Urwaldboden. Die Leiche Negoros verscharrten sie dagegen ziemlich entfernt. Herkules hatte darauf bestanden. Nach seinem Aberglauben würde sonst der Mörder bei Vollmond immer wiederkehren, um seine Untat zu wiederholen.

Glückliche Rettung

Dick Sand und Herkules schworen sich auf dem Rückmarsch zum Boot, ihren Mitreisenden nichts von ihrem Erlebnis zu sagen. Alle waren ohnehin geängstigt und geschwächt genug, als daß man ihnen nun dieses grause Geschehen noch schildern mußte. Dick bemerkte lediglich, als sie beim Boot ankamen, sie hätten leider den Hund nicht mehr finden können, und Warten käme in ihrer jetzigen Lage nicht in Frage.

Tatsächlich war für die Weiterfahrt der Flüchtlinge jetzt guter Rat teuer. Ihre bisherige Bootsfahrt schien an dem gewaltigen Wasserfall vorerst zu Ende. Der Landweg war aber nach allem Geschehenen noch gefährlicher.

Der umsichtige Dick schlug deswegen vor, allein ans andere Ufer überzusetzen, und, falls die Luft dort rein wäre, zurückzufahren und die anderen zu holen. Unterhalb des Wasserfalles könne man dann vielleicht ein Floß bauen und die Reise zur Meeresmündung des Kongos fortsetzen.

Herkules reichte ihm noch rasch das geladene Gewehr, ehe Dick die Pirogge abstieß, während die anderen sich im Ufergebüsch verbargen. Geschickt lenkte der schiffserfahrene Matrose das Boot in die Strömung und hielt das Ruder so schräg, daß es ohne eigene Kraft noch lange vor der Schwelle des Wassersturzes ans andere Ufer gedrückt wurde.

Hier wollte er gerade an Land springen, als eine Horde von Eingeborenen, die das Boot offenbar schon seit Tagen verfolgt hatten, aus ihren versteckten Einbäumen sprang und auf die Pirogge zueilte.

Trotz seines tödlichen Schreckens blieb Dick Sand mitten in seinem Boot stehen und hielt sich die Wilden mit vorgehaltenem Gewehr vom Leibe. Er hoffte nur, seine Gefährten wären in ihren Verstecken am anderen Ufer von den Kannibalen noch nicht entdeckt, doch das erwies sich als Irrtum: Einige der Schwarzen heulten und deuteten über den Fluß hinüber – ganz offensichtlich meinten sie damit die dort verborgenen Mitreisenden Dicks.

Als der erste der Wilden, gefolgt von seinen Kumpanen, ins Boot zu Dick hineinsprang, hob Dick in Notwehr die Waffe und schoß. Der erste Kannibale stürzte getroffen ins Wasser und versank. Da wurde die Pirogge plötzlich von der gewaltigen Strömung vom Ufer weggerissen und trieb mit großer Geschwindigkeit direkt auf den Wasserfall zu.

Die hineingesprungenen Wilden dachten auf einmal nur noch an ihr Leben und hüpften, angstvoll schreiend, über Bord, wobei die Pirogge kenterte. Im buchstäblich letzten Moment hatte sich Dick dabei flach auf ihren Boden hingeworfen und klemmte sich zwischen Sitzbank und Bug. Unterm Bootsrumpf war soviel Luft geblieben, daß er noch Atem schöpfen konnte. Dann stellte sich der Kiel des Schiffleins steil zum Himmel, bevor es in die Tiefe des Wasserfalls raste.

Mit dem Heck voran schoß das unglückliche Fahrzeug die Wand hinunter und versank unterm Donner der Wassermassen unten in einer Aushöhlung, die der Fall im Lauf von Jahrtausenden in das Felsgestein gefressen hatte. Doch schon Sekunden später schnellte nun der Bug des Bootes hoch, und mit verzweifelten Kräften gelang es Dick Sand, der unverletzt geblieben war, aus dem Loch heraus durch die schäumenden Wasser ans Ufer zu schwimmen . . .

Nachdem alle Eingeborenen, die die Reisenden verfolgten,

nacheinander tot an ihm vorbeigetrieben waren, faßte Dick Sand neuen Mut und kletterte in stundenlanger Mühe das Ufer bergauf, zurück zu den vor Angst und Schrecken halbtoten Genossen. Er beruhigte sie, obgleich er nun keine Waffe mehr hatte, um etwa noch übrige Eingeborene abzuwehren – doch alles blieb still! Tatsächlich schienen alle Verfolger ertrunken.

Man stärkte sich durch kurzen Schlaf und eine Beerenart, die Vetter Benedict als zur nahrhaften und ungiftig-eßbaren „Familie der Kürbisse“ zugehörig identifizierte, und dann marschierte man los. Langsam zwar, doch stetig zuerst das gefährliche Steilufer des Kataraktes bergab, danach im wenigstens durchdringlichen Ufergebüsch.

Acht Tage später war's dann soweit: Die gänzlich entkräfteten und zerlumpten Fußgänger wurden von einer amerikanischen Frachtboots-Karawane aufgelesen und gerettet, die zufällig an derselben Uferstelle des Kongos anlegte, wo Dick und die Seinen nächtigten . . .

Die nach allen Fährnissen doch noch glücklich erfolgte Lebensrettung vergaß die Reedersfrau Weldon weder dem Matrosen Dick noch dem Neger Herkules. Beide wurden auf ihr Betreiben und auf Kosten ihres Mannes, des einflußreichen amerikanischen Reeders Weldon, auf die staatliche Seefahrerschule der USA geschickt.

Sie verließen die Schule mit Auszeichnung als der jüngste beziehungsweise erste farbige Schiffskapitän der amerikanischen Handelsmarine! Und es war ein stolzer, unvergeßlicher Augenblick, als die beiden Schiffe der frisch gebackenen Kapitäne Dick und Herkules, bisher im Hafen nebeneinander liegend, unter den Zurufen und Glückwünschen ihrer einstigen Leidensgenossen erstmals in See stachen . . .